JN317848

地域包括ケアにおける PT・OT の役割

個別地域ケア会議・介護予防事業から学ぶ

編集

田中康之
千葉県千葉リハビリテーションセンター

清水順市
東京工科大学医療保健学部作業療法学科

文光堂

●編　集

| 田中　康之 | 千葉県千葉リハビリテーションセンター地域連携部部長 |
| 清水　順市 | 東京工科大学医療保健学部作業療法学科教授 |

●執　筆（執筆順）

小森　昌彦	兵庫県但馬県民局但馬長寿の郷地域ケア課課長補佐
寺尾　朋美	野々市市地域包括支援センター専門員
安本　勝博	津山市役所こども保健部健康増進課主幹
山本　節子	津山市介護予防教室地域サポーター
諸冨　真理	北九州市保健福祉局総合保健福祉センター地域リハビリテーション推進課主任
牟田　博行	わかくさ竜間リハビリテーション病院療法部課長
清水　順市	東京工科大学医療保健学部作業療法学科教授
中森　清孝	介護老人保健施設加賀のぞみ園リハビリ課・訪問看護ステーション加賀
中西　智也	兵庫県但馬県民局但馬長寿の郷地域ケア課主査
逢坂　伸子	大東市役所保健医療部高齢支援課課長補佐
小塚　典子	印西市役所健康福祉部高齢者福祉課生きがい支援班主任理学療法士
安達さくら	八千代市役所健康福祉部健康づくり課主任理学療法士
浅川　康吉	首都大学東京健康福祉学部理学療法学科教授
秋山　泰蔵	茨城県立健康プラザ介護予防推進部 筑波記念病院リハビリテーション部
清山　真琴	南相馬市健康福祉部健康づくり課母子保健係
後藤　美枝	仙台市障害者総合支援センター主査
渡辺　良明	柏市在宅リハビリテーション連絡会理事
中村　信子	千葉市あんしんケアセンター幸町主任介護支援専門員
安藤　智子	千葉科学大学看護学部看護学科教授
大丸　幸	九州栄養福祉大学リハビリテーション学部作業療法学科教授
田中　康之	千葉県千葉リハビリテーションセンター地域連携部部長
吉田　俊之	株式会社NTTデータ経営研究所事業戦略コンサルティングユニット 産業戦略グループマネージャー
戸松　好恵	堺市健康福祉局健康部健康医療推進課主査
谷川　真澄	有限会社なるざ代表取締役

序

「理学療法士や作業療法士が，地域包括ケアシステムの構築，そしてその推進に役立てる職種となれるように，教科書的な本を作りたいね．」

地域包括ケア研究会による報告書（平成20年度末）が出された当時，筆者も所属していた行政機関に勤務する理学療法士や作業療法士で取り組んでいた研究事業のメンバーで話し合っていたことを記憶している．

当時，「地域包括ケア」という言葉は理学療法士や作業療法士の間で全く知られていなかったが，地方行政に携わっていた私たちは「コレだ！」と直感していた．私たちは，これからの我が国の人口推計などから考えれば，地域包括ケアに関わる議論は至極当然であり，理学療法士や作業療法士もそこに有用な関わりが出来なければ，リハビリテーションの専門職として生き残れないであろうという認識を持っていた．

それから7年以上が経ち，地域包括ケアに関する議論は日常茶飯事となった．しかし，現職の理学療法士や作業療法士が集まる講習会で話をすると，地域包括ケアの植木鉢の概念図を知っている人は受講者の1割程度に留まっているのが現実である．果たしてこれで今後の地域包括ケア時代に生き残れるのであろうか．

理学療法士や作業療法士がその職能を活用し，地域全体をリハビリテーションの視点から考え貢献するためには，誤解を恐れずに言うとしたら「触らない」で勝負できる知識や技術が必要であろう．あなたの周囲に，公衆衛生に携わる医師や保健師のように地域全体を考えるリハビリテーション専門職はいるだろうか．地域リハビリテーションの議論が在宅リハビリテーション（特に，訪問や通所）の議論にすり替わってしまっていないだろうか．

本書の筆者の多くは，理学療法士や作業療法士の資格を有して行政職として活躍されている方々である．すなわち，個を見るだけではなく，地域全体を見ることを求められ，その現場から得たことを事業化，施策化，そして政策化につなげることを求められている方々である．そして，多くの場で「触らない」で勝負している方々である．そのような方々にお願いをして，地域包括ケアに資する理学療法士や作業療法士として最低限抑えておきたい内容をまとめた．これから「地域」に関与しようと考えている現職者，そして地域包括ケア時代に資する卒前教育に携わる先生方に役立つ書になっていると自負している．

最後に，ご執筆にご協力いただいた筆者の方々，そして私たちに叱咤激励を飛ばし膨大な編集業務に携わっていただいた奈須野様をはじめ文光堂の皆様に，この場を借りて厚く御礼申し上げる．

2016年5月

田中康之・清水順市

Contents

PART 1
地域包括ケアシステムにおける
リハビリテーション専門職の役割と実際

第1章　地域包括ケアシステムとは

1　今，なぜ，地域包括ケアシステムなのか？　　小森昌彦　2
- 1「地域包括ケアシステム」は，なぜ必要なのか？　2
- 2 地域包括ケアシステムとはどのようなものなのだろうか？　6
- 3 地域包括ケアシステムにおける医療の役割　8
- 4 地域包括ケアシステムにおける介護の役割　10
- 5 今，なぜ，地域包括ケアシステムなのか？　10

2　地域包括支援センターの役割　　寺尾朋美　13
- 1 包括的支援事業　13
- 2 その他の事業　18

3　地域ケア会議とは？　　安本勝博　20
- 1 地域ケア会議とは？　20
- 2 地域ケア会議におけるリハ専門職への期待　22
- 3 個別地域ケア会議に参加するための課題　22
- 4 個別地域ケア会議の流れ　23
- 5 個別地域ケア会議出席に際しリハ専門職に必要な視点　24

4　介護予防とは？　　安本勝博　26
- 1 介護予防とは？　26
- 2 日本の介護予防施策の変遷　27
- 3 地域づくりによる介護予防の推進　29

コラム　めざせ元気！！こけないからだ講座（介護予防事業）と関わって　山本節子　32

5　リハビリテーション専門職の役割・機能 ①理学療法士
　　〜地域ケア会議・介護予防における理学療法士の役割〜　　諸冨真理　34
- 1 地域ケア会議における理学療法士の役割　34
- 2 介護予防事業において理学療法士に求められること　36

6　リハビリテーション専門職の役割・機能 ②作業療法士
　　〜地域包括ケアシステムにおける作業療法士の役割〜　　牟田博行　38
- 1 地域包括ケアシステムにおける現状と作業療法士への期待　38
- 2 医療と介護の連携における作業療法士の役割　39
- 3 地域ケア会議と介護予防における作業療法士の役割　41

| コラム | 地域包括ケアに資する人材育成 | 清水順市 | 44 |

第2章 実践事例（個別地域ケア会議における事例）

1　暴言や暴力で他者との関係性が築けないで，引きこもりがちな生活をしている
　　独居のうつ病高齢者の事例　　　　　　　　　　　　　　　　　小森昌彦　48

2　運動器疾患を背景に生活機能が低下している高齢者の事例
　　〜膝の痛みにより温泉への参加ができずリハビリテーションと入浴を目的に
　　　デイケアを利用している一人暮らしの女性高齢者〜　　　　　中森清孝　51

3　中山間地域における独居認知症高齢者の生活支援
　　〜過疎地ならではの背景が課題となっている高齢者の事例〜　　中西智也　55

4　住み替えが必要な地域背景が課題となっている高齢者の事例
　　〜将来の住み替えに備えて2地域居住を提案した事例〜　　　　中西智也　58

5　高次脳機能障害を抱えた独居高齢者の支援事例
　　〜地域包括支援センターの作業療法士としての多方面の視点での関わり〜　寺尾朋美　61

6　認認介護事例と認知症の独居など，処遇困難な認知症事例
　　〜認知症のある要介護認定者2人暮らしの支援事例〜　　　　　寺尾朋美　64

7　本人が機能回復練習に固執して生活が広がらない脳卒中の事例
　　〜障害福祉担当部署に勤務する理学療法士としての関わり〜　　諸冨真里　67

8　住環境が原因で生活機能が低下している障害者の事例
　　〜障害福祉担当部署に勤務する理学療法士としての関わり〜　　諸冨真理　70

9　パーキンソン病でサービスの導入に消極的な事例への支援
　　〜医療機関所属の作業療法士としての関わり〜　　　　　　　　牟田博行　73

10　筋萎縮性側索硬化症などの神経筋疾患に関わる事例
　　〜医療機関所属の作業療法士としての関わり〜　　　　　　　　牟田博行　77

11　生活保護を受給しながら一人暮らしをしている40歳代片麻痺男性の事例
　　〜活動・参加の視点と多職種連携により，いきいきとした生活を支援するには〜　逢坂伸子　81

12　知的障害者の長男と同居する下腿切断の60歳代男性の事例
　　〜複数の制度の利用調整と自立支援の視点から〜　　　　　　　逢坂伸子　84

13　住民主体の介護予防への取り組み1
　　住民主体による地域づくり型介護予防事業〜いんざい健康ちょきん運動〜
　　　　　　　　　　　　　　　　　　　　　　　　　　　　　　　小塚典子　87

14	住民主体の介護予防への取り組み 2 〜やちよ元気体操による住民主体型の介護予防〜	安達さくら	95
15	住民主体の介護予防への取り組み 3 〜住民主導型介護予防事業鬼石モデル〜	浅川康吉	100
16	住民主体の介護予防への取り組み 4 〜シルバーリハビリ体操指導士養成事業〜	秋山泰蔵	105
コラム	東日本大震災の支援活動から地域活動へ向けて	清山真琴	110

PART 2
地域包括ケアシステムをより理解するために

第3章　地域とは何か

| 1 | 地域の定義〜 Area と Community 〜 | 清水順市 | 114 |

　　1 地域で行われていること　　116
　　2 地域リハビリテーション　　116
　　3 今後の取り組み　　119

| 2 | 地域づくりの意味 | 小森昌彦 | 121 |

　　1 「地域」と「地域づくり」　　121
　　2 なぜ，「地域づくり」がクローズアップされるのか　　121
　　3 「医療」，「介護」分野からみた地域づくり　　122
　　4 住民からみた地域づくり　　123
　　5 地域包括ケアシステムにおける「地域づくり」　　125

| 3 | 地域の力〜地域資源について〜 | 後藤美枝 | 127 |

　　1 町内会　　127
　　2 民生委員・児童委員　　128
　　3 社会福祉協議会　　129
　　4 地域資源（NPO法人，ボランティア）　　129
　　5 地域における市区町村の役割　　130

| コラム | 千葉県柏市の在宅リハビリテーション連絡会の試み | 渡辺良明 | 131 |

| 4 | 既存の地域保健・福祉活動〜高齢者福祉の歴史〜 | 小森昌彦 | 133 |

　　1 介護の歴史　−昔から介護は家族が担っていた？−　　133
　　2 日本の高齢者福祉の始まり　−老人福祉法の制定−　　134
　　3 老人保健法の制定　　135
　　4 ゴールドプラン・新ゴールドプランの策定　　135
　　5 介護保険制度の導入　　137

| コラム | リハビリテーション専門職に期待したいこと | 中村信子 | 139 |
| コラム | リハビリテーション専門職に期待したいこと | 安藤智子 | 141 |

第4章 ヘルスプロモーションとICFを理解する

1 トータルヘルスプロモーションの考え方　　　清水順市　144
- 1 ヘルスプロモーション　145
- 2 身体的健康（フィジカルヘルス）　145
- 3 精神的健康（メンタルヘルス）　147
- 4 トータルヘルスケア　148

2 ICFと生活行為向上リハビリテーション　　　大丸　幸　150
- 1 国際生活機能分類（ICF）の考え方　150
- 2 ICFによる地域保健活動（ヘルスサービス）とリハビリテーションの協働　151
- 3 地域ケア会議や家庭訪問でのICFの活用　153
- 4 ICFと生活行為向上リハビリテーション　154

第5章 多職種連携

1 連携とは？　　　田中康之　158
- 1 連携とは何か？　158
- 2 規範的統合　158
- 3 顔の見える関係　159
- 4 医療と介護の連携　159
- 5 よりよい連携のために　161

2 専門職連携〜対象者の立場から捉える〜　　　小塚典子　163
- 1 地域で生活していくということ　163
- 2 対象者支援について考える　164
- 3 多職種連携　165
- 4 多職種連携からの広がり　166
- 5 連携なしのデメリット　166
- 6 会議などでの対象者支援　167

コラム 行政に所属するリハビリテーション専門職と保健師との関係　　　安本勝博　168

3 連携の評価〜医療・福祉施設から捉える〜　　　吉田俊之　170
- 1 連携が必要とされる背景　170
- 2 多職種・多施設（機能）間連携の評価　173
- 3 鍵となるこれからの制度改革と連携　177

4 産官学連携が生み出す「介護予防」の取り組みと可能性　　　清水順市　179
- 1 製造業の衰退と地方都市の沈滞化　179
- 2 地域活性化へ向けた産官連携から産官学連携への取り組み　179
- 3 健康づくりに関する産官学連携の取り組み　180
- 4 金沢大学健康増進科学センターの取り組み　181

第6章 理学療法士・作業療法士の役割・機能

1 役割・機能の類型　　　田中康之　184
- 1 問題提起　184
- 2 触らない理学療法士・作業療法士　184
- 3 地域ケア会議で求められていること　185
- 4 理学療法士・作業療法士の活動概念図　185

2　理学療法士の活動の実際　　　　　　　　　　　　　　　　　　　　小塚典子　　189
　　1 自治体名　　189
　　2 自治体の概要　　189
　　3 従事している業務　　190
　　4 概念図を使った業務整理　　191

3　作業療法士の活動の実際　　　　　　　　　　　　　　　　　　　　戸松好恵　　194
　　1 自治体名　　194
　　2 自治体の概要　　194
　　3 従事している業務　　194
　　4 概念図を使った業務整理　　195

　　コラム　生活行為向上マネジメント（Management Tool for Daily Life Performance：MTDLP）　　　　　　　　　　　　　　　　　　　　　　　　　　　谷川真澄　　200

索引　　202

PART 1
地域包括ケアシステムにおける
リハビリテーション専門職の役割と実際

第1章

地域包括ケアシステムとは

第1章
1 今, なぜ, 地域包括ケアシステムなのか？

小森昌彦

ここがポイント！

地域包括ケアシステムは, 2025年までに構築すべき新しい社会保障の仕組みであり,「在宅生活の限界点をできるだけ高める」ためにフォーマルサービスだけでなく, インフォーマルな地域資源の活用も包括する仕組みである.

我々リハビリテーション専門職（以下, リハ専門職）も, 限りある地域の社会資源の1つである. リハ専門職の役割を医療機関の中だけで完結することなく, 我々の持っている専門的な知識や技術をどのようにして住民に還元するかを改めて考えたい.

◯→ 覚えておきたいKeyword
地域包括ケアシステム, 在宅生活の限界点, リハビリテーション専門職

1 「地域包括ケアシステム」は, なぜ必要なのか？

地域包括ケアシステムが必要となる背景には, いわゆる「2025年問題」がある. 2025年には団塊の世代が全て75歳以上となり, 今までにはなかった社会的な問題が生じることが予測されている. 地域包括ケアシステムは, この2025年に生じると予測される問題を見据えて医療, 介護などの社会保障の在り方を根本的に見直すものである. ここではまず, 地域包括ケアシステムが必要となる社会的背景について述べる.

a. 後期高齢者が急増し, 働く世代が激減する

2025年には団塊の世代がすべて75歳以上の後期高齢期を迎え, 後期高齢者が急増することが問題だという認識が一般的であるが, 問題は高齢者が増えることだけでなく「生産年齢人口の減少」が問題だとする指摘もある. **図1**[1]は日本の将来の人口推計を示したものである. これによると, 日本の総人口は2004年を境に減少に転じているにもかかわらず, 後期高齢者人口は増え続けていることがわかる. 一方, 15歳〜65歳の生産年齢人口は減少し続けている. **表1**[2]は, 年齢階層別の人口・構成割合の将来推計で, これをみると2025年の後期高齢者の増加率は2012年と比較し143％以上と1.4倍増えている. 一方, 就労人口は約88％と12％程度減少している. 後期高齢者増加の割合のインパクトが強いが, 実数でみると後期高齢者人口は約650万人増加する一方で, 生産年齢人口は900万人以上も減少する.

650万人増える後期高齢者を支える若い世代が900万人減るということは, 働き手が不足するだけでなく, 税収も減少することになる. 例えば, 医療や介護に携わるマンパワーも足りなくなるということであり, 後期高齢者の急増と生産年齢人口の激減によるマンパワー不足が, 地域包括ケアシステム構築の背景にある1つ目の問題である.

少ないマンパワーで効率よく医療・介護サービスを提供する仕組みが必要であり, 専門職はより高い専門性を持ち, 専門職でなくてもでき

1. 今, なぜ, 地域包括ケアシステムなのか?

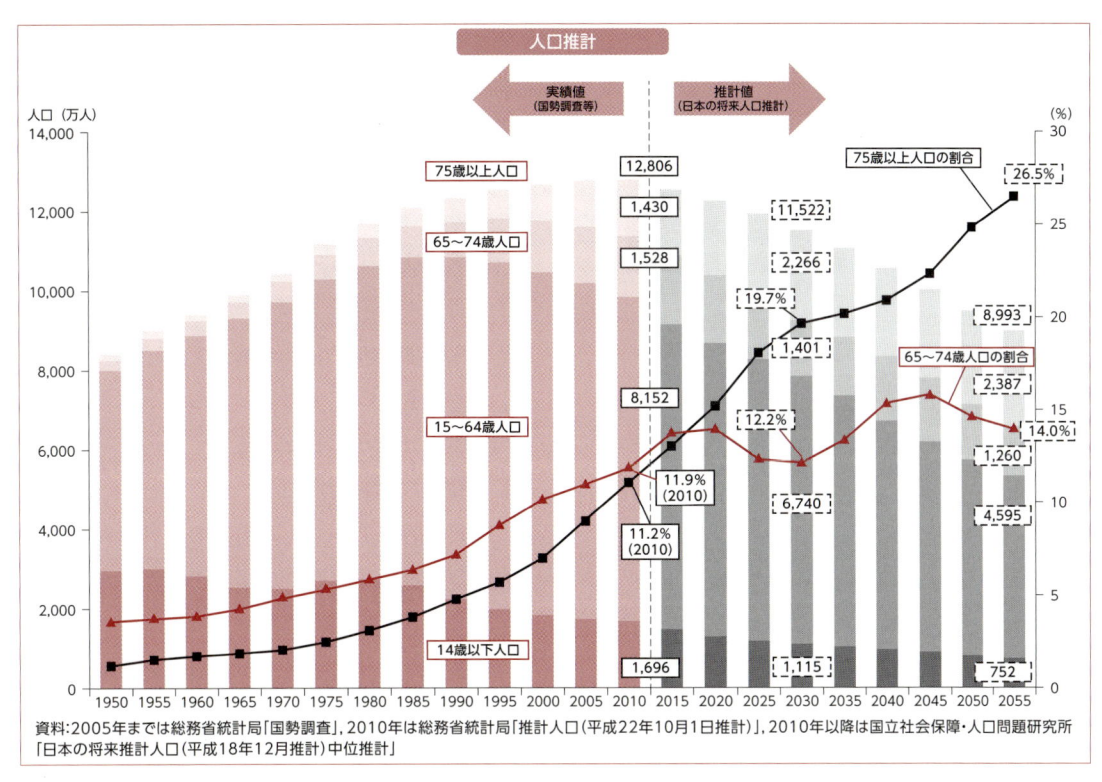

図1:将来人口推計

「森田朗, 印南一路, 石津寿惠, 他(中央社会保険医療協議会):第198回中央社会保険医療協議会総会資料 入院・外来・在宅医療について(総論)[internet], http://www.mhlw.go.jp/stf/shingi/2r9852000001qd1o-att/2r9852000001qd6n.pdf [accessed 2015-10-06], p3, 厚生労働省, 2011」より引用

表1:年齢階級別人口・構成割合推計

	2012 人口/割合	2025 人口/割合	指数(対2012)	2030 人口/割合	指数(対2012)
総人口	127,498（100%）	120,659千人(100%)	94.6	116,618千人(100%)	91.5
0〜14歳	16,493千人(12.9%)	13,240千人(11.0%)	80.3	12,039千人(10.3%)	73.0
15〜64歳	80,173千人(62.9%)	70,845千人(58.7%)	**88.4**	67,730千人(58.1%)	84.5
65〜74歳	15,604千人(12.2%)	14,788千人(12.3%)	94.8	14,065千人(12.1%)	90.1
75歳≦	15,227千人(11.9%)	21,786千人(18.1%)	**143.1**	22,784千人(19.5%)	149.6

注:指数とは, 2012年の総人口及び年齢階級別人口を100とした場合の数値
「日本の将来推計人口（平成24年1月推計）[internet], http://www.ipss.go.jp/syoushika/tohkei/newest04/h1_1.html 表1-1, http://www.ipss.go.jp/syoushika/tohkei/newest04/sh2401smm.html 表1-2, [accessed 2015-10-10], 国立社会保障・人口問題研究所」より作表

> **MEMO** フォーマル・サービスとインフォーマル・サービス
>
> **フォーマル・サービス**
>
> 法律や公的な制度の中で提供されるサービス. 例えば介護保険制度における通所リハビリテーションや訪問看護等がそれにあたる. フォーマル・ケアということもある.
>
> **インフォーマル・サービス**
>
> フォーマルサービスに対して, 近所の助け合いやボランティア, NPO等が行う制度に基づかないサービスのこと.「地域包括ケア研究会報告書〜今後の検討のための論点整理〜」によると「互助」を「インフォーマルな相互扶助. 例えば, 近隣の助け合いやボランティア等」[3] と説明している.

図2：要介護認定者数の推移

「田中 滋，前田雅英，他（地域包括ケア研究会）：平成21年度 老人保健健康増進等事業による研究報告書 地域包括ケア研究会 報告書 [internet], http://www.murc.jp/uploads/2012/07/report_1_55.pdf [accessed 2015-10-05], p5, 三菱UFJリサーチ＆コンサルティング，2010」より引用

ることは住民や民間事業者に託すといった役割分担の明確化が必要となる．例えば，医師の業務の一部を看護師が担い，看護師の業務の一部を介護職が担い，介護職の業務の一部を住民や民間事業者が担うといったシステムになるということが考えられる．

b. 要介護認定者が増加

当然だが，後期高齢者が増えるため要介護認定者数も増加する．2009年度比で約1.6倍に増える見込みで（**図2**）[4]，現在よりも多くの医療・介護サービス量の確保が必要になることが予想される．生産年齢人口が減る中で，増え続ける要介護高齢者の医療・介護サービスの量をいかに確保するかが問題である．住民や民間企業といったインフォーマルサービスの活用が今以上に必要となる．地域包括ケアシステム構築の背景にある2つ目の問題が医療・介護サービス量の確保であり，そのためには医療・介護といった社会保障だけでなく，地域の力（民間企業，住民，NPOなど）を含めたシステムの構築が必要となる．

c. 在宅介護力の低下

次に問題としてあげられるのが，「在宅介護力の低下」の問題である．2010年と2025年を比較すると65歳以上の一人暮らし世帯が202万世帯増加し，75歳以上の後期高齢期の一人暮らし世帯が178万世帯増加する（**表2**）[5]．つまり，在宅の介護力が低下し，「要介護状態の高齢者が一人暮らしをする」ことを前提とした仕組みが必要となる．

地域包括ケアシステム構築の背景にある3つ目の問題が「在宅介護力の低下」であり，「寝たきりの重度の要介護高齢者でも一人で暮らすことができることを前提」としたシステムの構築が必要ということである．

d. 看取りの場所がない

地域包括ケアシステム構築の背景に存在する最大の問題に「看取りの場所の確保」があげられる．

図3[6]のグラフは過去から現在の看取りの場所を示している．棒グラフの上段は「病院」で亡くなった人数で中段は「介護施設」で亡くなった人数，下段は「自宅」で亡くなった人数である．

1975年（昭和50年）代は「病院」と「自宅」で亡くなる人数はほぼ同数であったが，年代を追うごとに「病院」で亡くなる人数が増えている．2010年では大多数が「病院」で亡くなっており，「自宅」で亡くなるのは少数である．問題は増え続ける死亡者の受け皿にどこがなるのかということである．

図4[7]は今後の「看取りの場所」を予測したものである．これによると，2030年に病院で亡くなる人が89万人，介護施設が9万人，自宅が20万人，そして，その他が47万人と予測されている．

この図では，自宅で亡くなる人を2010年の1.5倍に見積もり，介護施設で亡くなる人を2010年の2倍に見積もっている．医療機関で亡くなる人が増えないで同数で推移しているのは，今後病床を増やす予定がないからである．今後，人口の減少に合わせて病床数は減らすことも議論されているので，これ以上の病床の増

表2：世帯数の推移

	2010年		2025年	
	世帯数（千）	構成割合（%）	世帯数（千）	構成割合（%）
総世帯数	51,842	100	52,439	100
世帯主が65歳以上	16,200	31.2	20,154	38.4
うち単独	**4,980**	9.6	**7,007**	13.4
うち夫婦のみ	5,403	10.4	6,453	12.3
世帯主が75歳以上	7,308	14.1	11,867	22.6
うち単独	**2,693**	5.2	**4,473**	8.5
うち夫婦のみ	2,254	4.3	3,705	7.1

「日本の世帯数の将来推計（全国推計）2013（平成25）年1月推計［internet］, http://www.ipss.go.jp/pp-ajsetai/j/HPRJ2013/gaiyo_20130115.pdf ［accessed 2015-10-10］, p6, 国立社会保障・人口問題研究所」より作表

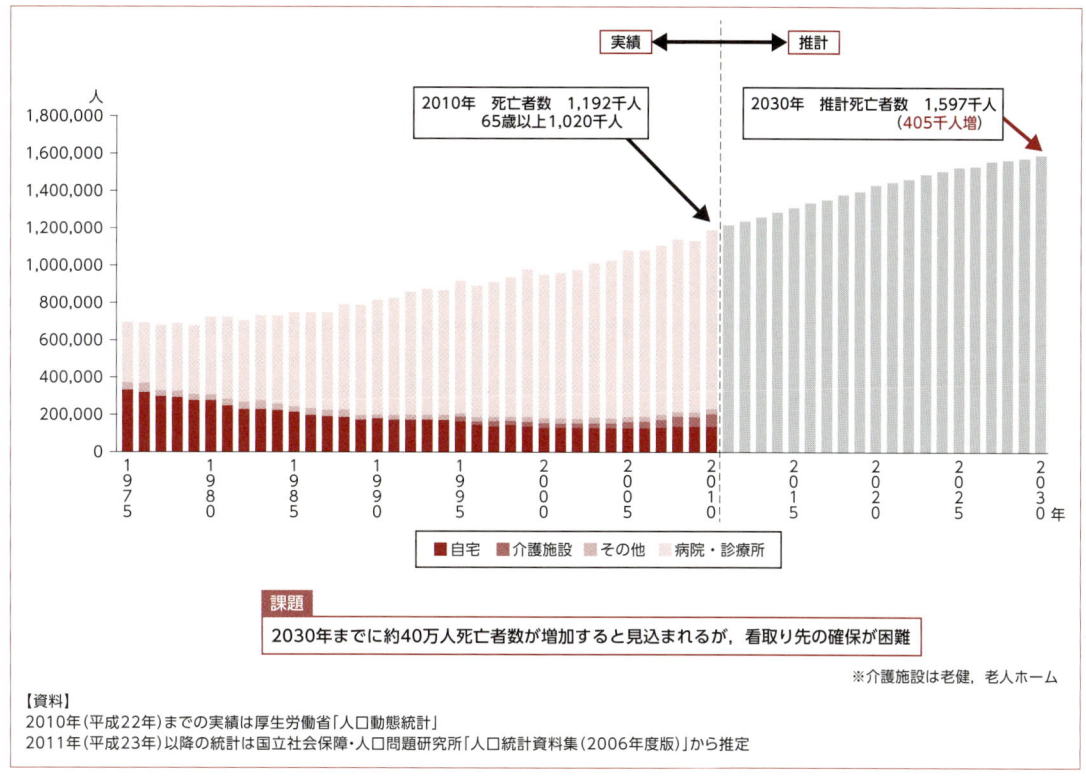

図3：死亡場所・死亡者数の将来推計1

「森田朗, 印南一路, 石津寿惠, 他（中央社会保険医療協議会）：第198回中央社会保険医療協議会総会資料 入院・外来・在宅医療について（総論）［internet］, http://www.mhlw.go.jp/stf/shingi/2r9852000001qd1o-att/2r9852000001qd6n.pdf ［accessed 2015-10-06］, p5, 厚生労働省, 2011」より引用

加は見込めない．つまり，医療機関で亡くなる人は今以上に増えることはない．問題は，「医療機関」でもなく「介護施設」でもなく，「自宅」でもない「その他」の47万人がどこで最期を迎えるのかということである．

現状の医療・介護制度が継続すると仮定すると，47万人が「看取りの場所」を確保できないことになる．この47万人の「看取りの場所」が病院，施設ではないのであれば，「地域・在宅」にせざるを得ないということになる．

第 1 章　地域包括ケアシステムとは

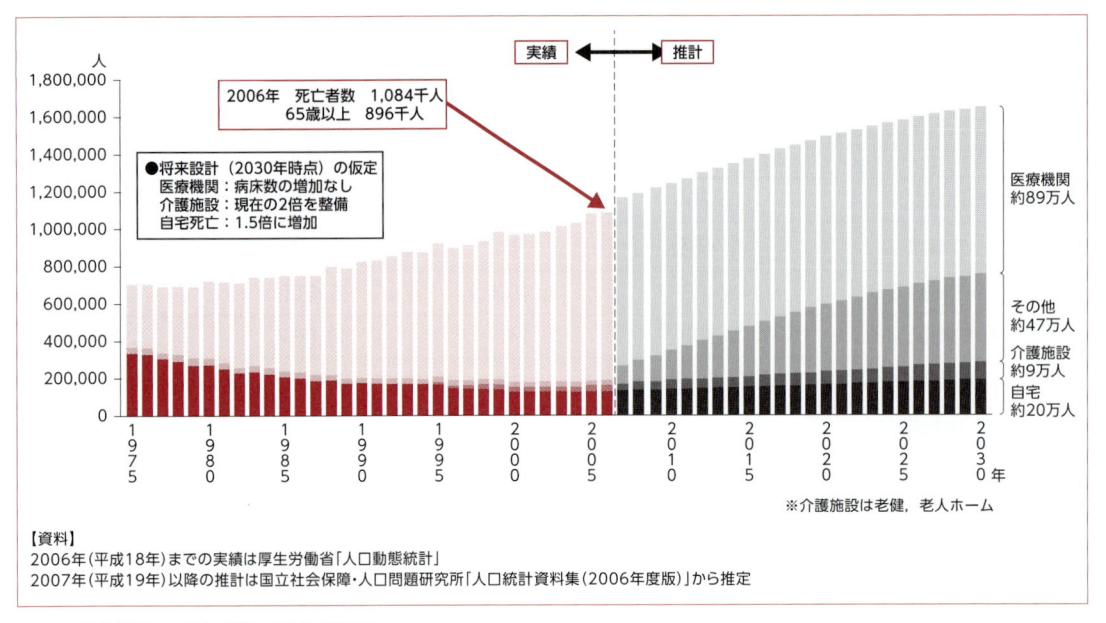

図4：死亡場所・死亡者数の将来推計2
「武久洋三：中央社会保険医療協議会診療報酬調査専門組織 慢性期入院医療の包括評価 調査分科会 参考資料1 [intenet], http://www.mhlw.go.jp/shingi/2009/06/dl/s0611-2b.pdf [accessed 2015-10-05]，p6，厚生労働省，2009」より引用

　地域包括ケアシステム構築の背景にある大きな問題は，「在宅」で看取りができる仕組みを新たに構築せざるを得ないということである．

e. 今までの医療・介護には限界があり，新しい仕組みが必要

　今までの仕組みのままであれば，今後，これらの問題が生じることは容易に想像できる．そこで，今までとは異なる新しいシステムが必要となる．それは，「少ないマンパワーで効率よく医療・介護サービスを提供する仕組み」，「医療・介護サービス量の確保」，「医療・介護に頼らない地域の力（民間事業所，住民，NPOなど）を含めた仕組み」，「寝たきりの重度の要介護高齢者でも一人で暮らすことができることを前提としたシステム」，「在宅で看取りができる仕組み」である．

　その新しい社会システムとして国が提案しているのが，「地域包括ケアシステム」なのである．

2　地域包括ケアシステムとはどのようなものなのだろうか？

　地域包括ケアとは，「ニーズに応じた住宅が提供されることを基本とした上で，生活上の安全，安心，健康を確保するために，医療や介護のみならず，福祉サービスを含めた様々な生活支援サービスが日常生活の場（日常生活圏域）で適切に提供できるような地域での体制」と定義されている．地域包括ケア圏域については，「おおむね30分以内に駆けつけられる圏域」[4]を理想的な圏域として定義し，具体的には，中学校区を基本とする小さな生活圏域で完結する仕組みを想定している（**表3**）[8]．

　この定義に書かれている「ニーズに応じた住宅」のニーズとは，「心身障害の重症度」「介護力」「経済力」などのことであり，その状況によって住む場所が異なることも想定している．いずれにしても，「どんな状況でも住宅が提供されること」が基本である．その住宅に医療も介護も生活支援サービスも「適切」に提供される，というものである．つまり，地域包括ケアシステムとは「在宅生活の限界点を出来る限り高めること」を目指しているシステムと言い換えることもできる．

表3：地域包括ケアシステムとは

「**ニーズに応じた住宅が提供されること**を基本とした上で，生活上の安全・安心・健康を確保するために，**医療や介護のみならず，福祉サービス**を含めた様々な生活支援サービスが日常生活の場（日常生活圏域）で適切に提供できるような地域での体制」と定義．
その際，地域包括ケア圏域については，「**おおむね30分以内に駆けつけられる圏域**」を理想的な圏域として定義し，具体的には，中学校区を基本とする．

「田中 滋，河口洋行，高橋紘士，他（地域包括ケア研究会）：平成20年度 老人保健健康増進等事業 地域包括ケア研究会報告書～今後の検討のための論点整理～ [internet], http://www.mhlw.go.jp/houdou/2009/05/dl/h0522-1.pdf [accessed 2015-10-05], p6, 三菱UFJリサーチ＆コンサルティング，2009」より引用

a. 地域包括ケアシステム概念図の解説

図5[9]が地域包括ケアシステムの概念図である．これは「介護」，「医療」，「予防」という専門的なサービスと，「住まい」と「生活支援・福祉サービス」が相互に関係し，連携しながら在宅の生活を支えていることを示している．

この概念図における「本人・家族の選択と心構え」，「すまいとすまい方」は「自助」，「生活支援，福祉サービス」は「互助」，そして，「医療，看護，介護，リハビリテーション，保健，予防」は「共助」と読み替えることができる．この概念図は「自助」，「互助」，「共助」それぞれの役割分担を明確にしたものでもある．

地域包括ケアシステムの概念図については，三菱UFJリサーチ＆コンサルティング株式会社が平成24年度老人保健健康増進等事業でまとめた「＜地域包括ケア研究会＞地域包括ケアシステム構築における今後の検討のための論点報告書」に，それぞれの項目に次のような解説がついている[10]．

【すまいとすまい方】では，「生活の基盤として必要な住まいが整備され，本人の希望と経済力にかなった住まい方が確保されていることが地域包括ケアシステムの前提である．高齢者のプライバシーと尊厳が十分に守られた住環境が必要である」とある．

図5：地域包括ケアシステム概念図
三菱UFJリサーチ＆コンサルティング「＜地域包括ケア研究会＞地域包括ケアシステム構築における今後の検討のための論点」平成24年度厚生労働省老人保健健康増進等事業，2013年

【生活支援・福祉サービス】では，「心身の能力の低下，経済的理由，家族関係の変化などでも尊厳ある生活が継続できるよう生活支援を行う．生活支援には，食事の準備など，サービス化できる支援から，近隣住民の声かけや見守りなどのインフォーマルな支援まで幅広く，担い手も多様である」とある．

【介護，医療，予防】では，「個々人の抱える課題にあわせて「介護・リハビリテーション」「医療・看護」「保健・予防」が専門職によって提供される（有機的に連携し，一体的に提供）．ケアマネジメントに基づき，必要に応じて生活支援と一体的に提供されることが必要である」とある．

【本人・家族の選択と心構え】では，「単身，高齢者のみ世帯が主流になる中で，在宅生活を選択することの意味を本人・家族が理解し，そのための心構えを持つことが必要である」とある．

b. 本人・家族の心構えとは？

この概念図の特徴は，本人や家族にも「選択と心構え」を求めているところにある．

地域包括ケアシステムの概念図で一番の基礎の部分になるのが，「本人・家族の選択と心構え」である．そこで，この項目の解説をさらにみると，次のように記述されている．

「従来のように，常に誰かが家の中にいて急変時には救急車で病院に搬送され病院で亡くなるといった最期ばかりではなくなる．むしろ，毎日だれかが訪問してきて様子は見ているが，翌日になったら一人で亡くなっていたといった最期も珍しいことではなくなるだろう．『家族に見守られながら自宅で亡くなる』わけではないことを，それぞれの住民が理解した上で在宅生活を選択する必要がある」とある．

地域包括ケアシステムの構築には，国民一人ひとりが最期をどこでどのように迎えるかを自ら選択し，今までのように介護が必要になったら，自分の望み通りのサービスをすべて受け続けられるわけではないことを前提にして，自分の生活をどのように送るのかを「選択し決定する」という「心構え」が前提となる．

3 地域包括ケアシステムにおける医療の役割

地域包括ケアシステムにおける医療の役割は，平成25年8月に出された「社会保障制度改革国民会議」の報告書にある「医療制度改革の方針」に示されている．

社会保障制度改革国民会議は，平成24年の民主党政権時代に施行された「社会保障制度改革推進法」により，今後の社会保障制度改革を行うために必要な事項を審議するために内閣に設置された．この国民会議の審議結果を踏まえて法律上の措置を講じることが規定されており，国民会議の報告書に基づいて改革の骨子が閣議決定され，政府はこの骨子に基づいて社会保障制度改革を進めていく．当然，診療報酬の改定もこの報告書に示された方向性を踏まえたものになっている．

a. 社会保障制度改革国民会議の報告書の概要

国民会議の報告書には，「医療・介護分野の改革」の項目があり，特に，医療制度の改革の必要性が強く打ち出されていた．

医療改革が求められる背景として，「医療システムの改革は四半世紀以上も前からその必要性が求められていたが，20世紀半ばに完成したシステムが21世紀を迎えた今日においてもまだ，支配的なままである」としている．

また，「急速な高齢化が進展し，疾病構造も変化しているなかで，現在の医療システムが作られた当初に必要とされていた医療の内容と現在ではその内容が大きく異なっている」と指摘している．日本の皆保険制度が始まった当初の平均寿命は60歳前後で，医療の役割は「救命」，「延命」，「社会復帰」であり，病気やけがを治して家に帰る「病院完結型」の医療であった．しかし，今は平均寿命が80歳を超えるようになり，治らない慢性疾患を抱え，複数の疾病を抱える老年期の患者が医療の中心となっている．

そうなると，「病院で治して社会復帰するということはなく，地域で治し，支え，病気と共存しながらQOLの維持向上を目指す『地域完結型』の医療に変わらざるを得ない」ということになる．そして，医療においては「機能分化」を進めること，急性期医療に人的，物的資源を集中させること，回復期の医療や介護サービスを充実させること，そして，総体的に入院期間を短縮させることを求めている．

「在宅医療と在宅介護を大幅に充実させ，医療と介護の目指す目標は同じ『QOLの向上』を目指す」としている[11]．

この国民会議の報告書に基づき，2014年6月18日に「地域医療介護総合確保推進法（**図6**）[12]」が成立した．

b. 地域医療介護総合確保推進法の概要

まず，趣旨には「持続可能な社会保障制度の確立を図るための改革の推進に関する法律に基づく措置として，効率的かつ質の高い医療提供体制を構築するとともに，地域包括ケアシステムを構築することを通じ，地域における医療及び介護の総合的な確保を推進するため，医療

1. 今, なぜ, 地域包括ケアシステムなのか?

地域における医療及び介護の総合的な確保を推進するための関係法律の整備等に関する法律（概要）

趣旨
持続可能な社会保障制度の確立を図るための改革の推進に関する法律に基づく措置として, 効率的かつ質の高い医療提供体制を構築するとともに, 地域包括ケアシステムを構築することを通じ, 地域における医療及び介護の総合的な確保を推進するため, 医療法, 介護保険法等の関係法律について所要の整備等を行う.

概要
1. **新たな基金の創設と医療・介護の連携強化（地域介護施設整備促進法等関係）**
   ① 都道府県の事業計画に記載した医療・介護の事業（病床の機能分化・連携, 在宅医療・介護の推進等）のため, 消費税増収分を活用した新たな基金を都道府県に設置
   ② 医療と介護の連携を強化するため, 厚生労働大臣が基本的な方針を策定
2. **地域における効率的かつ効果的な医療提供体制の確保（医療法関係）**
   ① 医療機関が都道府県知事に病床の医療機能（高度急性期, 急性期, 回復期, 慢性期）等を報告し, 都道府県は, それをもとに地域医療構想（ビジョン）（地域の医療提供体制の将来のあるべき姿）を医療計画において策定
   ② 医師確保支援を行う地域医療支援センターの機能を法律に位置付け
3. **地域包括ケアシステムの構築と費用負担の公平化（介護保険法関係）**
   ① 在宅医療・介護連携の推進などの地域支援事業の充実とあわせ, 予防給付（訪問介護・通所介護）を地域支援事業に移行し, 多様化
   ※地域支援事業:介護保険財源で市町村が取り組む事業
   ② 特別養護老人ホームについて, 在宅での生活が困難な中程度の要介護者を支える機能に重点化
   ③ 低所得者の保険料軽減を拡充
   ④ 一定以上の所得のある利用者の自己負担を2割へ引上げ（ただし, 一般の世帯の月額上限は据え置き）
   ⑤ 低所得の施設利用者の食費・居住費を補填する「補足給付」の要件に資産などを追加
4. **その他**
   ① 診療の補助のうちの特定行為を明確化し, それを手順書により行う看護師の研修制度を新設
   ② 医療事故に係る調査の仕組みを位置づけ
   ③ 医療法人社団と医療法人財団の合併, 持分なし医療法人への移行促進策を措置
   ④ 介護人材確保対策の検討（介護福祉士の資格取得方法見直しの施行時期を27年度から28年度に延期）

施行期日
公布日(平成26年6月25日). ただし, 医療法関係は平成26年10月以降, 介護保険法関係は平成27年4月以降など, 順次施行.

図6：地域医療介護総合推進法の概要
「厚生労働省医政局総務課：医療介護総合確保推進法に関する全国会議資料　医療介護総合確保推進法等について [internet], http://www.mhlw.go.jp/file/05-Shingikai-10801000-Iseikyoku-Soumuka/0000052610_1.pdf [accessed 2015-10-05], p2, 厚生労働省, 2014」より引用

法, 介護保険法等の関係法律について所要の整備等を行う」とある.

詳細は紙面の関係で触れられないが, 要約すると, 病床の機能分化, 連携, 在宅医療, 介護を推進するために必要な予算を確保するために新たな基金を都道府県に設置, 効率的かつ効果的な医療提供体制を確保するために都道府県が「地域医療構想（地域の医療提供体制の将来のあるべき姿）」を策定する. 在宅医療, 介護連携の推進, 予防給付（要支援者）のうち訪問介護と通所介護を介護保険サービスから市町村における地域支援事業に移行, 特別養護老人ホームは中重度の要介護者を支える機能に重点化, 低所得者の保険料軽減を拡充, 一定以上の所得のある利用者の自己負担を2割への引き上げ, 介護人材確保対策の検討などがある. この法律に基づいて, 診療報酬や介護報酬の方向性が決められていくことになる.

c. 医療はどのように変わるのか（平成26年度診療報酬改定から見えたこと）

平成26度の診療報酬改定の大きなテーマは「医療機関の機能分化, 強化と連携, 在宅医療の充実」であり, 特に, 平均在院日数の短縮と在宅復帰率を重視している（**図7**）[13]. 平成26年度の改正の特徴は,「地域包括ケアシステム」の概念を医療に取り入れたことである. 医療は病院で完結するのではなく, 地域につなぐ役割を重視する. 医療が介護システムをバックアップする体制が整えられ, 医療も介護もその中心は「地域」,「在宅」にシフトすることになる.

```
┌─ 重点課題 ──────────────────────────────────┐
│  社会保障審議会の「基本方針」                    │
│  ・医療機関の機能分化・強化と連携，在宅医療の充実等 │
└────────────────────────────────────────┘
                      ↓
┌─ 重点課題への対応 ────────────────────────────┐
│  重点課題 医療機関の機能分化・強化と連携，在宅医療の充実等 │
│  1. 入院医療について                            │
│    ①高度急性期と一般急性期を担う病床の機能の明確化とそれらの機能に合わせた評価 │
│    ②長期療養患者の受け皿の確保，急性期病床と長期療養を担う病床の機能分化 │
│    ③急性期後・回復期の病床の充実と機能に応じた評価 │
│    ④地域の実情に配慮した評価                    │
│    ⑤有床診療所における入院医療の評価            │
│  2. 外来医療の機能分化・連携の推進について        │
│    ①主治医機能の評価                           │
│    ②紹介率・逆紹介率の低い大病院における処方料等の適正化 │
│  3. 在宅医療を担う医療機関の確保と質の高い在宅医療の推進について │
│  4. 医療機関相互の連携や医療・介護の連携の評価について │
└────────────────────────────────────────┘
```

図7：平成26年度診療報酬改定の重点課題

「厚生労働省保険局医療課：平成26年度診療報酬改定の概要［internet］，http://www.mhlw.go.jp/file/06-Seisakujouhou-12400000-Hokenkyoku/0000039891.pdf［accessed 2015-10-06］，p7，厚生労働省，2014」より引用

　病院は「病気を治して家に帰す」ところから，できるだけ早く帰れる状態にして確実に次につなぐところになる．我々リハ専門職は，病院での役割を根本から考え直すことが必要となる．

4　地域包括ケアシステムにおける介護の役割

　地域包括ケアシステムにおける介護の役割は，定期的に行われる制度改正（報酬改定）の内容をみると明らかである．平成24年度の制度改正では，①在宅サービスの重点化と施設の重点化，②自立支援サービスの強化と重点化，③医療と介護の機能分担，連携などが改正のポイントとしてあげられる（**図8**）[14]．

　平成27年度の介護報酬改定では，中重度の要介護者や認知症高齢者への対応のさらなる強化として，①中重度の要介護者を支援するための重点的な対応，②活動と参加に焦点を当てたリハビリテーションの推進，③看取り期における対応の充実などが図られた（**図9**）[15]．

　地域包括ケアシステムにおける介護の役割は，「在宅生活の限界点をできるだけ高める」ことである．そのためには，中重度の要介護者が在宅生活を継続できるように医療との連携を強化することが必要となる．また「自立支援サービスの強化」として，軽度の要介護者であれば「身体機能」に偏らず，「活動」や「参加」などの生活機能全般バランスのとれたリハビリテーションの提供など活動的な生活を送れるような支援が必要となる．最終的には本人，家族の意向に基づいて安心して在宅で最期を迎えられるように支援することが介護の役割である．

5　今，なぜ，地域包括ケアシステムなのか？

　後期高齢者が急増し，生産年齢人口が激減する．サービスが足りなくなり，最期を迎える受け皿も足りないという予測のもと，2025年問題を乗り切るために，新たな仕組みとして示されたのが地域包括ケアシステムである．

　しかし，このような状況が全国一律に生じるわけではない．都会は後期高齢者が急増し，地方はそれほど急増はしない．生産年齢人口も都市部では激減はしないが，地方では深刻な人手不足が予想される．つまり，地域包括ケアシステムが必要となる背景は全国の各市町村によっ

1. 今，なぜ，地域包括ケアシステムなのか?

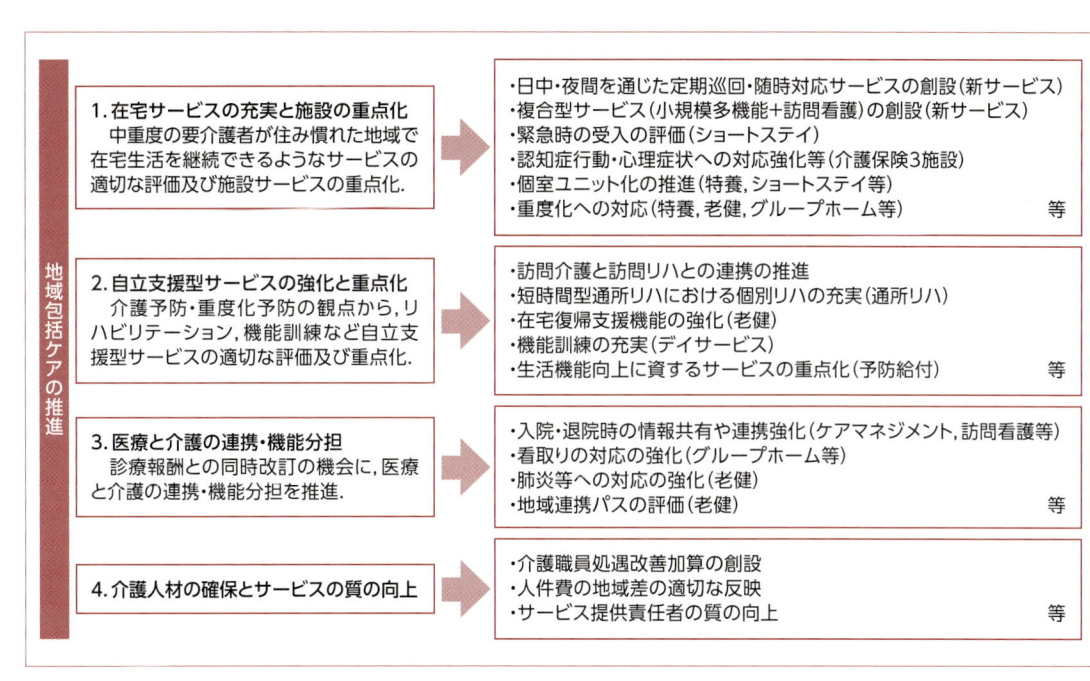

地域包括ケアの推進		
	1. 在宅サービスの充実と施設の重点化 中重度の要介護者が住み慣れた地域で在宅生活を継続できるようなサービスの適切な評価及び施設サービスの重点化.	・日中・夜間を通じた定期巡回・随時対応サービスの創設(新サービス) ・複合型サービス(小規模多機能+訪問看護)の創設(新サービス) ・緊急時の受入の評価(ショートステイ) ・認知症行動・心理症状への対応強化等(介護保険3施設) ・個室ユニット化の推進(特養,ショートステイ等) ・重度化への対応(特養,老健,グループホーム等)　等
	2. 自立支援型サービスの強化と重点化 介護予防・重度化予防の観点から,リハビリテーション,機能訓練など自立支援型サービスの適切な評価及び重点化.	・訪問介護と訪問リハとの連携の推進 ・短時間型通所リハにおける個別リハの充実(通所リハ) ・在宅復帰支援機能の強化(老健) ・機能訓練の充実(デイサービス) ・生活機能向上に資するサービスの重点化(予防給付)　等
	3. 医療と介護の連携・機能分担 診療報酬との同時改訂の機会に,医療と介護の連携・機能分担を推進.	・入院・退院時の情報共有や連携強化(ケアマネジメント,訪問看護等) ・看取りの対応の強化(グループホーム等) ・肺炎等への対応の強化(老健) ・地域連携パスの評価(老健)　等
	4. 介護人材の確保とサービスの質の向上	・介護職員処遇改善加算の創設 ・人件費の地域差の適切な反映 ・サービス提供責任者の質の向上　等

図8：平成24年度介護報酬改定のポイント

「厚生労働省：平成24年度介護報酬改定の改定率について［internet］, http://www.mhlw.go.jp/topics/kaigo/housyu/dl/a01.pdf [accessed 2015-10-05], p3, 厚生労働省, 2012」より引用

平成27年度介護報酬改定に関する審議報告(平成27年1月9日)概要

高齢者ができる限り住み慣れた地域で尊厳を持って自分らしい生活を送ることができるよう,「地域包括ケアシステム」の構築に向けた取組を進める.

1. 中重度の要介護者や認知症高齢者への対応の更なる強化

(1) 中重度の要介護者等を支援するための重点的な対応
・24時間365日の在宅生活を支援する定期巡回・随時対応型サービスを始めとした「短時間・一日複数回訪問」や「通い・訪問・泊まり」といったサービスの組み合わせを一体的に提供する包括報酬サービスの機能強化と,普及に向けた基準緩和
・リハビリテーション専門職の配置等を踏まえた介護老人保健施設における在宅復帰支援機能の更なる強化

(2) 活動と参加に焦点を当てたリハビリテーションの推進
・リハビリテーションの理念を踏まえた「心身機能」,「活動」,「参加」の要素にバランスよく働きかける効果的なサービス提供を推進するための理念の明確化と「活動」,「参加」に焦点を当てた新たな報酬体系の導入

(3) 看取り期における対応の充実
・本人及び家族の意向に基づくその人らしさを尊重したケアの実現を推進するため,本人・家族とサービス提供者の十分な意思疎通を促進する取組を評価

(4) 口腔・栄養管理に係る取組の充実
・施設等入所者が認知機能や摂食・嚥下機能の低下等により食事の経口摂取が困難となっても,自分の口から食べる楽しみを得られるよう,多職種協働による支援を充実

2. 介護人材確保対策の推進

・介護職員処遇改善加算の更なる充実
・サービス提供体制強化加算(介護福祉士の評価)の拡大

3. サービス評価の適正化と効率的なサービス提供体制の構築

・「骨太の方針」を踏まえたサービスに係る評価の適正化について,各サービスの運営実態や1.及び2.も勘案しつつ実施
・集合住宅へのサービス提供の適正化(事業所と同一建物に居住する減算の適用範囲を拡大)
・看護職員の効率的な活用の観点等から,人員配置の見直し等を実施(通所介護,小規模多機能型居宅介護 等)

図9：平成27年度介護報酬改定概要

「厚生労働省：平成27年度介護報酬改定の骨子［internet］, http://www.mhlw.go.jp/file/06-Seisakujouhou-12300000-Roukenkyoku/0000081007.pdf [accessed 2015-10-05], p2, 厚生労働省, 2015」より引用

て異なる．そして，それぞれ違う形のシステムが必要となる．

　問題意識が強く，早期から準備ができる市町村とそうでない市町村では住民の生活の質に差が生じることになる．個人レベルでは，「心構え」ができている住民とそうでない住民では生活の満足度が異なることにもなるであろう．地域包括ケアシステムが良いものか悪いものかはわからないが，地域包括ケアに向かって環境は着実に整えられている．そうであるならば，地域包括ケアシステムが良いものになるように努力をすることが，現場で仕事するものの役割ではないかと考える．

　住民に「心構え」を求めるのと同じように，我々リハ専門職も「役割」について再考し，来る2025年を見据えて「心構え」をする必要がある．地域包括ケアシステムとは何なのかを知ることは，「役割」を考え「心構え」をする際の判断材料となる．是非，国の動向に興味を持ち，報告書に目を通す機会を持ってほしい．

確認事項

① 地域包括ケアシステムの背景を理解しよう
② 地域包括ケアシステムと自助，互助，共助の関係を理解しよう
③ 「在宅生活の限界点をできるだけ高める」とはどういうことか？
④ リハ専門職の役割が変わることを理解しよう

文献

1) 森田 朗，印南一路，石津寿恵，他（中央社会保険医療協議会）：第198回中央社会保険医療協議会総会資料 入院・外来・在宅医療について（総論）[internet]，http://www.mhlw.go.jp/stf/shingi/2r9852000001qd1o-att/2r9852000001qd6n.pdf [accessed 2015-10-06]，厚生労働省，2011
2) 日本の将来推計人口（平成24年1月推計）[internet]，http://www.ipss.go.jp/syoushika/tohkei/newest04/h1_1.html 表1-1，http://www.ipss.go.jp/syoushika/tohkei/newest04/sh2401smm.html，[accessed 2015-10-10]，国立社会保障・人口問題研究所
3) 田中 滋，河口洋行，他（地域包括ケア研究会）：地域包括ケア研究会報告書～今後の検討のための論点整理～ [internet]，http://www.murc.jp/sp/1509/houkatsu/houkatsu_01_pdf01.pdf [accessed 2016-04-06]，平成20年度老人保健健康増進等事業
4) 田中 滋，前田雅英，他（地域包括ケア研究会）：平成21年度 老人保健健康増進等事業による研究報告書 地域包括ケア研究会 報告書 [internet]，http://www.murc.jp/uploads/2012/07/report_1_55.pdf [accessed 2015-10-05]，三菱UFJリサーチ＆コンサルティング，2010
5) 日本の世帯数の将来推計（全国推計）2013（平成25）年1月推計 [internet]，http://www.ipss.go.jp/pp-ajsetai/j/HPRJ2013/gaiyo_20130115.pdf [accessed 2015-10-10]，国立社会保障・人口問題研究所
6) 森田 朗，印南一路，石津寿恵，他（中央社会保険医療協議会）：第198回中央社会保険医療協議会総会資料 入院・外来・在宅医療について（総論）[internet]，http://www.mhlw.go.jp/stf/shingi/2r9852000001qd1o-att/2r9852000001qd6n.pdf [accessed 2015-10-06]，厚生労働省，2011
7) 武久洋三：中央社会保険医療協議会診療報酬調査専門組織 慢性期入院医療の包括評価 調査分科会 参考資料1 [intenet]，http://www.mhlw.go.jp/shingi/2009/06/dl/s0611-2b.pdf [accessed 2015-10-05]，厚生労働省，2009
8) 田中 滋，河口洋行，高橋紘士，他（地域包括ケア研究会）：平成20年度 老人保健健康増進等事業 地域包括ケア研究会 報告書～今後の検討のための論点整理～ [internet]，http://www.mhlw.go.jp/houdou/2009/05/dl/h0522-1.pdf [accessed 2015-10-05]，三菱UFJリサーチ＆コンサルティング，2009
9) 三菱UFJリサーチ＆コンサルティング「＜地域包括ケア研究会＞地域包括ケアシステム構築における今後の検討のための論点」平成24年度厚生労働省老人保健健康増進等事業，2013年
10) 田中 滋，池田省三，他（地域包括ケア研究会）：平成24年度 厚生労働省老人保健事業推進費等補助金（老人保健健康増進等事業分）持続可能な介護保険制度及び地域包括ケアシステムのあり方に関する調査研究事業 報告書 地域包括ケアシステム構築における今後の検討のための論点 [internet]，http://www.murc.jp/uploads/2013/04/koukai130423_01.pdf [accessed 2015-10-05]，三菱UFJリサーチ＆コンサルティング，2013
11) 清家 篤，遠藤久夫，他（社会保障制度改革国民会議）：社会保障制度改革国民会議 報告書 [internet]，https://www.kantei.go.jp/jp/singi/kokuminkaigi/pdf/houkokusyo.pdf [accessed 2015-10-05]，2013
12) 厚生労働省医政局総務課：医療介護総合確保推進法に関する全国会議資料 医療介護総合確保推進法等について [internet]，http://www.mhlw.go.jp/file/05-Shingikai-10801000-Iseikyoku-Soumuka/0000052610_1.pdf [accessed 2015-10-05]，厚生労働省，2014
13) 厚生労働省保険局医療課：平成26年度診療報酬改定の概要 [internet]，http://www.mhlw.go.jp/file/06-Seisakujouhou-12400000-Hokenkyoku/0000039891.pdf [accessed 2015-10-06]，厚生労働省，2014
14) 厚生労働省：平成24年度介護報酬改定の改定率について [internet]，http://www.mhlw.go.jp/topics/kaigo/housyu/dl/a01.pdf [accessed 2015-10-05]，厚生労働省，2012
15) 厚生労働省：平成27年度介護報酬改定の骨子 [internet]，http://www.mhlw.go.jp/file/06-Seisakujouhou-12300000-Roukenkyoku/0000081007.pdf [accessed 2015-10-05]，厚生労働省，2015

第1章 2 地域包括支援センターの役割

寺尾朋美

ここがポイント！

　地域包括支援センターは平成18年4月より各市町村に設置されている．地域包括支援センターの設置数は7,072ヵ所であり，その内訳はセンターが4,328ヵ所，ブランチが2,391ヵ所，サブセンターが353ヵ所である（平成24年）．原則として，保健師，社会福祉士，主任介護支援専門員の3職種を配置することとなっており，3職種とは別にリハビリテーション専門職（以下，リハ専門職）が配置されている地域包括支援センターは数少ない．そこで，地域包括支援センター以外のリハ専門職が地域包括支援センターの機能と役割について理解できるよう，各事業ごとの説明に加え，リハ専門職が果たせる役割についてまとめた．

覚えておきたいKeyword

包括的支援事業，介護予防・日常生活支援総合事業

はじめに

　わが国では現在，高齢化が進み，認知症高齢者や単身世帯または高齢者のみの世帯が増加している．このような状況で，可能な限り住み慣れた地域で安心して過ごせるよう「地域包括ケアシステム」の構築が進められており，その中核的な機関として市町村は地域包括支援センターを設置することとしている．

　この地域包括支援センターは，介護保険法第115条の46第1項において「地域住民の心身の健康の保持及び生活の安定のために必要な援助を行うことにより，その保健医療の向上及び福祉の増進を包括的に支援することを目的とする施設」と規定されている．指定介護予防支援事業者であるとともに地域支援事業を実施する施設として位置づけられており，これらの目的を達成するために，様々な事業を実施している（図1）[1]．

　それぞれの事業がどのようなものであるか，地域包括支援センターに所属するリハ専門職がどのような役割を果たしているか，果たせるか等，主要な事業毎に説明する．

1 包括的支援事業

a. 地域包括支援センターの運営

1）介護予防ケアマネジメント（第1号介護予防支援事業）

　要支援1・2と認定された方や基本チェックリストにより判断された事業対象者に，介護予防及び日常生活支援を目的に適切な事業が包括的かつ効率的に実施されるよう必要な援助を行う．

　介護予防ケアマネジメントを実施する対象者は，ADLは概ねまたは完全に自立しているが，IADLに何らかの支障がある高齢者が多い．

　そこで，リハ専門職はこのような高齢者の生活の支障となっている原因を探り，その原因を取り除けるような環境調整や動作の工夫等，具体的な方法を提案又は助言することができる．

　地域包括支援センター職員からの相談に応じ

```
┌─────────────────────────────────────────────────────────────┐
│      │ 包括的支援事業                                          │
│      │ (ア) 地域包括支援センターの運営  必須                    │
│      │   ○総合相談支援業務(法第115条の45第2項第1号)            │
│      │   ○権利擁護業務(法第115条の45第2項第2号)                │
│      │   ○包括的・継続的ケアマネジメント支援業務(法第115条の45第2項第3号) │
│ 地   │     ※地域ケア会議の実施(法第115条の48)                  │
│ 域   │   ○介護予防ケアマネジメント(第1号介護予防支援事業)       │
│ 支   │     (法第115条の45第1項第1号ニ(居宅要支援保険者に係るものを除く.)) │
│ 援   │ (イ) 在宅医療・介護連携推進事業(法第115条の45第2項第4号) │
│ 事   │ (ウ) 生活支援体制整備事業(法第115条の45第2項第5号)      │
│ 業   │ (エ) 認知症総合支援事業(法第115条の45第2項第6号)        │
│      │                                                         │
│      │ 新しい介護予防・日常生活支援総合事業                    │
│      │ (ア) 介護予防・生活支援サービス事業(介護保険法115条の45第1項第1号) │
│      │   ○介護予防ケアマネジメント(第1号介護予防支援事業)       │
│      │     (法第115条の45第1項第1号ニ) 必須                    │
│      │ (イ) 一般介護予防事業(介護保険法第115条の45第1項第2号)  │
│      │                                                         │
│      │ 任意事業(介護保険法第115条の45第3項)                    │
│      │                                                         │
│      │ 多職種協働による地域包括支援ネットワークの構築(介護保険法第115条の46第7項) 必須 │
│      │                                                         │
│      │ 指定介護予防支援事業(介護保険法第115条の22):介護保険給付(要支援1〜2) 必須 │
│      │                                                         │
│      │ ※「必須」マークが付いている項目は包括センターが必ず実施するものであり,付いていない │
│      │   項目は他の法人等が受託する場合もあるが,包括センターとして必ず関わるものである. │
└─────────────────────────────────────────────────────────────┘
```

図1 新しい地域支援事業と地域包括支援センターの関係
「地域包括支援センター運営マニュアル検討委員会:地域包括支援センター運営の基本方針,地域包括支援センター運営マニュアル,p51,長寿社会開発センター,東京,2015」より引用

るだけで済む場合もあれば,高齢者宅へ訪問し,直接原因を探り,説明し,実現可能な方法を一緒に考え,提案,実践することもある.地域包括支援センターにリハ専門職が配置されていることで,訪問から実践までの対応が随時できるため,より専門性を発揮することができ,かつ自立に向けた直接的支援及び介護予防サービス計画書への直接提案が実施可能となる.

本事業と指定介護予防支援事業は制度が異なるものの,どちらにおいても「自立支援」という共通した考え方に基づき,一体的に実施しているため,リハ専門職としての専門性を十分に発揮することができる事業である.

2)総合相談支援業務

この事業は,地域包括支援センターの基盤的役割を果たす業務である.

地域包括支援センターは高齢者等に関する様々な相談を一旦全て受けるワンストップサービスの拠点の役割を果たさなければならない.相談者は高齢者本人やその家族とは限らず,医療機関や民生委員,地域住民等からと様々である.その相談内容は多種多様であり,地域包括支援センターだけでは対応できない場合も多い.

そこで,一旦受けた相談を適切な機関や制度,サービスにつなぐことがこの業務の大きな目的となる.適切につなぐためにはまず課題を明確にすることが必要であり,そのために地域包括支援センターの職員には様々な情報や知識・面接技術等が求められる.

また,待っているだけではすべての相談や課題を見つけることはできない.地域にどのような高齢者が生活しているか,どのような社会資

2. 地域包括支援センターの役割

> **MEMO** リハ専門職の具体的な関わり例
>
> 　85歳女性．変形性膝関節症の診断を受けている．独居であるが週1回程度は長女が様子をみに来てくれるため，困りごとを相談したり対応したりしてもらうことはできる．介護認定は特に受けていない．ADLや調理，掃除等の家事も何とか自分でできているが，買い物に行くことに不便を感じている．そこで，ヘルパーによる買い物支援を受けるため，介護申請をすることに…
>
> **「なぜ，買い物へ行くことを不便と感じているのか？」，原因を考える**
> 原因①：スーパーが歩いて行ける距離にないから
> 原因②：荷物を持って歩くと転びそうになるから
> 原因③：行くことはできるが，帰りは疲れてしまい途中で歩けなくなってしまうから
> 原因④：長く歩くと膝が痛くなるから
> 等，考えられる原因は様々ある．解決策は介護サービスや福祉サービスの利用だけではない．リハ専門職が介入することで，安心して外を歩けるための福祉用具の提案や身体機能面の向上等の提案ができることを「強み」としよう．

源があるか，地域のネットワーク構築や実態把握をすることも相談支援業務を円滑に行うための手段となる．

　地域包括支援センターのリハ専門職は，理学療法や作業療法という専門性だけに特化した知識や情報だけではなく，福祉・医療・介護の様々な知識や情報を把握し，様々なネットワークの構築（顔の見える関係づくり）を図り，面接技術等を身につけなければならない．そうすることで，高齢者が家の中だけではなく，地域で自立した生活が送れるような支援が可能となってくる．

3）権利擁護業務

　高齢者虐待や消費者被害等の，権利侵害行為の対象となっている高齢者や権利侵害の対象となりやすい高齢者，あるいは自ら権利主張や権利行使することができない状況にある高齢者に対し，権利侵害の予防や対応，権利行使の支援を専門的に行う業務である．

　地域包括支援センターは，緊急性の程度の確認や専門性を活かした判断を行い，市町村の権利行使のために必要な要件を明確にする役割が

> **MEMO** 権利擁護業務でリハ専門職が関わる例
>
> **①高齢者の顔にアザや傷がある**
> 　一見，高齢者虐待とも疑われるアザや傷．事実確認のため社会福祉士と一緒にリハ専門職も高齢者宅へ訪問したところ，本人がよく転倒する場所があること，前方へ転倒することが多く反射的に手が出ない状態であることが判明し，家族による虐待の可能性が低いと判断された．
>
> **②消費者被害にあった**
> 　被害者宅へ訪問したところ，部屋は整理整頓されていたが，生活状況の聞き取りをすすめていくと記憶が曖昧な状態，残薬が多い，金銭管理ができていないことが判明．その場で記憶などの簡易テストを行い，その結果と生活状況から家族や主治医へ相談．介護保険申請と併せて成年後見制度の利用促進を行い，それ以降，消費者被害にあわなくなった．

ある.

リハ専門職として関わることが少ないように思える業務だが，事例（ケース）によってはリハ専門職としての専門性が必要とされる場合がある.

4）包括的・継続的ケアマネジメント支援業務

高齢者は，地域で望ましい生活を送ることができない様々な課題を抱えている場合がある．そのような時でも，その人らしい自立した生活を継続するためには，意欲や適応能力等の維持や改善を支援するとともに，必要な社会資源を切れ目なく活用できるように援助していく必要がある．このようなケアマネジメントを包括的・継続的ケアマネジメントという[1]．

地域包括支援センターには，①介護支援専門員や介護サービス事業者等が，包括的・継続的ケアマネジメントを実践できるような環境を整備する業務と，②介護支援専門員や介護サービス事業者等が，個々の利用者に援助を展開する際に必要に応じてサポートする業務がある．

①の場合，介護支援専門員や介護サービス事業者等が多種多様な社会資源を個々で把握することは不可能であり，利用者が抱える課題に応じた社会資源を適切に選択，活用できるように，多職種が集まる会議等を実施することがある．

②の場合，介護支援専門員や介護サービス事業者等が，支援困難と感じたケースに出会ったときに専門的なサポートを地域包括支援センターに求めることができ，場合によっては地域包括支援センターが主催で「地域ケア会議」を実施することもある．

地域包括支援センターは①または②に対応するため，必要に応じて医療機関や事業所等に所属するリハ専門職に地域ケア会議または多職種が集まる会議への出席を要請し，リハ専門職には専門的な意見を述べる機会ができる．その場合，介護支援専門員や介護サービス事業者等の抱える課題を理解し，様々な社会資源を活用する助言をすることがとても重要である．

また，会議の実施主体である地域包括支援センターは多職種それぞれの専門性を総合的にまとめ，課題解決に向けた具体的な取り組みや方法等を提案し会議を終結させる．そこで，地域包括支援センターのリハ専門職は，医療機関や事業所等に所属するリハ専門職が果たす役割に加え，会議の主催者として多職種がそれぞれどのような専門性を持ち，課題を発見，助言できるのか等，様々な展開を予測しながら会議を進行する役割を担う．

b. 在宅医療・介護連携推進事業

これは，2015年度より位置づけられた事業の1つである．

厚生労働省より，「疾病を抱えても，自宅等の住み慣れた生活の場で療養し，自分らしい生活を続けられるためには，地域における医療・介護の関係機関が連携して，包括的かつ継続的な在宅医療・介護の提供を行うことが必要である．このため，関係機関が連携し，多職種協働により在宅医療・介護を一体的に提供できる体制を構築するため，市町村が中心となって，地域の医師会等と緊密に連携しながら，地域の関係機関の連携体制の構築を図る」として，**図2**[2]のようなイメージ図が示されている．

この事業は，地域包括支援センター以外にも委託することができるため，市町村の実情に応じた体制整備が進められている．

地域包括ケアシステムの構築に向け，切れ目のない在宅医療と介護サービスの提供体制を構築するために，医療機関のリハ専門職または介護サービス事業所のリハ専門職のどちらの立場においても，在宅高齢者の支援の必要性を意識し，連携を図らなければならない．

c. 生活支援体制整備事業

これも2015年度より位置づけられた事業の一つである．

高齢者単身または高齢者のみ世帯が増加する

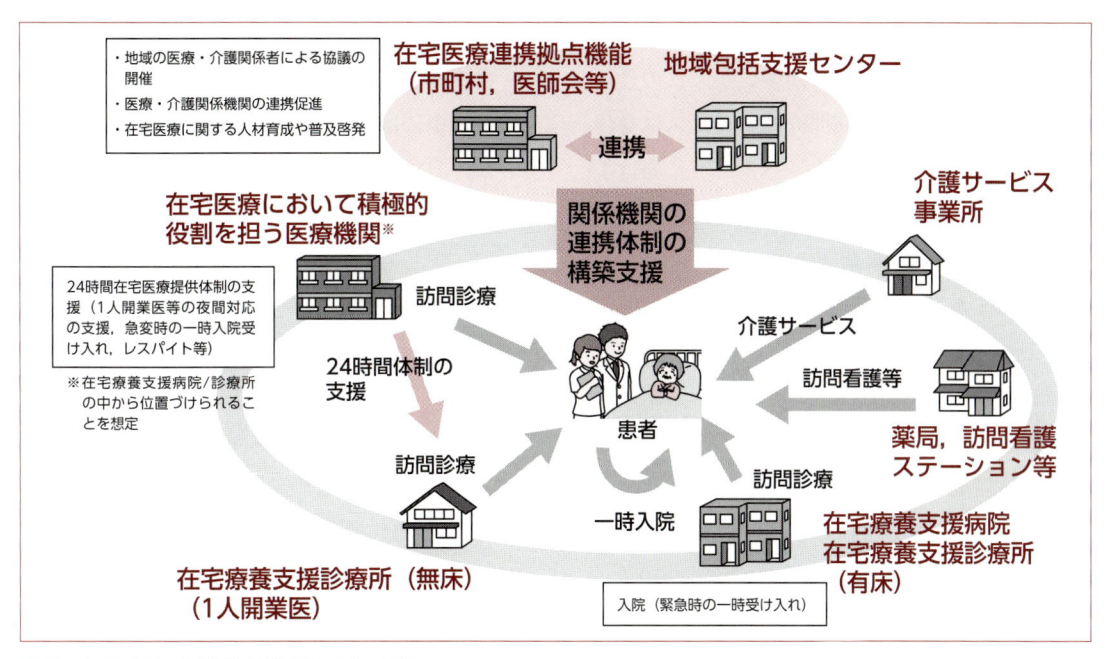

図2 在宅医療・介護の連携推進イメージ図
「在宅医療・介護推進プロジェクトチーム:在宅医療・介護の推進について [internet], http://www.mhlw.go.jp/seisakunitsuite/bunya/kenkou_iryou/iryou/zaitaku/dl/zaitakuiryou_all.pdf [accessed 2015-09-30], p8, 厚生労働省」より引用

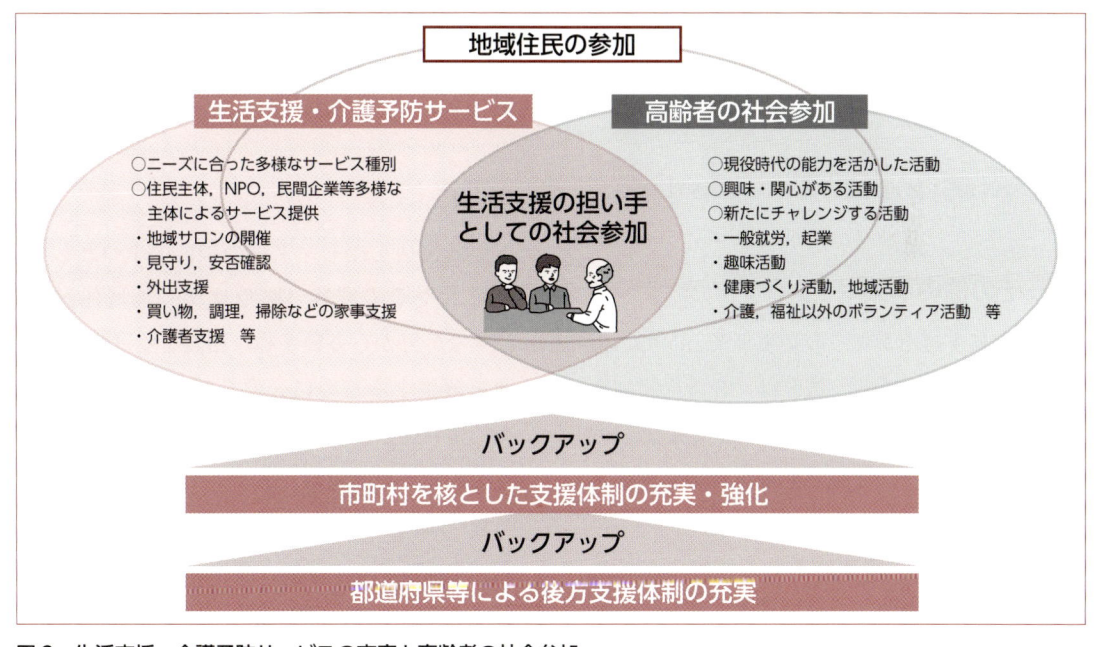

図3 生活支援・介護予防サービスの充実と高齢者の社会参加
「厚生労働省老健局振興課:介護予防・日常生活支援総合事業の基本的な考え方 [internet], http://www.mhlw.go.jp/file/06-Seisakujouhou-12300000-Roukenkyoku/0000074692.pdf [accessed 2015-09-30], p3」より引用

中で,生活支援コーディネーターが配置され,ボランティア,NPO,民間企業,社会福祉法人等の多様な事業主体による重層的な生活支援サービスの提供体制を構築する事業である.

厚生労働省が示すように(**図3**)[3],買い物や掃除等の支援を求める高齢者を,地域住民や元気で活動的な高齢者が支援する仕組みを市町村の実情に応じて整備している.

現状，これらの支援は訪問介護サービスによって実施されている場合が多いが，この仕組みが整備されることで訪問介護サービスは身体介護に専念することができ，ヘルパー業務はより専門性を発揮できる．

d．認知症総合支援事業

これもまた2015年度より位置づけられた事業の1つである．

認知症初期集中支援チームが関与し，認知症高齢者への適切な対応方法についての助言や適切な医療機関へのつなぎ等の実施，認知症地域支援推進員※による相談対応等の体制整備が進められている．

認知症初期集中支援チーム員として作業療法士を配置することが可能となっている．認知症高齢者やその家族等の支援はチーム全体で方針を検討することとなるが，作業療法士として認知症高齢者ができる限り地域で生活し続けられるよう，認知症高齢者自身の役割の提言や家族の関わり方等の助言ができる．

※認知症の人ができる限り住み慣れた環境で暮らし続けることができるよう，認知症施策や事業の企画調整等を行う．

2　その他の事業

地域包括支援センターの必須事業として，指定介護予防支援がある．これは，介護保険制度における予防給付の対象となる要支援認定者が，適切な介護予防サービス等を利用することができるように支援する事業である．

2015年度より介護予防事業の枠組みが新しくなり，2017年度までに訪問介護予防サービス及び通所介護予防サービスが「介護予防・日常生活支援総合事業」（以下「総合事業」とする）に移行する．この事業により，市町村の実情に応じて柔軟なサービスの創出，組み合わせができるようになるため，高齢者への必要な支援が訪問介護または通所介護のみであれば要支援認定を受けることなくサービスを利用することができる．

要支援認定者または総合事業の対象となる高齢者の中には，ADLに軽度の支障がある者が多いが，リハ専門職はp13の介護予防ケアマネジメントでも述べたような原因の追究や助言を行い，少しでも自立した生活を送れるように支援することができる．

また，一般介護予防事業において，「地域リハビリテーション活動支援事業」が新設された．これは，高齢者の「心身機能」，「活動」，「参加」のそれぞれの要素にバランスよく働きかけるために，通所，訪問，地域ケア会議，サービス担当者会議，住民運営の通いの場等の地域において，リハ専門職等を活かした自立支援に資する取り組みを推進する事業である．

この事業を基に，様々な地域支援事業にリハ専門職が関与することが予測される．リハ専門職にはここでも専門職としての知識だけではなく，様々な知識と社会資源等の情報等が必要となってくる．

まとめ

地域包括支援センターの機能の1つとして，高齢者やその家族，医療機関，地域住民等，様々な分野から多種多様な相談を受け，その問題を解決するために必要な機関や事業への紹介，情報提供等を行い調整する役割がある．

そこで，地域包括支援センターに所属するリハ専門職は，住民ができるかぎり地域または在宅で生活できるように，また，他職種へ後方支援できるように，理学療法・作業療法等の専門的な知識だけではなく，社会福祉士等の他の専門職と同様に地域生活者がどのような課題を抱え生活しているかを把握し，法律，行政制度，医学的知識，面接技術，対人援助技術，コミュニケーション力等の様々な知識や技術を高め，役割を果たす必要がある．

確認事項

①地域包括支援センターの機能を理解しよう
②包括的支援事業について理解しよう
③介護予防・日常生活総合支援事業を理解しよう
④地域包括支援センターでのリハ専門職の専門性を理解しよう

文献

1) 地域包括支援センター運営マニュアル検討委員会：地域包括支援センター運営の基本方針，地域包括支援センターマニュアル，p51，長寿社会開発センター，2015
2) 在宅医療・介護推進プロジェクトチーム：在宅医療・介護の推進について［internet］，http://www.mhlw.go.jp/seisakunitsuite/bunya/kenkou_iryou/iryou/zaitaku/dl/zaitakuiryou_all.pdf［accessed 2015-09-30］，厚生労働省
3) 厚生労働省老健局振興課：介護予防・日常生活支援総合事業の基本的な考え方［internet］，http://www.mhlw.go.jp/file/06-Seisakujouhou-12300000-Roukenkyoku/0000074692.pdf［accessed 2015-09-30］

第1章 3 地域ケア会議とは？

安本勝博

ここがポイント！

地域包括ケアシステムの推進に向けて，市町村が実施する地域ケア会議が注目されている．その会議へのリハビリテーション専門職（以下，リハ専門職）の積極的な参加が厚生労働省や市町村から期待されている．どのような期待なのか，また，参加する際の課題や視点について説明する．

覚えておきたいKeyword

自立支援，予後予測，多職種協働，健康

1 地域ケア会議とは？

a. 地域ケア会議の定義

地域ケア会議は，介護保険法の地域支援事業の中で「保健医療及び福祉に関する専門的知識を有する者による被保険者の居宅サービス計画及び施設サービス計画の検証，その心身の状況，介護給付等対象サービスの利用状況その他の状況に関する定期的な協議その他の取組を通じ，当該被保険者が地域において自立した日常生活を営むことができるよう，包括的かつ継続的な支援を行う事業」（介護保険法第115条の45第2項第3号）と規定されている．地域ケア会議を効率的に実施するために市町村は，「介護支援専門員，保健医療及び福祉に関する専門的知識を有する者，民生委員その他の関係者，関係機関及び関係団体により構成される会議を置くように努めなければならない」（介護保険法第115条の48第1項）とされている．さらに，「会議は，要介護被保険者その他の厚生労働省令で定める被保険者への適切な支援を図るために必要な検討を行うとともに，支援対象被保険者が地域において自立した日常生活を営むために必要な支援体制に関する検討を行うものとする」（介護保険法第115条の48第2項）と定義されている．

b. 地域ケア会議が制度化された背景

厚生労働省の「地域ケア会議」に関するQ&Aによると，地域ケア会議が制度化された背景として，地域包括ケアシステムを実現するためには高齢者個人に対する支援の充実と，それを支える社会基盤の整備とを同時に進める必要があり，①専門多職種の協働のもと，公的サービスのみならず他の社会資源も積極的に活用しながら，高齢者個人の課題分析と在宅生活の限界点を上げるための支援の充実に向けた検討を行い，これらの個別ケースの検討の積み重ねを通じて，高齢者の自立支援に資するケアマネジメントを地域全体に普及することにより，地域で高齢者を支えるネットワークを強化する，②高齢者の自立を支援するための具体的な地域課題やニーズを行政に吸い上げ，社会基盤整備につなげる，ための1つの手法として，地域ケア会議を位置づけたとされている[1]．

介護保険法やQ&Aからみえてくるのは，「自立支援」を推進する手段として地域ケア会議が位置づけられているということである．

「介護支援専門員の資質向上と今後のあり方に関する検討会」では，検討されるべき課題とし

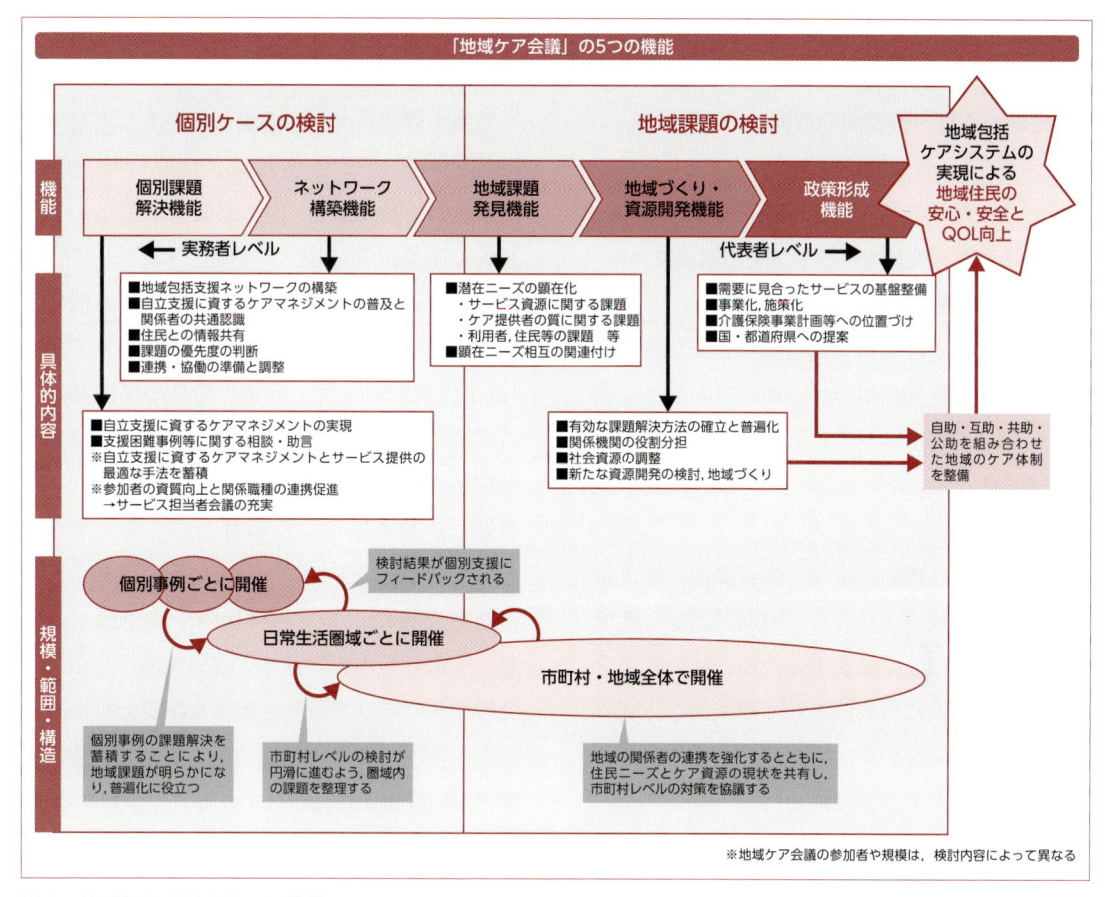

図1:地域ケア会議の5つの機能

「髙良麻子,江田佳子,大口達也,他 地域ケア会議運営マニュアル作成委員会:地域ケア会議運営マニュアル [internet], http://www.nenrin.or.jp/regional/pdf/manual/kaigimanual00.pdf [accessed 2015-09-28], p205, 長寿社会開発センター, 2013」より引用

て,介護保険の理念である「自立支援」の考え方が十分共有されていないことが指摘された[2]. さらに,サービスありき的な支援から必要以上にサービスが提供され,利用者の能力を奪ってしまっているのではないかという危惧や,お世話型の保険になってしまっているのではないかという考えから,「自立支援」を多角的に推進する手段として地域ケア会議が位置づけられた.

c. 地域ケア会議の5つの機能

地域ケア会議には5つの機能がある(**図1**)[3].

1) 個別課題解決機能

個別課題解決機能には,①個別ケースについて多機関・多職種が多角的視点から検討を行うことにより,被保険者(住民)の課題解決を支援する,②そうしたプロセスを通して,地域包括支援センター職員や介護支援専門員等の実践上の課題解決力向上を図ることで,被保険者への自立支援に資するケアマネジメント等の支援の質を高めるという2つの役割がある.

2) ネットワーク構築機能

地域の関係機関等の相互の連携を高め,個別ケースの検討を通じて個別課題や地域課題を解決するために必要な関係機関等の役割を明らかにする.また,課題解決に向けて関係機関が具体的に連携を行うことによって連携を強固かつ実践的なものとする機能をいう.

3) 地域課題発見機能

個別ケースの背後に同様のニーズを抱えた要援護者やその予備群を見出し,かつ関連する事

実や課題，地域の現状等を総合的に判断して，解決すべき地域課題を明らかにする機能である．

4）地域づくり・資源開発機能

地域づくり・資源開発機能は，インフォーマルサービスや地域の見守りネットワークなど，必要な地域資源を地域で開発していく機能である．

5）政策形成機能

狭義には，市町村による地域に必要な施策や事業の立案・実施につなげる機能であり，広義には，都道府県や国への政策の提言までを含む機能である．

以上の5つの機能により，個別課題の解決策を関係機関で検討・共有し，個別課題から地域課題を明らかにして解決するための社会資源を開発し，最終的には政策として継続的な体制の構築へとつないでいく，その体系全体を表しているのが地域ケア会議である．

2 地域ケア会議におけるリハ専門職への期待

a. 厚生労働省の期待

厚生労働省は，「地域ケア会議やサービス担当者会議にリハビリテーション専門職等が定期的に関与することにより，①日常生活に支障のある生活行為の要因，②疾患の特徴を踏まえた生活行為の改善の見通し，③要支援者等の有する能力を最大限に引き出すための方法，等について検討しやすくなり，自立支援のプロセスを参加者全員で共有し，個々人の介護予防ケアマネジメント力の向上につながる」として，各自治体に対し積極的にリハ専門職を活用するよう要望している[4]．

これらの要望からみえてくるのは，「地域ケア会議の個別課題解決機能の中で生活課題の要因を明らかにし，予後予測による改善策の提案を自立支援の視点で提案し，改善するための具体的な方法を明らかにしてほしい」という期待である．

b. 市町村の期待

筆者も研究員として参画している日本公衆衛生協会の平成25年度地域保健総合推進事業「行政の理学療法士，作業療法士が関与する効果的な事業展開に関する研究」（以下，研究事業）によると，個別ケースの自立支援に関するケアマネジメントの支援を行う地域ケア会議（以下，個別地域ケア会議）でリハ専門職に助言を期待する項目として，図2[5]のように多くの期待が寄せられていることがわかっている．さらに，最も期待する項目として①「できそう」なことを「できる・している」にするために必要な援助，②生活機能の予後予測，③疾患・障害等の本人の身体・認知機能からの課題分析が挙げられており，的確な課題分析から予後を予測し，改善可能性のある能力の具体的支援内容の提案が期待されていることがわかる[5]．

3 個別地域ケア会議に参加するための課題

行政から大きな期待が寄せられている個別地域ケア会議へのリハ専門職の参加であるが，現状では課題も多い．

a. 制度の壁

診療報酬や介護報酬の中で業務を行っている医療機関や施設に勤務するリハ専門職にとって，個別地域ケア会議に参加するということは報酬外での活動となるだけでなく，医療機関や施設における対象者への直接支援の時間にも制約が出ることを意味する．これらを解消すべく，地域リハビリテーション活動支援事業の中でリハ専門職が活動する際には，その対価として報酬を支払うことができるようになった．また，厚生労働省はリハ専門職の職能団体に対し，積極的に地域活動に参画するよう求めている．まずは国や都道府県が中心となった，リハ専門職が出やすい体制整備が急務である．ま

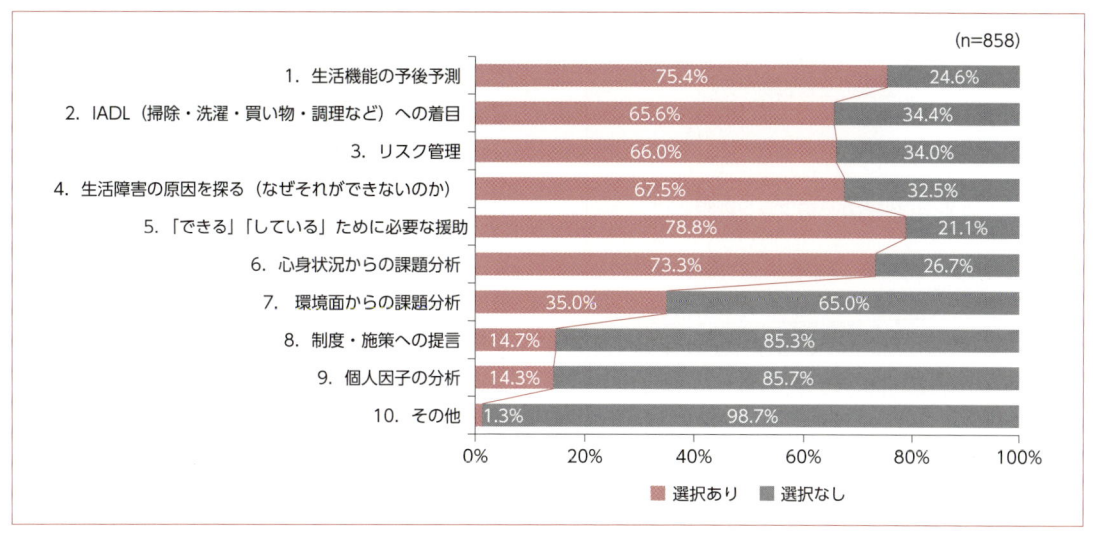

項目	選択あり	選択なし
1. 生活機能の予後予測	75.4%	24.6%
2. IADL（掃除・洗濯・買い物・調理など）への着目	65.6%	34.4%
3. リスク管理	66.0%	34.0%
4. 生活障害の原因を探る（なぜそれができないのか）	67.5%	32.5%
5. 「できる」「している」ために必要な援助	78.8%	21.1%
6. 心身状況からの課題分析	73.3%	26.7%
7. 環境面からの課題分析	35.0%	65.0%
8. 制度・施策への提言	14.7%	85.3%
9. 個人因子の分析	14.3%	85.7%
10. その他	1.3%	98.7%

(n=858)

図2：個別地域ケア会議で市町村がリハ専門職に助言を期待したいこと

「日本公衆衛生協会，日本理学療法士協会，日本作業療法士協会：平成25年度 地域保健総合推進事業．「行政の理学療法士，作業療法士が関与する効果的な事業展開に関する研究」[internet], http://www.japanpt.or.jp/upload/japanpt/obj/files/chosa/suishinjigyou_houkokusho_h25.pdf [accessed 2015-09-28], p64, 2014」より引用

た，リハ専門職自身も個別地域ケア会議に関心を寄せ，積極的に個別地域ケア会議に参加できるよう職場内の環境を整える努力が必要である．

b. 多職種との連携の壁

平成26年度の研究事業報告集会で，厚生労働省老人保健課の課長補佐が私見として，地域リハビリテーション活動にあたっての基本的な心得を示した．①あいさつが大事，②専門性を振りかざさない，③エビデンスを一方的に押し付けない，④評論することは求められていない，⑤主役は専門職ではない，の5つである[6]．逆に言えば，リハ専門職は多職種に対してあいさつをせず，専門性を振りかざしてエビデンスを押し付け，評論に終始し，対象者を中心に考えられない，そのように見られている可能性がある．個別地域ケア会議では，多職種とともに自立支援に向けた議論が交わされる．お互い専門性の違いを認識し，平易な言葉で説明し，自立支援に向けて多職種と真摯に協働できる，そ

んなリハ専門職を目指したい．しかし，「主役は住民である」ことを忘れてはならない．

4 個別地域ケア会議の流れ

個別地域ケア会議の実施主体は市町村であり，市町村によって内容は異なっている．今回は筆者が勤務する岡山県津山市の事例で紹介する．

a. 個別地域ケア会議の概要

1）個別地域ケア会議参加者

司会者（市職員）・事例提供者・サービス提供事業者・市職員・アドバイザー（医師・薬剤師・理学療法士・作業療法士・言語聴覚士・管理栄養士・歯科衛生士・主任ケアマネジャー）

2）開催頻度・開催時間

月2回程度（今後は毎週の開催を予定），1ケース30〜40分，1回の会議で3時間程度．

b. 個別地域ケア会議の流れ

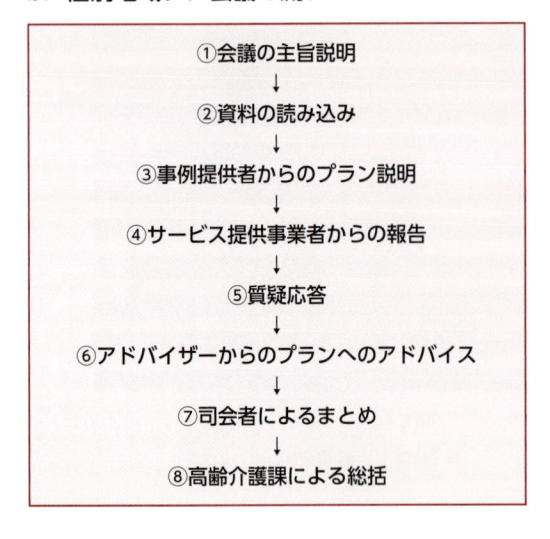

```
①会議の主旨説明
    ↓
②資料の読み込み
    ↓
③事例提供者からのプラン説明
    ↓
④サービス提供事業者からの報告
    ↓
⑤質疑応答
    ↓
⑥アドバイザーからのプランへのアドバイス
    ↓
⑦司会者によるまとめ
    ↓
⑧高齢介護課による総括
```

5 個別地域ケア会議出席に際しリハ専門職に必要な視点

各事例における詳細な着眼点や関わりのポイントは第2章で述べる．ここでは俯瞰的な視点から会議に共通する視点を挙げる．

a. 健康を意識する

世界保健機関（以下，WHO）は，「健康とは，身体的，精神的，及び社会的に完全に良好な状態であり，単に疾病または虚弱の存在しないことではない」と健康を定義している[7]．本人が，本人による方法で身体的にも精神的にも社会的にもバランスよく良好な状態に近づく支援となっているのか，考えることのできるセンスを持つ必要がある．

b. 本人の「したい！」を支援する（身体機能だけに着目しない）

本人自らが必要性を感じ，選び，続け，自身にとって個人的・文化的に意味あることを支援することは重要である．そのためには心身機能だけに着目してはいけない．いつ，どこで，誰となどの「環境」，本人のしたいことの目的，意味や価値などの「課題」，本人の思いの程度，習慣化されているか，心身機能の状態などの「人」，さらに，社会や文化にも着目する必要がある．つまり，本人のしたいことがうまくいくかどうかは様々な要因が絡み合う中で決定されるものであり，人の心身機能の程度はしたいことを遂行する要因の1つではあるが，1つでしかないことに気づく必要がある．

そのためには，本人の望む生活や目標に着目し，阻害要因を多角的にみることのできる視点を培う必要がある．低下している心身機能の原因を明らかにし，その原因を取り除くことで正常な状態に近づけることだけではなく，方法を変えたり道具を使用したり環境を変えたりするなど，様々な方法で「したい」生き方に沿うことのできる，リハ専門職にはそのような視点が求められている．

c. 自立支援とは何か常に考える

国は，リハ専門職に自立支援の視点で個別地域ケア会議に参加し，生活課題の要因を明らかにし，予後予測による改善策の提案と改善するための具体的な方法を明らかにしてほしいと期待を寄せている．では自立支援とは何か．読者自身にとって，また，リハ専門職として，勤務する事業所として，そして暮らす地域における自立支援とは何か，よって立つ理念を持つことは必要と考える．

d. 先駆者の聞き取り調査結果から

日本公衆衛生協会の平成26年度研究事業において，個別地域ケア会議に先駆的に参画しているリハ専門職4地区5名に聞き取り調査を行い，その結果をまとめている[8]．その結論には，
1) 会議参加に際しては，多職種との連携を視野に，リハビリテーションの専門性を平易な言葉でわかりやすく表現しようと努めていた．また自立支援という理念を達成する手段として会議を活用しており，他職種との自立支援の概念形成に苦心している様子も見受けられた．一方で，参加している他職種の専門性について触れる機会となり，多くの学びを得ていることも窺えた．

2) 個別地域ケア会議に出席する前提として，「活動」や「参加」への関与の重要性を認め，リハ専門職への期待に対する社会的背景を理解する．そして，住まいの場での自立支援に基軸を置き，会議で求められる自身への期待や役割を果たそうとする姿勢が必要である．
3) 対象者のできる力を高め，困難となっているADL, IADL能力を回復させ，本人がしたいこと，する必要があることを生活の中の目標として定め，望む生活の手段としてのサービス提供体制が自立支援には重要である．また，他職種にわかりやすく事例を通して支援のあり方を伝え，他職種の職性を理解しながら，共に学び高め合っていく場として活用するなど，連携の必要性を知ることも重要である．
4) 地域の住民同士のつながりや人間関係，地域の社会資源の有無，保険者や地域包括支援センターとのつながりや業務の理解など，個別支援以外の幅広い支援について理解していることが，リハ専門職にも求められる能力である．
5) 行政のリハ専門職には，行政と各専門職，また専門職同士を有機的に結び，個別地域ケア会議で得られた知見を広く周知する役割が求められている．

と書かれている．先駆者の実践から学ぶことは多い．

確認事項
① 地域ケア会議について理解しよう
② 地域ケア会議におけるリハ専門職の役割を説明できますか？
③ 自立支援とは何か説明できますか？

文献

1) 厚生労働省老健局振興課：「地域ケア会議」に関するQ&Aの送付について [internet], http://www.mhlw.go.jp/seisakunitsuite/bunya/hukushi_kaigo/kaigo_koureisha/chiiki-houkatsu/dl/link3-2.pdf [accessed 2015-09-28], 厚生労働省, 2013
2) 介護支援専門員（ケアマネジャー）の資質向上と今後のあり方に関する検討会：介護支援専門員（ケアマネジャー）の資質向上と今後のあり方に関する検討会における議論の中間的な整理 [internet], http://www.mhlw.go.jp/stf/shingi/2r9852000002s7f7-att/2r9852000002s7go.pdf [accessed 2015-09-28], 厚生労働省, 2013
3) 髙良麻子, 江田佳子, 大口達也, 他. 地域ケア会議運営マニュアル作成委員会：地域ケア会議運営マニュアル [internet], http://www.nenrin.or.jp/regional/pdf/manual/kaigimanual00.pdf [accessed 2015-09-28], 長寿社会開発センター, 2013
4) 厚生労働省：介護予防の推進について [internet], http://www.mhlw.go.jp/file/05-Shingikai-12301000-Roukenkyoku-Soumuka/0000052328.pdf [accessed 2015-09-28]
5) 日本公衆衛生協会, 日本理学療法士協会, 日本作業療法士協会：平成25年度 地域保健総合推進事業.「行政の理学療法士, 作業療法士が関与する効果的な事業展開に関する研究」[internet], http://www.japanpt.or.jp/upload/japanpt/obj/files/chosa/suishinjigyou_houkokusho_h25.pdf [accessed 2015-09-28], 2014
6) 鶴田真也：これからの介護予防－リハビリテーション専門職への期待－「行政の理学療法士, 作業療法士が関与する効果的な事業展開に関する研究」の報告集会 [internet], http://www.jaot.or.jp/wp-content/uploads/2015/03/0208chiikihoken_tsuruta.pdf [accessed 2015-09-28], 厚生労働省, 2015
7) 安本勝博, 吉川ひろみ, 近藤 敏, 他：ヘルスプロモーション, 作業療法マニュアル 35, p8, 日本作業療法士協会, 2009
8) 日本公衆衛生協会, 日本理学療法士協会, 日本作業療法士協会：平成26年度 地域保健総合推進事業.「地域保健に関わる理学療法士・作業療法士の人材育成に関する調査研究」[internet], http://www.japanpt.or.jp/upload/japanpt/obj/files/chosa/suishinjigyou_houkokusho_h26.pdf [accessed 2015-09-28], 2015

第1章 4 介護予防とは？

安本勝博

ここがポイント！

自立支援の推進を目指し，「活動」と「参加」に焦点を当てた介護予防の取り組みが注目されている．そのためにリハビリテーション専門職（以下，リハ専門職）としては，健康を意識し，よい状態を地域や住民が自らの力で得ていけるように支援することが重要である．どのような視点で介護予防に関わればよいかを説明する．

覚えておきたいKeyword
地域づくり，住民主体，健康，ヘルスプロモーション

1 介護予防とは？

a．介護予防の定義と理念

介護予防とは，「要介護状態の発生をできる限り防ぐ（遅らせる）こと，そして要介護状態にあってもその悪化をできる限り防ぐこと，さらには軽減を目指すこと」と定義されている[1]．介護保険法第4条には，国民の努力および義務として「国民は，自ら要介護状態となることを予防するため，加齢に伴って生ずる心身の変化を自覚して常に健康の保持増進に努めるとともに，要介護状態となった場合においても，進んでリハビリテーションその他の適切な保健医療サービス及び福祉サービスを利用することにより，その有する能力の維持向上に努めるものとする」と規定されている[2]．つまり，介護予防は制度全体を貫く理念であり，心身機能の改善や環境の調整を通じて高齢者の生活機能の向上や地域社会活動への参加を図ることにより，一人ひとりの生涯にわたる，生きがいのある生活・自己実現（QOLの向上）を目指すものである．

b．これからの介護予防が目指すもの

前述の介護予防の定義は，悪化の防止や軽減に重きが置かれている．しかし，その視点に加えてこれからの介護予防が目指すのは「健康」であり，「ヘルスプロモーション」であると考える．世界保健機関（以下，WHO）は，健康を「健康とは，身体的，精神的，及び社会的に完全に良好な状態であり，単に疾病または虚弱の存在しないことではない」と定義している[3]．つまり，リハ専門職を含む保健医療職種には，身体的にも精神的にも社会的にもバランスよく良好な状態に近づくための支援をすることが求められている．また，ヘルスプロモーションはWHOが1986年に発表した「オタワ憲章」の中で，「人々が自らの健康をコントロールし，改善していけるようになるプロセス」と定義されている[3]．つまり住民一人ひとりが，自分が自分で自分のよい状態を作り出す手段として介護予防を活用する，という考え方が支援者には求められる．

人間は，加齢に伴う心身機能の不可逆的変化（老化）を避けて通ることができない．その変化に逆行することが介護予防の本質ではない．年齢や診断名，障害の程度で介護予防を語るのではなく，すべての住民や地域，そして，対象

者が健康に近づく手段として介護予防を活用すべきと考える．

c. 介護予防の段階

介護予防は，健康づくりや疾病予防を目的とした1次予防，虚弱な状態や症状の表出を早期に発見し重度化させないことを目的とした2次予防，疾病や症状の重度化予防を目的とした3次予防に分けられる（**図1**）[4]．

2 日本の介護予防施策の変遷

a. 介護予防導入の経緯

介護予防という施策は，介護保険制度の中で平成18年度に創設された（**図2**）[4]．介護保険制度創設から中重度者に比較して軽度者の増加率が著しく，軽度者の半数近くが関節疾患，骨折・転倒，高齢による衰弱等，体を動かさないことによる心身機能の低下が軽度認定者増加の原因であるとした．そこで，定期的に体を動かしたりすることにより，予防重視型システムの

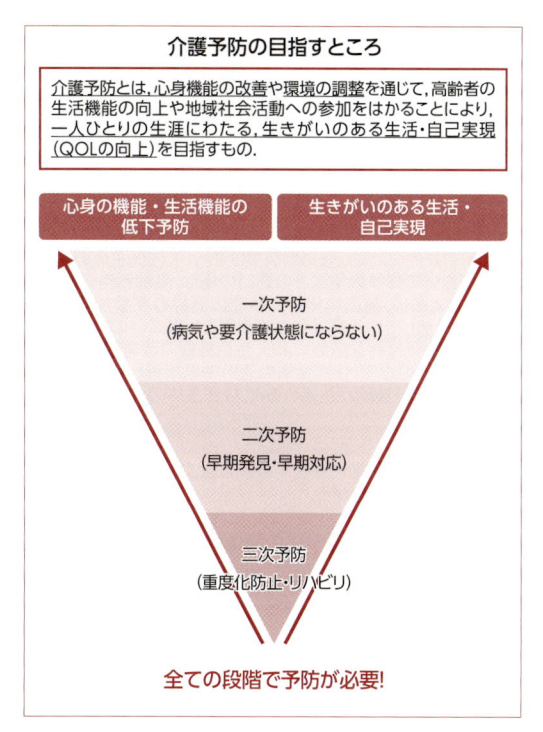

図1：介護予防の段階
「厚生労働省：これからの介護予防―地域づくりによる介護予防の推進― [internet], http://www.mhlw.go.jp/stf/shingi/2r9852000002ra4o-att/2r9852000002vdd8.pdf [accessed 2015-09-28], p57」より引用

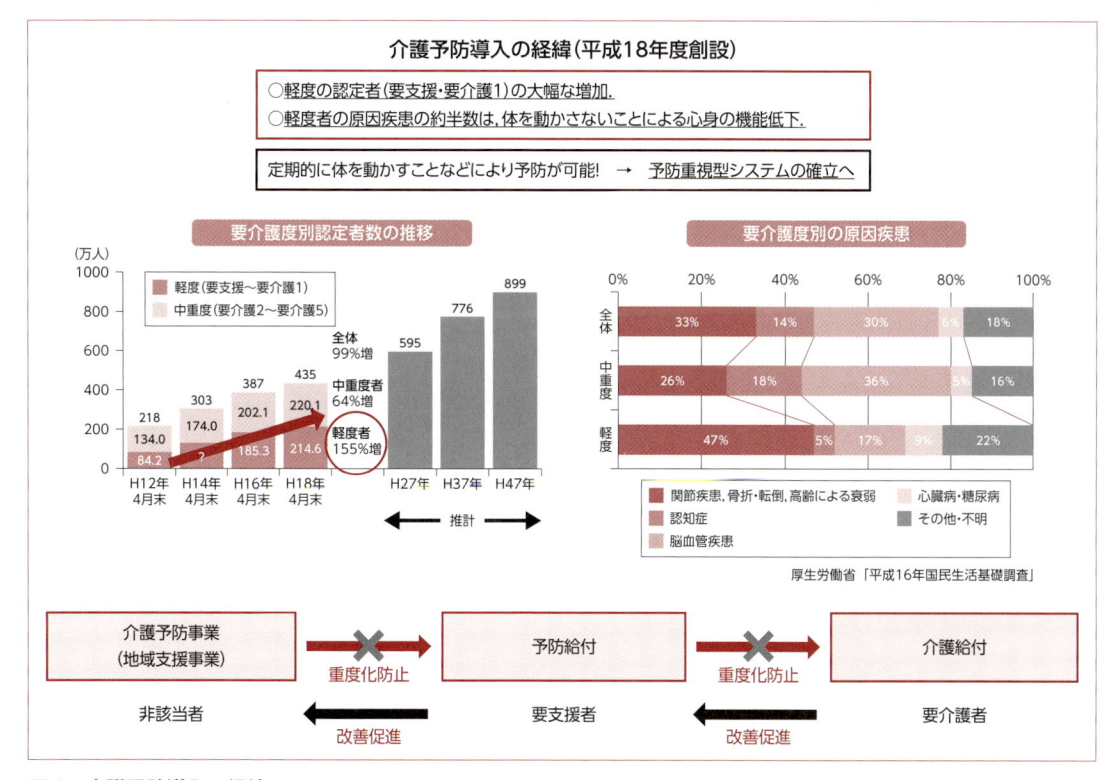

図2：介護予防導入の経緯
「厚生労働省：これからの介護予防―地域づくりによる介護予防の推進― [internet], http://www.mhlw.go.jp/stf/shingi/2r9852000002ra4o-att/2r9852000002vdd8.pdf [accessed 2015-09-28], p57」より引用

リハ職等を活かした介護予防の機能強化
- リハ職等が，ケアカンファレンス等に参加することにより，疾病の特徴を踏まえた生活行為の改善の見通しを立てることが可能となり，要支援者等の有する能力を最大限に引き出すための方法を検討しやすくなる．
- リハ職等が，通所と訪問の双方に一貫して集中的に関わることで，居宅や地域での生活環境を踏まえた適切なアセスメントに基づくADL訓練やIADL訓練を提供することにより，「活動」を高めることができる．
- リハ職等が，住民運営の通いの場において，参加者の状態に応じて，安全な動き方等，適切な助言を行うことにより，生活機能の低下の程度にかかわらず，様々な状態の高齢者の参加が可能となる．

住民運営の通いの場の充実
- 市町村が住民に対し強い動機づけを行い，住民主体の活動的な通いの場を創出する．
- 住民主体の体操教室などの通いの場は，高齢者自身が一定の知識を取得した上で指導役を担うことにより役割や生きがいを認識するとともに，幅広い年齢や状態の高齢者が参加することにより，高齢者同士の助け合いや学びの場として魅力的な場になる．また，参加している高齢者も指導者として通いの場の運営に参加するという動機づけにもつながっていく．
- 市町村の積極的な広報により，生活機能の改善効果が住民に理解され，更に，実際に生活機能の改善した参加者の声が口コミ等により広がることで，住民全体の通いの場が新たに展開されるようになる．
- このような好循環が生まれると，住民主体の活動的な通いの場が持続的に拡大していく．

高齢者の社会参加を通じた介護予防の推進
- 定年後の社会参加を支援する等を通じて，シニア世代に担い手になってもらうことにより，社会的役割や自己実現を果たすことが，介護予防にもつながる．

図3：これからの介護予防の具体的アプローチについて
「厚生労働省：これからの介護予防 [internet]，http://www.mhlw.go.jp/file/06-Seisakujouhou-12300000-Roukenkyoku/0000075982.pdf [accessed 2015-09-28]，p5」より引用

構築を目指したのである．

b. 現在の介護予防施策の問題点とこれからの方向性

厚生労働省は平成18年度から行ってきた介護予防の問題点を以下の3点にまとめた[5]．

① 介護予防の手法が，心身機能を改善することを目的とした機能回復訓練に偏りがちであった．

② 介護予防終了後の活動的な状態を維持するための多様な通いの場を創出することが，必ずしも十分ではなかった．

③ 介護予防の利用者の多くは機能回復を中心とした訓練の継続こそが有効だと理解し，また，介護予防の提供者の多くも「活動」や「参加」に焦点を当ててこなかった．

そして，問題点を整理しこれからの介護予防の考え方を以下の4点にまとめた[5]．

① 機能回復訓練などの高齢者本人へのアプローチだけではなく，生活環境の調整や，地域の中に生きがい・役割をもって生活できるような居場所と出番づくり等，高齢者本人を取り巻く環境へのアプローチも含めたバランスのとれたアプローチが重要であり，地域においてリハビリテーション専門職等を活かした自立支援に資する取組を推進し，要介護状態になっても，生きがい・役割を持って生活できる地域の実現を目指す．

② 高齢者を生活支援サービスの担い手であると捉えることにより，支援を必要とする高齢者の多様な生活支援ニーズに応えるとともに，担い手にとっても地域の中で新たな社会的役割を有することにより，結果として介護予防にもつながるという相乗効果をもたらす．

③ 住民自身が運営する体操の集いなどの活動を地域に展開し，人と人とのつながりを通じて参加者や通いの場が継続的に拡大していくような地域づくりを推進する．

④ このような介護予防を推進するためには，地域の実情をよく把握し，かつ，地域づくりの中心である市町村が主体的に取り組むことが不可欠である．

さらに，これからの考え方を踏まえ，具体的なアプローチを示している（図3）[5]．この中で，リハ専門職には積極的に「活動」と「参

現行の介護予防事業		一般介護予防事業
一次予防事業 ・介護予防普及啓発事業 ・地域介護予防活動支援事業 ・一時予防事業評価事業	一次予防事業と二次予防事業を区別せずに、地域の実情に応じた効果的・効率的な介護要望の取組を推進する観点から見直す →	・**介護予防把握事業** 地域の実情に応じて収集した情報等の活用により、閉じこもり等の何らかの支援を要する者を把握し、介護予防活動へつなげる. ・**介護予防普及啓発事業** 介護予防活動の普及・啓発を行う. ・**地域介護予防活動支援事業** 地域における住民主体の介護予防活動の育成・支援を行う. ・**一般介護予防事業評価事業** 介護保険事業計画に定める目標値の達成状況等の検証を行い、一般介護予防事業の事業評価を行う.
二次予防事業 ・二次予防事業対象者の把握事業 ・通所型介護予防事業 ・訪問型介護予防事業 ・二次予防事業評価事業	介護予防を機能強化する観点から新事業を追加 →	・**(新)地域リハビリテーション活動支援事業** 地域における介護予防の取組を機能強化するために、通所、訪問、地域ケア会議、サービス担当者会議、住民運営の通いの場等へのリハビリテーション専門職等の関与を促進する.

図4：新しい介護予防事業

「服部真治：平成27年度地域づくりによる介護予防推進支援事業 第1回都道府県介護予防担当者・アドバイザー合同会議 (H27.5.19) 資料2 介護予防・日常生活支援総合事業と生活支援体制整備事業について [internet] http://www.mhlw.go.jp/file/05-Shingikai-12301000-Roukenkyoku-Soumuka/0000086354.pdf[accessed 2016-01-26], p12, 厚生労働省, 2015」より抜粋

加」に関与し，地域ケア会議，訪問通所，住民主体の通いの場等で地域包括支援センターと連携しながら，介護予防を推進することが期待されている。

前述の問題点，これからの介護予防の考え方，具体的アプローチを推進するために，厚生労働省は，現行の介護予防事業を一般介護予防事業として見直した（**図4**）[6]．

3 地域づくりによる介護予防の推進

a. 地域づくりによる介護予防のコンセプト

これからの介護予防の考え方や具体的なアプローチ手法から，厚生労働省のリハ専門職への期待としてみえてくるのは，前述の個別地域ケア会議への参画とともに，地域の中で高齢者自身が居場所や出番があり，生きがいや役割を持って生活でき，健康や虚弱といった心身機能で分け隔てするのではなく，住民主体による地域づくりにその専門性を発揮してほしいということであろう．その指針となるプログラムが示されている（**図5**）[7]．

b. リハ専門職がまず心得ておくこと

ここでリハ専門職が注意しなければならないのは，体操指導などの運動器の機能向上に特化した関わりのみに終始しないということである．リハ専門職が介護予防施策に参画してほしい，専門性を発揮してほしいと思っているのは市町村であり，一般的にリハ専門職は個別支援に直接アプローチをする専門家だと思われている．そのため，体操プログラムの立案や体操指導での役割を期待されやすい．その役割だけでなく，住民や地域の健康にどう寄与できるのか

地域づくりによる介護予防とは

住民運営の通いの場の充実プログラム

<コンセプト>
- ◆市町村の全域で，高齢者が容易に通える範囲に通いの場を住民主体で展開
- ◆前期高齢者のみならず，後期高齢者や閉じこもり等何らかの支援を要する者の参加を促す
- ◆住民自身の積極的な参加と運営による自律的な拡大を目指す
- ◆後期高齢者・要支援者でも行えるレベルの体操などを実施
- ◆体操などは週1回以上の実施を原則

図5：住民主体による地域づくりのコンセプト
[厚生労働省：地域づくりによる介護予防推進支援モデル事業［internet］, http://www.mhlw.go.jp/seisakunitsuite/bunya/hukushi_kaigo/kaigo_koureisha/yobou/dl/gaiyo3.pdf [accessed 2015-09-28], p6］より引用

を考えることのできるセンスがリハ専門職には必要である．

c．地域づくりによる介護予防への支援

1）体と心と関係性のバランスを大切に

地域で住民が健康になるプロセスを，介護予防という手段を使って支援することが重要であり，個別支援かつ身体機能へのアプローチのみに終始しないことがまずは重要である．参加者や集団，そして，地域が健康となる手段として介護予防を活用し，体と心と関係性が健康となる取り組みを支援することが重要である．

2）住民の「やる！」を引き出す支援を心掛けること

住民運営の通いの場を支援する場合，体操等がそのツールとして注目されている．当然ながら，その取り組みの主役は住民でありリハ専門職ではない．住民や地域は，よいものであれば選び取り自ら実践する力を持っている．その力を信じ，体操を「やってもらう」のではなく，住民自身が「やる！」をコーディネートすることこそ重要であることに気づいておく必要がある．そのためには，取り組みたくなる媒体の作成や住民への動機づけの方法，自己決定・自己選択・自己責任の住民との共有，介護予防の重要性を理解し，大切であることを住民に熱を持って伝えられることなど，「やる！」のコーディネート方法を関係者と協議するところから一緒に参画することが望まれる．

3）専門性を振りかざさない

リハ専門職は多職種連携が重要であることは理解しながらも，専門性を誰にでもわかりやすい表現で伝えることが苦手であると他職種から聞くことは多い．リハ専門職のエビデンスを一方的に押しつけることなく，多職種や住民の声に積極的に耳を傾け，協働してよいものを作り上げるという気持ちが大切である．

4）集団が望む体操以外の「したいこと」が実現できる場に

高齢者が体操することで集まって体が健康になり，人との交流が生まれることだけが目的ではない．体操はあくまでもその場に出かけてくるための手段である．多くの会場は体操だけではなく，その集団や地域にとってしたいことが実現できる場となっている．したいことが実現できる場として支援することこそ，リハ専門職には必要と考えている．

確認事項

① 介護予防について理解しよう
② 介護予防におけるリハ専門職の役割を説明できますか？
③ 介護予防とヘルスプロモーションや健康との関係性について理解しよう
④ 介護予防実践で必要な支援とは？

文献

1) 辻 一郎：第1章 介護予防について，介護予防マニュアル改訂版 [internet]，http://www.mhlw.go.jp/topics/2009/05/dl/tp0501-1_1.pdf [accessed 2015-09-28]，厚生労働省，三菱総合研究所，2012
2) 介護保険法：第一章 総則 第四条 [internet]，http://law.e-gov.go.jp/htmldata/H09/H09HO123.html [accessed 2015-09-28]，電子政府の総合窓口 e-Gov
3) 安本勝博，吉川ひろみ，近藤 敏，他：ヘルスプロモーション，作業療法マニュアル35, p8, 日本作業療法士協会，2009
4) 厚生労働省：これからの介護予防―地域づくりによる介護予防の推進― [internet]，http://www.mhlw.go.jp/stf/shingi/2r9852000002ra4o-att/2r9852000002vdd8.pdf [accessed 2015-09-28]
5) 厚生労働省：これからの介護予防 [internet]，http://www.mhlw.go.jp/file/06-Seisakujouhou-12300000-Roukenkyoku/0000075982.pdf [accessed 2015-09-28]
6) 服部真治：平成27年度地域づくりによる介護予防推進支援事業 第1回都道府県介護予防担当者・アドバイザー合同会議（H27.5.19）資料2 介護予防・日常生活支援総合事業と生活支援体制整備事業について [internet]，http://www.mhlw.go.jp/file/05-Shingikai-12301000-Roukenkyoku-Soumuka/0000086354.pdf [accessed 2016-01-26]，p12，厚生労働省，2015
7) 厚生労働省：地域づくりによる介護予防推進支援モデル事業 [internet]，http://www.mhlw.go.jp/seisakunitsuite/bunya/hukushi_kaigo/kaigo_koureisha/yobou/dl/gaiyo3.pdf [accessed 2015-09-28]

COLUMN

めざせ元気！！こけないからだ講座（介護予防事業）と関わって

山本節子

こけないからだ講座との出会い

　私が岡山県津山市の介護予防事業「めざせ元気！！こけないからだ講座」（以下，講座）の住民サポーターとして初めて参加したのは，平成16年6月のことでした．当時の在宅介護支援センターの職員さんから，サポーター募集のチラシを見せてもらいました．そこには，平成18年度から国の「介護予防」の取り組みが導入されること，津山市で今後どのような介護予防の取り組みがよいのかモデル事業を行うことが書かれてありました．

講座にサポーターとして参加した理由

　私がモデル事業にサポーターとして参加した理由は以下の通りです．
①第1号被保険者である私としては，津山市がどんな内容のものを目指そうとしているのか，参加することでみえてくるものがあれば，意見を出すことができるのではと考えた．
②在宅介護支援センターの機能に期待を持っていたので，行政（高齢介護課・健康増進課），在宅介護支援センター，サポーター，モデル事業に参加する高齢者などが1つの目標に向かって取り組む手法に興味を持った．
③住んでいる地域で「ふれあいいきいきサロン」に取り組み始めたので，何か学ぶことがあるのではないかと思った．
④介護保険の事業所ともモデル事業を行う計画が津山市にはあり，興味があった．
という自分なりの理由づけで参加することを決めました．

モデル事業に参加して学んだこと

　津山市のモデル事業は，市役所の周辺に暮らす要支援の認定結果を持つ人を対象に，重さを変えることができる重錘バンドを使って，6つの体操を週に2回，3ヵ月間行うものでした．サポーターの役割は"明るい雰囲気づくり"，"気持ちよい声かけ"，"見守り"などでしたが，3ヵ月の経験の中で学んだことは
①初めは高齢者の方々は硬い表情でしたが，回を重ねるうちに明るい笑顔と積極的な取り組みがみられたこと．
②取り組む前に「自分の生活目標」を掲げたことがよかったのか，事業終了時の筋力計測結果に向上がみられ，その効果に喜び，達成感を味わえたこと．
③住み慣れた地域で暮らし続けたいとの高齢者の思いに応え，近場に集まって顔なじみの人たちと声を掛け合って行う取り組みがよかったこと．
④参加された高齢者から「元気になった」，「皆で集まるのが楽しい」，「近場なので参加しやすい」，「生活に張りができた」，「笑うことが多くなった」，「食事がおいしくなった」などの声が聞こえてくることが多くなり，講座から生活の張りを手ごたえとして感じたこと．
⑤週1回のメニューは高齢者の負担にならなくてよいのではないか．
ということでした．

サポーターで学んだことを地域へ！

　モデル事業で体験したことを，私の住んでいる地域の高齢者にも知ってもらいたいとの思いで，平成 18 年 1 月の「ふれあいいきいきサロン」に，講座を推進している市役所の作業療法士さんを招いて話をしてもらいました．平成 18 年度からの津山市の介護予防の取り組みはまだ決まっていませんでしたが，重錘バンドを自分達で買ってやってみたいとの声が出て購入しました．とりあえず自宅で 3 ヵ月やってみましょうということで始めましたが，5 月に実施状況を皆さんに尋ねると，誰もやっていないという回答とともに，自宅で一人ではできないということがわかりました．そこで，重錘バンドを購入した者が，6 月から地元の集会所で週 1 回，月曜日の 10 時から行うことを決めたのです．皆で一緒にするのならという声が出て，16 人で始めました．その頃，津山市の取り組みの体制も固まりました．生活目標を立てる，血圧は自分達で測定するなどの決まりごととともに，重錘バンドや体操時の音楽 CD の貸し出しなどの物的支援と，筋力測定などの評価や各種講話などの人的支援によりこの講座が大きく育ち，継続されていることにつながっています．

介護予防インストラクターとしての活動

　その後に，市が介護予防インストラクター（以下，インストラクター）を養成するので参加しないかという誘いがあり，講座の経験とサロン活動での実践から伝えられることがあるのではないかと思い，参加を決意しました．

　インストラクターには，集会所単位で講座を開設するときに，1 ヵ月程度軌道に乗るまでを支援する役割がありました．このときも明るい雰囲気を心掛け，「継続は力なり」で皆さんと接しました．今までに 22 箇所の立ち上げに参加し，多くの人と交流でき，すべての講座が現在でも継続中です．

こけないからだ講座津山大会の開催へ

　津山市の講座を実施する地区がどんどん増え，講座の津山大会を開催することとなり，実行委員の一人として活動したこともあります．平成 22 年度から 3 年間，多いときは 700 名の参加があり，実行委員皆で喜び合いました．実施箇所数や参加人数が増加したことにより 1 箇所での大会開催が難しくなったことから，平成 25 年度からは町内会支部単位での「こけない体操地区大会」に変わりました．地域で取り組んでいる者が知恵を出し合って自分達の力で開く大会を，私達の地区では平成 25 年度から継続しています．

最後に

　津山市では現在，194 地域で 3,800 名の高齢者が講座に参加しており，延べ開催回数や参加人数では日本一となっています．

　平成 16 年にサポーターに応募してから今日まで，12 年間続けることができました．これからも健康に気をつけて続けていきたいと思います．体操することにより，自分自身の健康維持はもとより，地域づくりにつながっていることを実感しています．住み慣れた近場で顔なじみの人達と集い，話したり笑ったりしながら健康で生活していける現在に感謝し，講座に出会ったことに大きな喜びを感じています．

第1章 5 リハビリテーション専門職の役割・機能 ①理学療法士
～地域ケア会議・介護予防における理学療法士の役割～

諸冨真理

ここがポイント！

地域包括ケアシステムの構築に向けて，市町村が実施する地域ケア会議や介護予防事業に理学療法士としてどのような役割が期待されているか．現状や課題，求められる視点について説明する．

◯→ 覚えておきたいKeyword
アセスメント，生活機能の予後予測，活動・参加

はじめに

平成15年4月，介護保険制度発足後初の介護報酬見直しでは「在宅重視と自立支援」のためのリハビリテーションが重視され，ケアプラン全体の考え方にICF（WHO：国際生活機能分類）の考え方が取り入れられるようになった．しかしながら，依然として「リハビリテーション＝機能回復訓練」というイメージを持っている住民やケアマネジャー等医療・福祉関係者は少なくなく，「活動」や「参加」の促進を働きかけるケアマネジメントや介護予防事業が進んでいないことが指摘されている．

1 地域ケア会議における理学療法士の役割

a. 現状と課題

平成25年度地域保健総合推進事業「行政の理学療法士，作業療法士が関与する効果的な事業展開に関する研究」（以下，研究事業）が自治体を対象に実施したアンケート調査[1]によると，自立支援ケアマネジメントに関する地域ケア会議への参加職種について，多くの自治体がリハビリテーション専門職（以下，リハ専門職）の参加の必要性を感じているものの，実際に地域ケア会議に理学療法士が参加している割合は，全体の2割程度であったことが報告されている（図1，2）[1]．

アンケートの自由記載から抽出された地域ケア会議におけるリハ専門職の課題として，①リハ専門職に参加を依頼しやすい体制づくりが必要なこと，②地域ケア会議の主催者である自治体にリハ専門職の役割の周知が不十分なこと，③地域ケア会議に参加するリハ専門職の質の担保が必要であることなどが挙げられている．

また，平成26年度に研究事業が地域ケア会議に参加したことがあるリハ専門職を対象としたアンケート調査[2]では，理学療法士が感じている現状としてできる役割として，身体・認知状況からの課題分析（90.9%），生活機能の予後予測（86.4%），生活障害の原因を探る（86.4%）と回答した者が多く，参加した理学療法士の9割以上は専門職としての参加の必要性を感じていると回答している．その一方で，2〜3割の理学療法士は，専門職としての役割や多職種との連携を果たせなかったと感じていることも報告されている．

b. 個別地域ケア会議において理学療法士に求められること

個別地域ケア会議の具体的な実施方法は自治体ごとに異なる．会議資料を事前送付する自治

5. リハビリテーション専門職の役割・機能 ①理学療法士

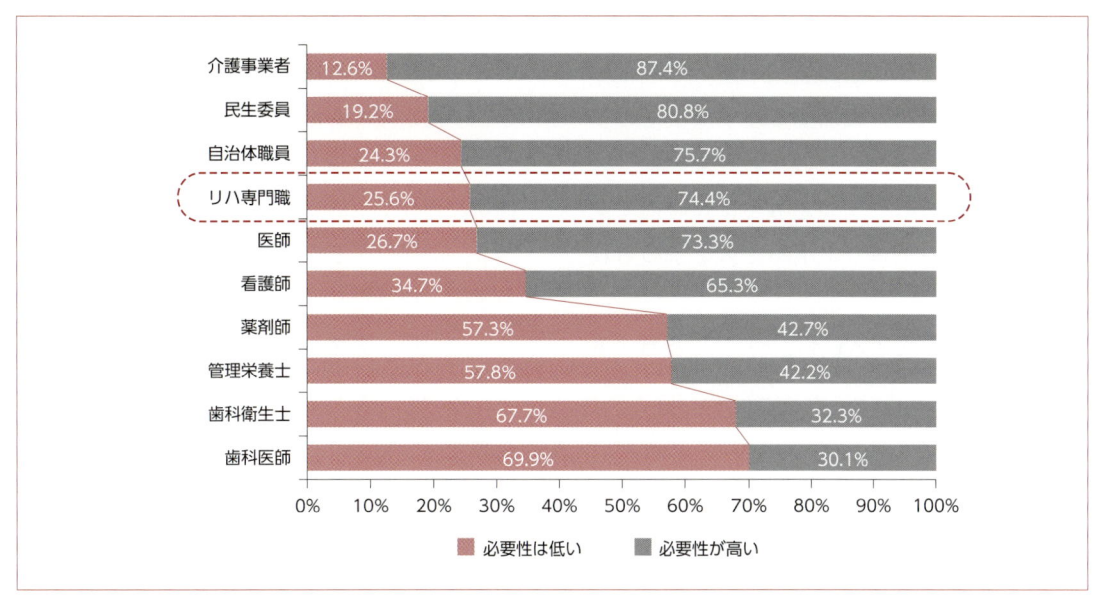

図1：個別ケースの自立支援マネジメントに関わる地域ケア会議への各職種の必要性は？（N = 793）

職種	必要性は低い	必要性が高い
介護事業者	12.6%	87.4%
民生委員	19.2%	80.8%
自治体職員	24.3%	75.7%
リハ専門職	25.6%	74.4%
医師	26.7%	73.3%
看護師	34.7%	65.3%
薬剤師	57.3%	42.7%
管理栄養士	57.8%	42.2%
歯科衛生士	67.7%	32.3%
歯科医師	69.9%	30.1%

「日本公衆衛生協会，日本理学療法士協会，日本作業療法士協会：平成25年度　地域保健総合推進事業「行政の理学療法士，作業療法士が関与する効果的な事業展開に関する研究」―地域保健への理学療法士，作業療法士の関わり―[internet], http://www.japanpt.or.jp/upload/japanpt/obj/files/chosa/suishinjigyou_houkokusho_h25.pdf [accessed 2015-12-16], p65, 2014」より引用

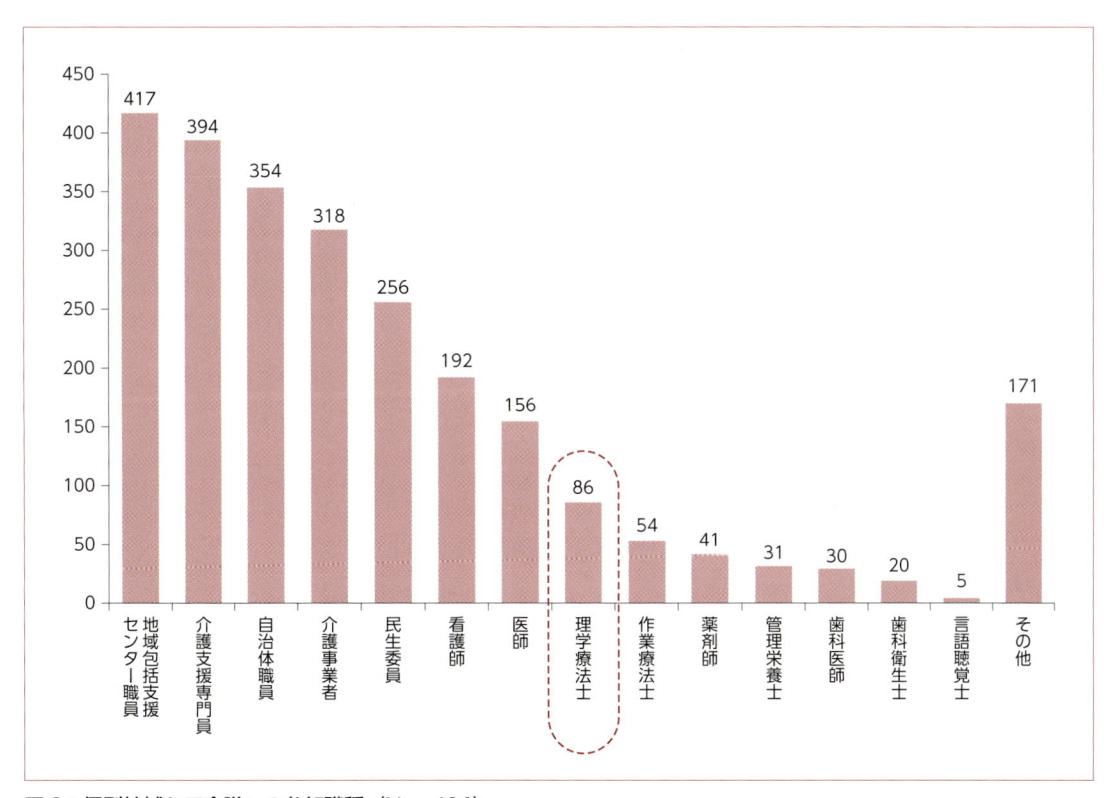

図2：個別地域ケア会議への参加職種（N = 426）

地域包括支援センター職員	417
介護支援専門員	394
自治体職員	354
介護事業者	318
民生委員	256
看護師	192
医師	156
理学療法士	86
作業療法士	54
薬剤師	41
管理栄養士	31
歯科医師	30
歯科衛生士	20
言語聴覚士	5
その他	171

「日本公衆衛生協会，日本理学療法士協会，日本作業療法士協会：平成25年度　地域保健総合推進事業「行政の理学療法士，作業療法士が関与する効果的な事業展開に関する研究」―地域保健への理学療法士，作業療法士の関わり―[internet], http://www.japanpt.or.jp/upload/japanpt/obj/files/chosa/suishinjigyou_houkokusho_h25.pdf [accessed 2015-12-16], p61, 2014」より引用

体もあるようだが，会議当日に配布される資料を数分で読み込んだ後に議論を開始する自治体も多い．そのため，参加する理学療法士の多くは，実際に会ったことのない対象者について紙面上の限られた情報をもとに短時間で全体像を把握し，的確なアドバイスを求められることになる．

対象者の生活機能や全体像を把握し理解するためには，現在の状態に至った過程，本人の持つ能力，生活機能の低下をきたしている要因をアセスメントする必要があるが，ケアマネジャーの中にはそれを苦手としている人がまだ多い．そこで，理学療法士の出番となる．活動や参加が阻害されている要因を医学的な情報を踏まえた上で，身体的側面と生活環境から個別レベルでアセスメントし生活機能の予後予測を行うことは，理学療法士が得意とするところである．しかし，仮にケアマネジャーのアセスメント内容が不十分であったり矛盾点があったとしても，そのことを非難したり専門用語を並べ立てて質問したりしないように注意してほしい．アセスメントに必要な視点や思考過程について他職種の気づきや理解を促すことが，助言者として参加する理学療法士に求められる役割の1つだからである．

また，アセスメントから抽出された課題は，適切な運動や生活支援により改善可能なものなのか，改善できそうになければ，どのような代替手段（福祉用具，人的サービス）が考えられるかについて提案することも理学療法士に求められる役割である．

参加する様々な職種が，対象者のあるべき自立の姿を共有できるよう，具体的でわかりやすい助言が求められる．

2 介護予防事業において理学療法士に求められること

a. 現状と課題

平成25年度に厚生労働省が行った介護予防事業及び介護予防・日常生活支援総合事業（地域支援事業）の実施状況に関する調査結果[3]によると，808の市町村（全市町村の46.4％）で理学療法士が関与していた．また，関与していないと回答した市町村の理由としては，「通いの場への関与を考えていない」が56.3％と最も高く，「通いの場へ関与を考えたが人材確保が困難」と回答した市町村が20.4％であった．

また，これまでの介護予防について，心身機能を改善することを目的とした機能回復訓練に偏りすぎ，「活動」や「参加」に焦点をあてた取り組みが十分に行われてこなかったことが指摘されている[4]．

b. 介護予防事業において理学療法士に求められること

国は，これからの介護予防は機能回復訓練など高齢者本人の身体機能面へのアプローチだけではなく，生活環境の調整や地域の中に生きがい・役割をもって生活できるような居場所や出番づくりなど，高齢者本人を取り巻く環境へのアプローチも含めたバランスのとれたアプロー

MEMO　アセスメントのポイント

①現在の状況に至った原因や過程について確認する

②医師の説明をどのように理解しているか確認する

③していること，できること，できないこと（なぜ，どこがどのようにできないのか）を確認する

④どのような状況（環境）で生じる問題なのか確認する

⑤対象者自身が困っていると感じていることやどうしたいと思っているのかを確認する

⑥対象者と家族や支援者等との思いに齟齬がないか確認する

チが重要であるとしている．

地域で開催されるケアカンファレンスや通所事業，訪問事業，住民運営の通いの場（サロン活動など）にリハ専門職が参画することにより，
①疾病の特徴を踏まえた生活行為の改善の見通しを立てることが可能となり，要支援者等の有する能力を最大限に引き出すための方法を検討しやすくなる．
②居宅や地域での生活環境を踏まえた適切なアセスメントに基づく ADL 訓練や IADL 訓練を提供することにより，「活動」を高めることができる．
③参加者の状態に応じて，安全な動き方等，適切な助言を行うことにより，生活機能の低下の程度に関わらず，様々な状態の高齢者の参加が可能となる．

といった地域における自立支援に資する取り組みが推進されることを期待している．

おわりに

地域包括ケアシステムの構築に向け，理学療法士をはじめとするリハ専門職への期待は大きい．今後，地域ケア会議や介護予防事業で地域へ出向く理学療法士は増えるであろう．

理学療法士は，地域で出会う対象者を「患者」ではなく，多様な生活背景を持った「生活者」であることを十分理解した上で，地域包括支援センターや多職種との協働の中で専門性を活かした役割を発揮し，住民や他職種から信頼される職種として広く認知されることを期待したい．

確認事項

①地域ケア会議や介護予防に参加する理学療法士の現状と課題について理解しよう
②地域ケア会議における理学療法士の役割について理解しよう
③介護予防事業における理学療法士の役割について理解しよう

文献

1) 日本公衆衛生協会，日本理学療法士協会，日本作業療法士協会：平成 25 年度　地域保健総合推進事業「行政の理学療法士、作業療法士が関与する効果的な事業展開に関する研究」―地域保健への理学療法士、作業療法士の関わり― [internet], http://www.japanpt.or.jp/upload/japanpt/obj/files/chosa/suishinjigyou_houkokusho_h25.pdf [accessed 2015-12-16], 2014
2) 日本公衆衛生協会，日本理学療法士協会，日本作業療法士協会：平成 26 年度　地域保健総合推進事業「地域保健に関わる理学療法士・作業療法士の人材育成に関する調査研究」[internet], http://www.japanpt.or.jp/upload/japanpt/obj/files/chosa/suishinjigyou_houkokusho_h26.pdf [accessed 2015-12-16], 2015
3) 厚生労働省老健局老人保健課：平成 25 年度 介護予防事業及び介護予防・日常生活支援総合事業（地域支援事業）の実施状況に関する調査結果（概要）[internet], http://www.mhlw.go.jp/file/06-Seisakujouhou-12300000-Roukenkyoku/0000077238.pdf [accessed 2015-12-16], p16
4) 厚生労働省老健局老人保健課：これからの介護予防 [internet], http://www.mhlw.go.jp/file/06-Seisakujouhou-12300000-Roukenkyoku/0000075982.pdf [accessed 2015-12-16], pp2-3, p6

第1章 6 リハビリテーション専門職の役割・機能 ②作業療法士
～地域包括ケアシステムにおける作業療法士の役割～

牟田博行

ここがポイント！

地域包括ケアシステムにおいて，市町村が実施する地域ケア会議と介護予防にリハビリテーション専門職（以下，リハ専門職）の活躍が期待されている．現在，リハ専門職の多くが医療機関に所属している中で，医療と介護の連携の重要性について作業療法士の視点で取りまとめ，役割と機能を説明する．

覚えておきたいKeyword
予後予測，代償手段，残存能力，生活行為向上，認知症支援

はじめに

これまでに介護予防事業に関わった作業療法士は，一般的に体操教室で大勢の参加者に運動の指導や助言，健康のための講演などを主な取り組みとしていた．また，地域においては個別支援が中心であったが，新総合事業では直接的な支援よりも自助と互助を意識して，住民同士が主体的に介護予防に取り組めるよう集団に対しての支援も必要となる．地域包括ケアシステムにおいてはリハ専門職の役割は互いに重なることも多く，どの職種であっても実施可能と考える．その中でも作業療法士がこれまでに積み上げてきた「こころ」と「からだ」，生活行為を「作業」として関わってきた特性を発揮できれば，地域での住民生活に寄与できると考える．

1 地域包括ケアシステムにおける現状と作業療法士への期待

a. 地域包括ケアシステムにおける作業療法士の視点

現在の地域包括ケアシステムの対象は介護保険財源での施策が先行しているため，高齢者が中心となっているように感じるものの，地域ですべての世代を包括的に支えるという本来の地域リハビリテーションの目的を達成するための前段階の取り組みであることをリハ専門職は忘れてはいけない．特に作業療法士は発達，身体，精神，高齢という領域や関わる時期に応じて求められることが異なるように感じることもあるが，住み慣れた環境でその人らしく生活するという社会的な大きな理念を目標に，各自が提供できる評価や治療技術を間接的，直接的な資源として地域に向けて発揮することが期待されている[1]．

b. 生活行為を意識した取り組みの必要性

2000（平成12）年から始まった介護保険は，自立支援を目的として様々なサービスが提供されてきた．要支援1から要介護2までの比較的軽度者においても，認定調査結果から買い物や簡単な調理などの生活行為（IADL）のしづらさが課題として知られており（**図1**）[2]，生活介護による直接支援が高齢者やその家族からの要望もありサービスの中心となっていた．最近では，リハ専門職の介入が行われていても認定調査で重度化していたとする報告も散見されており，実施内容も身体機能や身の回り動作中心と

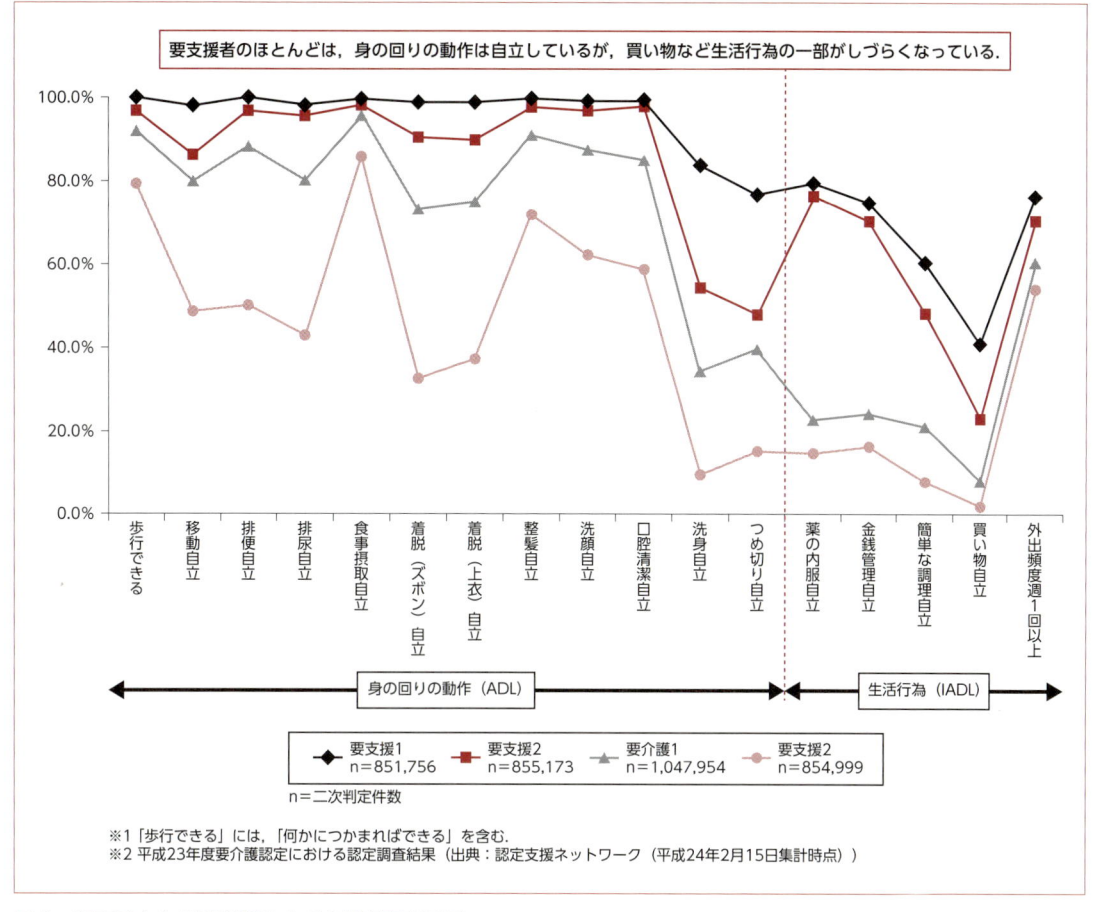

図1：要支援1から要介護2までの認定調査結果
「山崎泰彦，岩村正彦，他：社会保障審議会介護保険部会：第45回社会保障審議会介護保険部会資料　資料1前回（5月15日）依頼のあった資料［internet］, http://www.mhlw.go.jp/file.jsp?id=146265&name=2r98520000033t8n_1.pdf [accessed 2015-12-22], p7．厚生労働省，2013」より引用

なっている[3]．作業療法士として身体機能を中心とした身の回り動作（ADL）のみの対応から，これまで蓄積してきた作業に関わる専門職として，認定調査結果からも報告されている買い物や簡単な調理などの生活行為（IADL）を意識した「その人にとって意味のある」役割作りに対して，更なる関与が求められている[4]．

c. 作業療法士の人数や所属先，リハ専門職間の協業体制の現状

作業療法士の養成校は1990年代後半より右肩上がりで増加しており，平成27年4月現在で作業療法士免許取得者は70,675人（一般社団法人日本作業療法士協会会員48,652人，平均年齢33.53歳）である．協会による調査では会員の71.4％が病院に所属しており，医療機関への偏在が認められる．地域包括ケアシステムの構築のために作業療法士に向けた独自の取り組みや，理学療法士，言語聴覚士の三団体共同による関わりも開始されている．医療機関に所属する作業療法士は，地域包括ケアシステムに直接的に関わることは少ないと推測されるが，担当している方が地域に戻る際に不安とならないよう，この事業について見識を広めて日々の治療に生かすことが必要となる[5]．

2 医療と介護の連携における作業療法士の役割

地域包括ケアシステムの構築に伴い，2014（平

成26）年度から病床機能報告制度による各地域における医療機関の役割が明確化され，在院日数の短縮と在宅復帰の促進が図られている．住民が住み慣れた地域（日常生活圏域で，概ね30分以内に駆け付けられる圏域として中学校区を基本としている）で生活上の安全・安心・健康を確保するために，医療や介護，福祉サービスも含めた連携を整備することが求められている．急性期医療機関からの転帰は，①直接自宅退院，②地域包括ケア病棟，③回復期リハビリテーション病棟，④医療療養病棟，⑤介護老人保健施設，介護老人福祉施設等の住宅型施設，など様々となっている．医療介護連携の強化を考える上で，現在の医療機関や介護保険施設における作業療法士の役割について以下に述べる．

a. 急性期病棟の現状と役割

定額報酬算定制度（Diagnosis Procedure Combination/Per-Diem Payment System：DPC/PDPS）の導入で，診断群分類により疾患ごとに包括的な算定となり入院期間が短縮されている．急性期病棟では廃用をつくらず早期の在宅，回復期リハビリテーション病棟までの身体機能の向上が主な目的となっている．作業療法士として，退院後の生活を意識した取り組みが必要なものの，本人や家族ともに突然の疾患で余裕もなく混乱することもある．入院期間の短縮のため，地域との連携も不足しがちなため，直接自宅退院される方が退院してから困ることがないように，介護福祉への情報提供などの関わりが求められる．

b. 地域包括ケア病棟の現状と役割

新設された病棟で，地域包括ケアシステムを円滑にするための病棟との位置付けであり，従来の亜急性期病棟を改変したものとされ，「医療，看護必要度」，「看護配置の充実」，「専従のリハ専門職の配置」，「在宅復帰率」，「リハビリテーション2単位（40分）の提供」などが求められている．作業療法士として，早期から在宅を意識した関わりや対応が必要とされる．

c. 回復期リハビリテーション病棟の現状と役割

2000（平成12）年の診療報酬改定で新設されて以来，増加が目覚ましく，作業療法士の配置も多い．特に在宅復帰を主な目的とした病棟で，リハビリテーションによる身体機能の向上と休日まで含めた関わりも充実している．一方で経験の浅いリハ専門職が多いこともあり，個別の在宅復帰では地域の介護支援専門員と連携はできても，地域ケア会議や介護予防などの地域支援について積極的に関われる作業療法士は少ない．作業療法士自身も地域ケア会議や介護予防に関心を寄せ，積極的に参加できるよう職場内の環境を整える努力が必要である．

d. 療養病棟の現状と役割

医療療養病棟，介護療養型医療施設では医療依存度が高く，地域にすぐに戻れない場合や受け皿のサービス，家族等の支援が難しいこともあり療養が長期化することもある．疾患リハビリテーションの期限を超えた場合は，原則維持リハビリテーション（月13単位）となり，一部では成果も出ているものの，対応する作業療法士も少ない．また，重度の慢性期疾患や神経筋疾患，頭部外傷や脊髄損傷，がんや認知症を含めた精神疾患の併用など対応の多様さも求められる．療養が長期化しやすいものの，時間をかけて個別の課題を協議することで，目標が明らかになり地域生活につながることもある．

e. 介護老人保健施設，施設等の現状と役割

介護老人保健施設において，在宅強化型ではリハ専門職の配置も増えており，個別のリハビリテーション実施以外にも，地域への訪問や通所リハビリテーション（デイケア）で地域支援に関わる機会も多くなっている．作業療法士は身の回り動作（ADL）だけでなく，生活機能（IADL）を意識した対応や支援を，地域の介護支援専門員と共に関わることが求められる．

また，最近では介護老人福祉施設や住宅型施設など福祉関係でもリハ専門職の雇用，関わりや連携の機会も増えている[6]．

3 地域ケア会議と介護予防における作業療法士の役割

地域の介護支援専門員からリハ専門職に対して，身の回り動作（ADL）や生活行為（IADL）など生活機能の予後予測に関しての期待が強いことが調査研究により報告されている[7]．作業療法士にとっても参考になることが多く，具体的には①「できそう」なことを「できる・している」にするために必要な援助内容，②疾患・障害等の本人の身体・認知機能からの課題分析，③生活機能の予後予測，が挙げられており，的確な課題分析から予後を予測し，改善可能性のある能力の具体的支援内容が期待されていることがわかる．

a. 本人の「こころ」と「からだ」の評価，生活機能についての予後予測

作業療法士の多くは，医療機関に所属しており，個別の生活機能や加齢による変化に加え，家族などを含めた地域での支援内容にまで踏み込んで予後の予測が立てにくい．地域に戻ってから本人が困らないように，作業療法士として正確な生活機能の予後を予測するためには，経験則だけでなく個別の「心身機能」の課題と「活動」や「参加」の把握のために個人因子と環境因子の評価が重要である．本人のしたいことの「こころ」だけを優先するのではなく，「できそう」なことが「できる・している」になるよう，医学的な根拠をもって「からだ」を評価して目標設定や対応する期間を具体的に設定する．

b. 心身機能の回復と代償手段の獲得，残存機能の活用

医療機関においては心身機能の回復，地域では心身機能の維持にのみとらわれないよう，リハビリテーションの目標を工夫する．作業療法士の思い込みで，心身機能の回復や維持にばかりに目を向けていると，本人の残っている機能を十分に活用できないので，「こころ」と「からだ」，生活行為に関して注意深く探る必要がある．生活する環境に応じた，福祉用具の活用や住宅改修を適切に提供することで，身体の使い方や気持ちの切り替えができ，自らしたいことを行えるよう支援する．布団生活からベッドを利用するだけで，動きやすくなる方を見かけるが，多くは急激な環境の変化への不安から消極的となりやすい．作業療法士が「こころ」と「からだ」，生活行為の専門家として，地域で多職種を含めて本人や家族に丁寧な説明を行えることが期待されている．

c. 生活行為向上マネジメント等を活用した想いを聞き取る能力

「したいこと，できること，する必要があること」などの本人と家族の想いを聞き取る能力をつけること，また多職種にその想いを正確に伝えることが求められる．様々な，理論や聞き取り，観察からの評価技法があり，面接による本人中心の成果測定法であるカナダ作業遂行測定（Canadian Occupational Performance Measure：COPM）が医療機関や地域では広く活用されている．その他にもiPadやタブレットを使った意思決定のための支援ソフトなども利用されている[8]．

最近では，生活行為向上リハビリテーションが広く知られており，心身機能に着目しがちであったこれまでの評価から，「活動」と「参加」に焦点を当てて，ADL，IADL，社会参加などの「その人にとって意味のある作業＝生活行為の向上」を具体的に目指すことを目標としたもので，通所リハビリテーションにおける加算となっている．生活行為向上リハビリテーションを進める上で，作業療法士は生活行為向上マネジメント（Management Tool for Daily Life

Performance：MTDLP）を活用して評価を行えるようOT協会による取り組みが進められている．様々な評価道具を活用することで，本人の想いを知る手掛かりとなり有効となるものの，作業療法士が適切に聞き取る能力を有していることが重要なことは言うまでもない．支援者側に都合の良い誘導や，決めつけになっていないか自己評価が常に必要である[9,10]．

> **MEMO　生活行為向上マネジメントとは？**
> OT協会が2008（平成20）年度から6年間厚生労働省の老人保健健康増進等事業で実施された研究である．対象者主体でその人にとって意味のある生活行為の向上を目指すツールであり，作業療法の思考過程をICF（国際生活機能分類）を基本に幅広い評価を促すために開発された．

d．認知症に対しての配慮

肺炎や転倒などで急性期病院に入院すると環境の急激な変化から混乱やせん妄となり，遷延化することも知られている．また，高齢化が進むと認知症の有病率が上がることが知られており，軽度認知障害（Mild Cognitive Impairment：MCI）も含めた，「認知症対策推進総合戦略（新オレンジプラン）」の中で様々な対策が始められている．認知症が疑われる，または初期段階に適切な対応が必要で，作業療法士には「認知症初期集中支援チーム」の一員として，地域での早期からの介入により行動や心理症状（Behavioral and Psychological Symptoms of Dementia：BPSD）の見極め，予防のための直接支援が期待されている[11]．

e．脳血管疾患や呼吸器疾患，神経筋疾患などに関しての配慮

脳血管疾患による高次脳機能障害，呼吸器疾患，神経筋疾患，がん，精神疾患など疾患の特性について多職種に理解を促すことが重要である．

f．多職種との関わりでの配慮

個別地域ケア会議で多職種との連携を考える際に，配慮すべき点について以下に示す[12,13]．

1) 自ら積極的にあいさつをする．
2) 謙虚に相手の立場に立って，参加者と一緒の目線で考える．
3) 評論のための質問ではなく，すぐに使える具体的な助言を行う．
4) 専門性を押し付けずに，相手に伝わる言葉で説明する．
5) 相手の話を傾聴し，自らの話は要点をまとめて簡潔に伝える．
6) 地域における課題を事前に調べておく．

まとめ

介護支援専門員が，「リハビリテーションサービス導入時に重要視していること」が興味深く，利用者本人や家族の意向に偏りやすいことが報告されている（図2）[14]．身体機能のリハビリテーションや，生活の負担となりやすい家事や掃除などの生活行為に関して安易に支援を行う場面も地域では見られる．実際には関係づくりのために，身体機能に関しての評価やリハビリテーションが先行して必要な場面も多いこともあるので，導入時の目標設定を本人や家族に加え関わる多職種と共有することが何よりも重要となる．作業療法士の視点は本人にとって意味のある生活行為の向上であり，リハ専門職として生活機能の予後予測，代償手段，残存機能を把握することと，本人や家族に加えて関わる多職種への丁寧な説明と熱意が必要とあらためて感じた．

筆者は医療機関所属の作業療法士だが，平成17年から地域リハビリテーション地域支援センターの一員として，保健所や市，地域の介護支援専門員をはじめとして多職種の方々と直接関わる機会を得られたので参考にした．地域包

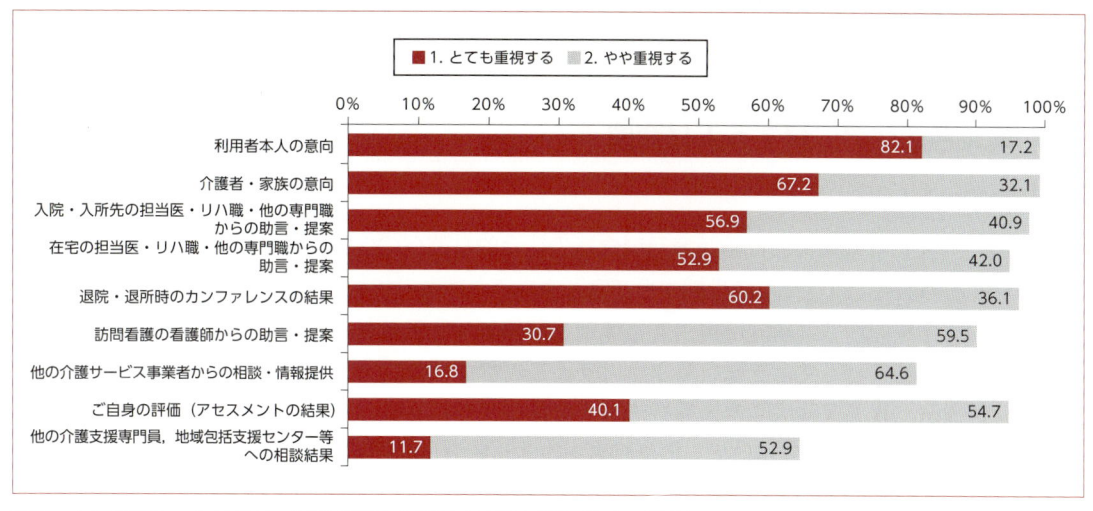

6. リハビリテーション専門職の役割・機能 ②作業療法士

	1. とても重視する	2. やや重視する
利用者本人の意向	82.1	17.2
介護者・家族の意向	67.2	32.1
入院・入所先の担当医・リハ職・他の専門職からの助言・提案	56.9	40.9
在宅の担当医・リハ職・他の専門職からの助言・提案	52.9	42.0
退院・退所時のカンファレンスの結果	60.2	36.1
訪問看護の看護師からの助言・提案	30.7	59.5
他の介護サービス事業者からの相談・情報提供	16.8	64.6
ご自身の評価（アセスメントの結果）	40.1	54.7
他の介護支援専門員，地域包括支援センター等への相談結果	11.7	52.9

図2：ケアプランへのリハサービスの導入を検討する際の重要度（n=274）

「日本介護支援専門員協会：平成26年度厚生労働省 老人保健事業推進費等補助金（老人保健健康増進等事業分）ケアマネジメントにおける医療系サービスの活用実態とリハビリテーション専門職種との協働のあり方に関する調査研究事業 報告書 [internet], http://www.jcma.or.jp/roken2-chapter1.pdf [accessed 2015-12-22], p39, 2015」より引用

括ケアシステムにおける作業療法士としての視点が偏らないよう，先駆的取り組みをしている介護支援専門員や作業療法士からも意見を聞きまとめた．

確認事項
①地域包括ケアシステムについて理解しよう
②作業療法士として予後予測，代償手段，残存機能を見極めよう
③生活行為向上，認知症支援の充実を図ろう

文献

1) 白澤政和：地域包括ケアシステム構築におけるネットワークづくりの基本．PTジャーナル 49（8）：711-718, 2015
2) 山崎泰彦, 岩村正彦, 他 社会保障審議会介護保険部会：第45回社会保障審議会介護保険部会資料 資料1 前回（5月15日）依頼のあった資料 [internet], http://www.mhlw.go.jp/file.jsp?id=146265&name=2r98520000033t8n_1.pdf [accessed 2016-05-02], 厚生労働省, 2013
3) 三菱総合研究所 人間・生活研究部：平成25年度厚生労働省老人保健事業推進費等補助金（老人保健健康増進等事業分）介護保険におけるリハビリテーションの充実状況等に関する調査研究事業【訪問看護ステーション・訪問リハビリテーション事業所調査】報告書 [internet], http://www.mri.co.jp/project_related/roujinhoken/uploadfiles/h25/h25_06_2.pdf [accessed 2016-05-02], 2014
4) 大森 彌, 他 高齢者の地域における新たなリハビリテーションの在り方検討会：高齢者の地域における新たなリハビリテーションの在り方検討会報告書 平成27年3月 [internet], http://www.mhlw.go.jp/file/05-Shingikai-12301000-Roukenkyoku-Soumuka/0000081900.pdf [accessed 2016-05-02], 厚生労働省, 2015
5) 半田一登, 中村春基, 深浦順一, 他：座談会 リハビリテーション専門職種の動向．総合リハ．43（9）：839-851, 2015
6) 森本 榮：地域包括ケアシステムの構築に向けて必要とされる理学療法士の役割．PTジャーナル 49（8）：693-701, 2015
7) 日本公衆衛生協会, 日本理学療法士協会, 日本作業療法士協会：平成26年度 地域保健総合推進事業「地域保健に関わる理学療法士・作業療法士の人材育成に関する調査研究」, [internet], http://www.japanpt.or.jp/upload/japanpt/obj/files/chosa/suishinjigyou_houkokusho_h26.pdf [accessed 2016-05-02], pp13-38, 2015
8) 齋藤佑樹：作業に焦点を当てた実践のポイント, 作業で語る事例報告, 齋藤佑樹（編）, pp28-42, 医学書院, 東京, 2014
9) 吉川ひろみ：すべての人によい作業を, "作業"の捉え方と評価・支援技術, 日本作業療法士協会（監）, 岩瀬義昭, 大庭潤平, 村井千賀, 他（編）, pp16-25, 医歯薬出版, 東京, 2012
10) 土井勝幸：生活行為向上リハビリテーションの考え方と実践. Med Rehabil. 188：33-39, 2015
11) 中間浩一：地域包括ケアシステムにおける認知症リハビリテーションの考え方と実践, Med Rehabil. 188：48-56, 2015
12) 鶴田真也：これからの介護予防-リハビリテーション専門職への期待．総合リハ．43（9）：803-808, 2015
13) 佐藤孝臣：失敗しない地域ケア会議・作業療法士の役割とは, OTジャーナル 49（10）：1013-1015, 2015
14) 日本介護支援専門員協会：平成26年度厚生労働省 老人保健事業推進費等補助金（老人保健健康増進等事業分）ケアマネジメントにおける医療系サービスの活用実態とリハビリテーション専門職種との協働のあり方に関する調査研究事業 報告書 [internet], http://www.jcma.or.jp/roken2-chapter1.pdf [accessed 2016-05-02], 2015

COLUMN
地域包括ケアに資する人材育成

清水順市

　2014年に「地域における医療及び介護の総合的な確保の促進に関する法律」が施行された．この法律では①高度急性期から在宅医療まで，患者の状態に応じた適切な医療を地域において効果的かつ効率的に提供する体制を整備し，②患者ができるだけ早く社会に復帰し，地域で継続して生活を送れるようにすることを求めている．この法律の運用においては，医療法，介護保険法や老人福祉法などに基づいて総合確保方針が定められる．都道府県，市町村は，地域の実情に応じて計画書を作成し実施していく．介護予防・日常生活支援総合事業は市町村に位置づけられた．さらに，地域における介護予防をより強化するために「地域リハビリテーション活動支援事業」が示された（**図 1**）[1]．リハビリテーション専門職（以下，リハ専門職）は地域ケア会議，訪問，通所，さらには住民が運営する通いの場などに出かけて，専門職としての活動を遂行しなければならない．そこでは，それぞれの専門職としての知識や技術は最低限の必要事項であり，さらには地域保健の知識や当該地域の特性，慣習や最新情報を把握した人材が必要になる．このような場に派遣できるリハ専門職の育成が必要とされる．

リハビリテーション関連職種の取り組み

　理学療法士，作業療法士，言語聴覚士，リハビリテーション看護師などのリハビリテーションに関連する職種の卒後教育は，それぞれの職種や疾病の専門領域，各施設のプログラムで行われてきた経緯がある．そこで，全国リハビリテーション医療関連団体協議会[*1]の人材育成委員会は，リハビリテーションに関連する職種の統一した知識や技術レベルの確保およびキャリアアップの一助にすることを目的に「キャリアアップ指標」を作成した（**表 1**）．このキャリアアップ指標には，6つの能力（臨床実践，対人，研究，指導，マネジメント・リーダーシップ，自己啓発）がある．これは，キャリア形成のために資格取得後2年間を1ステージとして，10年間5ステージで構成されている．このキャリアアップ指標は，各人がキャリアアップするための目標であるとともに，職場における人材育成教育や個人の目標達成度を適正に評価し，次年度の目標設定を明確にするために活用されることを目指すものである．

　一方，リハビリテーション専門職団体協議会[*2]は，地域リハビリテーション活動支援推進のための人材育成を2014年から開始した．初期目標は地域ケア会議（地域個別ケア会議）に出席できる人材育成である．最終的には，地域課題の発見から政策形成まで参加できる人材育成を目指している．2015年度は地域ケア個別会議のモデル研修会を開催し，内容は地域ケア個別会議に求められる専門職としての資質や必要な知識を含めたものであった．一方，各協会では地域ケア個別会議に出席できる最低限の資質（技術・経験・知識）を定めた（**図 2**）[2]．

[*1]：日本リハビリテーション病院・施設協会，日本リハビリテーション医学会，回復期リハビリテーション病棟協会，全国デイ・ケア協会，日本訪問リハビリテーション協会，日本理学療法士協会，日本作業療法士協会，日本言語聴覚士協会，日本リハビリテーション看護学会
[*2]：日本リハビリテーション病院・施設協会，日本理学療法士協会，日本作業療法士協会，日本言語聴覚士協会

●地域における介護予防の取組を機能強化するために、通所、訪問、地域ケア会議、サービス担当者会議、住民運営の通いの場等へのリハビリテーション専門職等の関与を促進する。

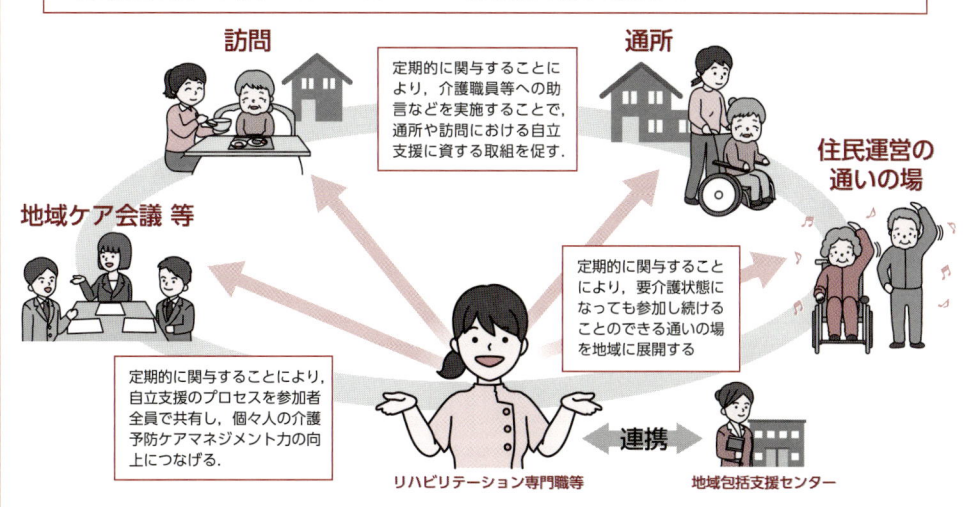

訪問

定期的に関与することにより、介護職員等への助言などを実施することで、通所や訪問における自立支援に資する取組を促す。

通所

住民運営の通いの場

定期的に関与することにより、要介護状態になっても参加し続けることのできる通いの場を地域に展開する

地域ケア会議 等

定期的に関与することにより、自立支援のプロセスを参加者全員で共有し、個々人の介護予防ケアマネジメント力の向上につなげる。

リハビリテーション専門職等　←連携→　地域包括支援センター

リハビリテーション専門職等は、通所、訪問、地域ケア会議、サービス担当者会議、住民運営の通いの場等の取組を地域包括支援センターと連携しながら総合的に支援する。

図1：地域リハビリテーション活動支援事業の概要
「厚生労働省：介護予防の推進について［internet］, http://www.mhlw.go.jp/file/05-Shingikai-12301000-Roukenkyoku-Soumuka/0000052328.pdf［accessed 2015-12-15］」より引用

表1：リハビリテーション関連職種のキャリアアップ指標

能力	主な構成要素
臨床実践能力	○対象理解・アセスメント　○早期離床と基本動作支援 ○病態生理と診断　○ADL拡大・自立への支援 ○急性期合併症の予防　○各障害の回復支援 ○安全管理（リスク管理・インシデントの対応）　○再発予防・健康管理 ○廃用症候群の予防　○退院支援と家族支援 ○生活再構築の支援　○社会復帰への支援，地域連携構築 ○回復支援のマネジメント　○社会資源の活用
対人能力	○コミュニケーションスキル　○退院支援と地域支援構築 ○組織内外との折衝能力（交渉力）　○社会資源の活用・ネットワーク ○連携能力
研究能力	○研究の意義・目的・方法　○症例・事例報告 ○研究活動の実践　○学会発表（プレゼンテーション） ○文献検索・購読（クリティーク）　○誌上発表（論文作成）
指導（教育）能力	○臨床のモデル実践　○相談・指導 ○実践の質の向上活動　○教育心理 ○臨床実践における教育　○研修会等における教育（講師） 　臨床実習指導 　職場の後輩育成
マネジメント能力 リーダーシップ	○他職種との協業・連携推進　○リーダーシップとメンバーシップ ○組織マネジメント　○情報管理（回復支援のケアマネジメント）
自己啓発	○職能団体への参画　○社会貢献 ○倫理的観点　○ボランティア ○能力開発 　自己到達度（クリニカルラダー） 　目標管理

「全国リハビリテーション医療関連団体協議会 人材育成委員会資料」を基に作成

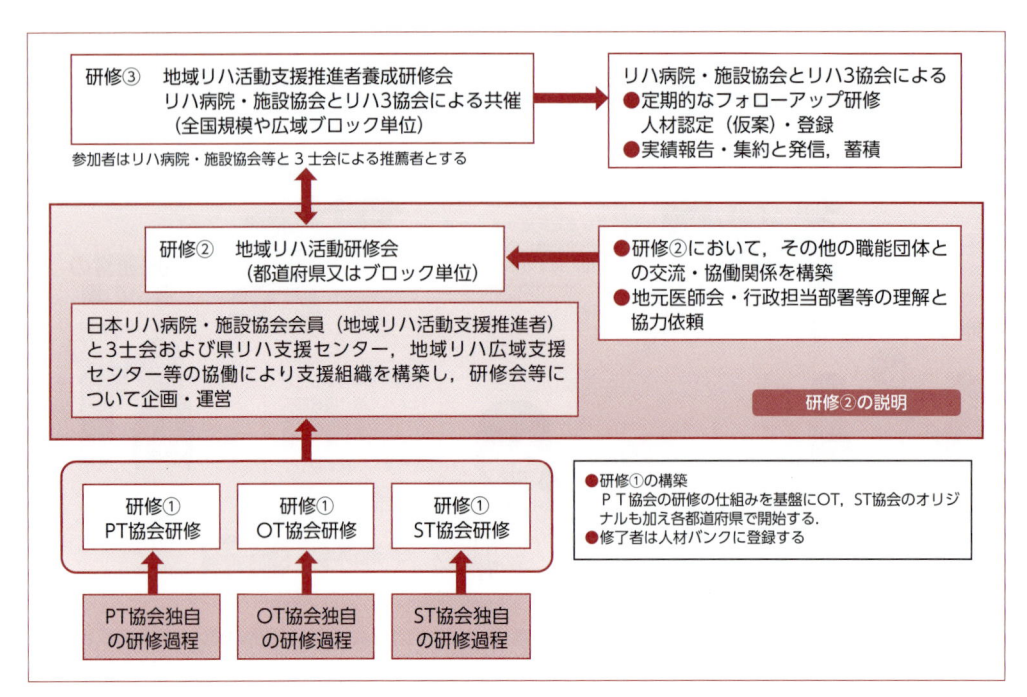

図 2：地域リハ活動支援推進のための人材育成の概要
「リハビリテーション専門職団体協議会 3 協会研修制度調整委員会案，2016 年 3 月」より引用

文献

1) 厚生労働省：介護予防の推進について［intenet］，http://www.mhlw.go.jp/file/05-Shingikai-12301000-Roukenkyoku-Soumuka/0000052328.pdf［accessed 2015-12-15］
2) リハビリテーション専門職団体協議会 3 協会研修制度調整委員会案，2016 年 3 月

PART 1
地域包括ケアシステムにおける
リハビリテーション専門職の役割と実際

第2章

実践事例
(個別地域ケア会議における事例)

第2章

1 暴言や暴力で他者との関係性が築けないで，引きこもりがちな生活をしている独居のうつ病高齢者の事例

小森昌彦

会議での PT・OT の関わりのポイント

- 問題行動が原疾患の「うつ病」によるものなのか，認知症状なのかを区別する必要がある点と服薬の管理を確認することを指摘した．
- 閉じこもりがちになっているので，廃用症候群に陥らないように，リハ職を交えたサービス担当者会議の実施につなげた．
- 身寄りがない高齢者の入院保証人の問題が地域課題として抽出され，行政での検討につなげた．

1 参加した地域ケア会議の目的

この会議は，地域包括支援センターが地域のケアマネジャーから「困難事例」を集め，多職種が協働して事例の抱えている課題を整理し，そして，その生活をフォーマル・インフォーマルサービスによりどのように支援するのか検討するために開催している．

さらに，各事例の抱える課題のうち，事例固有の問題ではなく地域の課題として考えられるものを抽出することを目的とする．

2 参加職種

図1は本事例に対する会議の出席者である．

3 事例検討に費やされた時間

今回の事例検討は概ね80分．

その内訳は，下記のとおり．

担当ケアマネジャーからの事例紹介	15分
出席者が本事例に対する理解を深めるための質問	20分
本事例が抱える課題の整理	20分
本事例に対する支援についての提案	15分
地域課題の確認	10分

4 事例提供者からの説明要旨

①事例概要（現病歴，身体機能，生活状況，など）

要介護1，79歳，女性．

A町で生まれ，育つ．23歳で結婚し子供を2人もうけるが，30歳頃からうつ病を発症し，通院していた．子供は成人し家を離れている．夫と二人暮らしであったが，10年ほど前に夫が亡

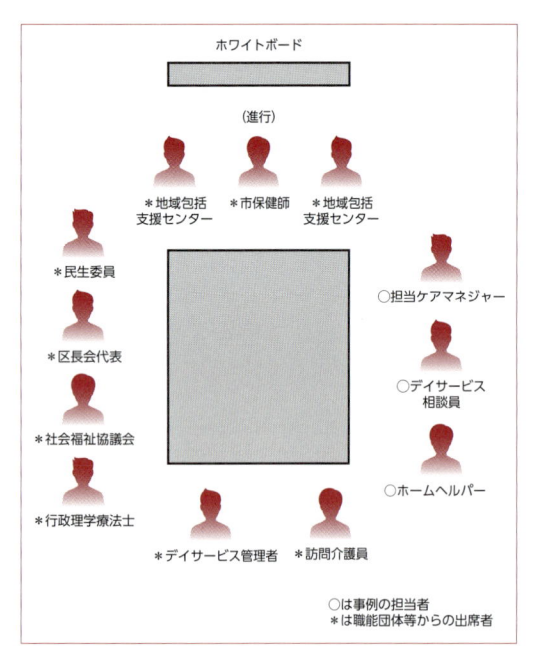

図1：会議出席者

くなり，それ以降は一人暮らしを続けている．

日常生活は自立しているが，膝の痛みが強くなり入浴や買い物に支援が必要となっている．買い物はヘルパーが週に2回支援しており，本人も調子の良い時や食べたいものがある時には何とか買い物に出かけている．入浴は週2回デイサービスで行っており，現在自宅での入浴は行っていない．

身内である2人の子供達とは音信不通で，現在も連絡が取れない状況．アパートに住んでいるが，ゴミ屋敷状態で近隣とのつきあいもなく，関係性は良くない．

デイサービスでも，些細なことで激高し暴言を吐いたり手を上げることもあり，事業所としても利用の制限を考えている．

ケアマネジャーとしては，現在はADLがほぼ自立しており，最低限の支援で生活が成り立っているが，今までの生活を続けてもよいものか疑問，また，デイサービスの利用ができなくなるとどうなるのか，今後体調を崩して入院となった場合の保証人をどうするのか等が不安であった．

②本人・家族の主訴・希望
本人：特に困っていることはない．このまま一人で気ままに暮らしたい．
家族：音信不通で確認できない．

③事例提供者が抱える課題・問題点
心身機能：膝の痛みがあり遠出ができない．うつ病があり，些細なことで激高して他者との関係が築きにくい．薬の管理ができているか不明．

活動：ADLはほぼ自立しているが，スーパーへの買い物や入浴には見守りや軽度の支援が必要．

参加：他者との関わりはほとんどない．些細なことで激高するので，近隣やデイサービスの他の利用者との関係性は良くない．自宅では閉じこもりがちの生活．

身内はいるが，音信不通で孤独な生活．

環境因子：住環境はゴミ屋敷状態で衛生的ではない，多少の段差などはあるものの，屋内での生活に転倒などのリスクはない．人的な環境として支援者はいない．

5 リハ専門職としての着眼点と課題解決に向けた提案内容と議論

担当ケアマネジャーから事例概要の説明を受けた上で，本事例の課題について検討を行った．

課題として主に議題に挙げられたのは，住環境と暴言・暴力で他者との関係性が築けないこと，そして，保証人不在の問題であった．

本事例について，リハビリテーション専門職（以下，リハ専門職）（医療職）としての着眼点で課題として発言したのは，

①他者とのトラブルが本当に「うつ病」によるものなのか．些細なことで激高して手を上げるようなことが，うつ病で生じるものなのか疑問であり，最近，急に始まったことであればうつ病によるものではなく，認知症など他の疾患によるものかもしれない．

②服薬の管理が行えているのか，できていないのであれば服用の検討が必要ではないか．

③閉じこもりがちな生活が続くことによる廃用性症候群の問題．

④デイサービスに通所しているが，何をしているのか，在宅生活をできるだけ続けるための支援ができないか．

ということであった．

本事例で議論になったのは，病院受診の状況であった．本人は「受診している」と言っているが，実際に受診を確認したものはいなかった．また，暴言や暴力が原因で在宅生活の継続が困難になっていることを主治医が知らないのではないかということも議論の中で浮き彫りになった．

また，服薬については薬の袋をみたというヘルパーの発言はあったが，自分の居住スペースにゴミが散乱している生活をしている中で，規則的に薬を飲めるのか疑問である．規則的な生活を獲得するように，まず食事と服薬のリズムをつける必要があるなど，服薬だけでなく生活のリズムに関する発言もみられた．生活リズムの話は，閉じこもりがちな生活による廃用性症候群の話まで広がり，食事，服薬，身体活動それぞれを誰が，どのようなサービスを使って確保するか，解決策につながる議論がなされた．

課題解決に向けた提案として，

① 些細なことで激高することがこの方の社会参加や地域の人の見守りの妨げとなっているので，精神科の医師に相談する．
② ヘルパーが服薬を確認するだけでなく，食事内容や回数についても1週間程度聞き取りをし，実態を把握する．
③ デイサービスでできる作業について検討してはどうか．積極的な運動や作業は好まないと思うが，生活機能を維持するためにできることはないかを，リハ専門職を交えたサービス担当者会議で議論する．

この3点が解決策として提案された．

本事例を通じて地域課題として取り上げられたのは，身内と連絡が取れない身寄りのない高齢者の入院の際の保証人の問題で，現状では行政がいろいろな手を尽くして身内を探し，どうしても見つからない場合は，その時には対応するということだった．

これについては，過去の事例を参考にして，今までにどんな対応をしたのかをまとめてはどうかという意見があった．この件については，包括支援センターだけでは判断できないので，役所に持ち帰って検討することとなった．

6 本事例のまとめ

「うつ病で暴言や暴力があり，孤立無援の困った事例」として扱われていたが，暴言や暴力が疾患に由来したものかもしれないという捉え方が共有でき，医療機関の受診につながった．さらに，乱れた生活習慣を「困った人」としてあきらめるのではなく，「食事，服薬，身体活動，生活リズム」といった「生活全般」から包括的に解決しようとする発想が共有でき，サービス担当者会議で議論されることとなった．

第2章 2 運動器疾患を背景に生活機能が低下している高齢者の事例
～膝の痛みにより温泉への参加ができずリハビリテーションと入浴を目的に
デイケアを利用している一人暮らしの女性高齢者～

中森清孝

会議でのPT・OTの関わりのポイント
- 自立支援に向けたお薬カレンダーの作成や整理整頓の方法を訪問介護として支援する方法を提案した．
- 日常生活において，膝関節への負担軽減の方法を提案した．
- 「したこと」の実現へ向けてチームとして支援するように提案した．

1 参加した地域ケア会議の目的

　この会議は，ケアマネジャー（以下，ケアマネ）と事例担当チームを対象に，「自立支援に資するアセスメントの視点を持ち，ケアマネジメントに必要なチームアプローチの視点の確認や強化すること」が目的である．石川県加賀市の地域包括支援センター（以下，高齢者こころまちセンター）では，平成25年度より今後の地域ケア会議立ち上げを視野に入れ，個別支援ケースに関わる専門職が，チームでの自立支援に資する専門的アセスメントの視点及びアドバイス機能の向上を目的に試行的に実施していくこととなった．6回にわたる試行事業が繰り返され理想的な会議の形式が協議され，ケアマネジメントのあり方検討会（以下，検討会）が設立された．検討会は，加賀市における介護予防・日常生活支援総合事業の導入に当たり，ケアマネジメント事業を行うための試行事業として位置付けられている．今後は，個別地域ケア会議が地域で多く開催され根付いていくようにすることも大きな目的の一つである．

2 参加職種

　事務局として高齢者こころまちセンター職員が2名参加し，司会進行役と書記を担う．外部講師としてリハビリテーション専門職1名（理学療法士・作業療法士のどちらか1名），薬剤師1名，センター方式の加賀市内における地域推進員かつ居宅介護支援経験者（以下，地域推進員）2名が参加した．事例を支援する介護サービスチームとしては，担当ケアマネ，事例を支援するデイケア担当理学療法士（以下，デイケアPT），訪問介護提供責任者，福祉用具業者が参加した（図1）．

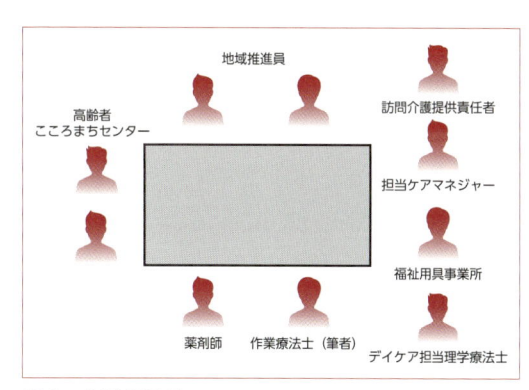

図1：会議参加者

3 事例検討に費やされた時間

検討会の時間は，約1時間である．内訳は，**表1**に示す．

表1：検討会の流れと時間配分

検討会の流れ	時間
① 検討会の目的の共有と自己紹介	5分
② 担当ケアマネからの事例紹介	10分
③ 事例に対する質疑応答と意見交換	30分
④ 今後の支援方針に対する意見発表	10分

4 事例提供者からの説明要旨

①事例概要（現病歴，身体機能，生活状況，など）

事例は，介護保険を利用するまで，大好きな温泉まで歩いて行くことを楽しみに生活していた．しかし，両側変形性膝関節症による痛みによって，温泉からの帰宅途中にタクシーを利用する頻度が増え，徐々に閉じこもる生活となった．健康状態は，収縮期血圧が160～190 mmHgで推移し，入浴後に意識を消失したことがあった．生活において，事例は自分で行える家事は自分で行い，今後も在宅で一人暮らしを続けることを目的に介護保険を申請した．

介護度は要支援2．週1回の訪問介護と週2回のデイケア，自宅内手すりの貸与の介護サービスを受けていた．担当ケアマネと事例との関わりは3ヵ月であった．ADL面はほぼ自立．屋外歩行については杖を使用しているが，膝の痛みが増強した場合の外出に不安を感じており，デイケア以外の外出はなかった．IADL面では，掃除や買い物は膝に負担がかかるため，訪問介護の支援を受けるようになった．近況は，「ヘルパーがしてくれるから良い」と依存的な発言がみられていた．

環境面は，借家で異臭が漂うほど整理ができておらず，ベッドや食卓の上には乱雑に物が置かれた状態で，どこに何が置いてあるか把握できない状態であった．

②本人・家族の主訴・希望

本人：自分でできることは自分で行い，体調良く一人暮らしを続けたい．
　　今は迎えが来てお風呂に入ること（デイケアの利用）ができて良かったと感じているが，近くの温泉に歩いてまた入りに行きたい．
家族：家族とは疎遠であり，把握できていなかった．

③事例提供者が抱える課題・問題点

担当ケアマネが事例を選択した理由は，事例との関わりが3ヵ月と浅いため「本人の意向が日によって変わりやすく，関わり方が難しく感じたため」であった．加賀市版ケアマネジメントのあり方検討表（以下，検討表）（**表2**）より，「生活行為の改善の可能性がある」と判断した項目には「整理・物品の管理」，「服薬」，「趣味活動」が挙げられた．判断した根拠は，訪問介護による家事援助と掃除を行い，必要な物がどこにあるかわかるように整理・整頓し，膝関節に負担のかかる生活行為を支援するためであった．服薬については，薬の飲み忘れがないか確認できるためであった．趣味活動は，デイケアを利用して楽しみを見つけることを考えていた．温泉の再開に関しては特に説明はなかった．

5 リハ専門職としての着眼点と課題解決に向けた協議と提案内容

【服薬自立の可能性に向けた協議と提案内容】

協議は，担当ケアマネが検討表の項目の中で，生活行為の改善の可能性があると判断した項目の「服薬」より開始された．事務局より，健康状態の管理を含めた服薬に関する状況について，薬剤師からの確認と助言を求めた．薬剤師からは，服薬の中で重要な薬を確認し，その薬について飲み忘れがないか，また，処方さ

れた薬のお薬手帳が複数あるため，服薬状況が混同されている可能性がないか確認された．筆者は，薬剤師からの確認に加え，訪問介護やデイケア場面での服薬状況を確認した．その結果，事例は「血圧は下がったため服薬の必要がない」と薬を服用しない傾向にあることがわかった．

そこで，主治医より改めて血圧の服薬は続ける必要があることを事例に説明してもらうことに至った．加えて，お薬手帳を1つに統合すること，血圧の測定時間を統一して記録することについて情報提供された．訪問介護員からの数ヵ月分の薬が1つの袋に入っている状況に対しては，筆者からお薬カレンダーを提案した．お薬カレンダーへの薬の分類は，事例が訪問介護員と一緒に行い，事例本人が服薬状況を確認することによって服薬の継続性を引き出し，健康状態の改善に向けた可能性を提案した．

【整理・整頓自立の可能性に向けた協議と提案内容】

整理・整頓については，筆者より事例のできる能力をデイケアPTから情報収集した．特に膝の痛みに応じた移動・運搬能力，立位での作業能力に着眼した．事例は，重い荷物を運搬する作業や立位での両手動作は膝への負担が大きいが，「片手で体重を支持し，もう一方の手で机の片付けや掃除（タオル拭き）は遂行できる可能性がある」ことが把握できた．この情報は，担当ケアマネや訪問介護員が把握していなかった情報であり，事例のできる能力を共有することにつながった．そして，訪問介護員からは，基本的に事例と一緒に整理・整頓を行ってきたが，痛みを考慮するあまりできる能力を把握する・実践する関わりができていなかったことに気づく機会であったと言われた．

さらに，筆者は，立位作業場面における荷重時の膝の痛みの程度，膝の痛みを予防できる可

表2：加賀市版ケアマネジメントのあり方検討表

（加賀市地域包括支援センターより提供）

能性がある自主的な筋力強化訓練や歩行状況をケアノートで情報共有していく提案を行った．この提案に訪問介護員は，膝の痛みに留意するポイントをデイケアPTと共有できることとなるため，介護場面での支援の安心につなげることができると述べた．

【事例らしさを支援するための協議と提案内容】

地域推進員からは，事例の特性である「自分のことは自分で行うスタイル」の中で，本当に服薬管理や整理・整頓がやりたい生活行為であるかについて確認があった．事務局は「温泉にまた行きたい」との事例の発言に触れ，「事例が温泉へ行くためにどのようにチームで支援していくのか」に対する協議が進められた．担当ケアマネからは事例の肯定的変化として，机の上に温泉水からできた化粧水が購入されていたことに気づいた旨の報告があった．訪問介護員

からは，以前より過ごし方に活気が出てきたことや，デイケアではリハビリに積極的になったこと，さらには近隣の郵便局へ1人で外出できた情報が共有された．温泉に関する情報としては，事例宅から温泉が近いことや温泉に知人がいること（受付が知り合い）など，事例を取り巻く関係性についての情報が深まっていった．

これまでの協議を受け，筆者は検討会の雰囲気が前向きな意見に変化してきたと捉え，今後に向けた提案を行った．具体的には，杖以外の歩行補助具を利用した実際の総湯（浴場）までの道中における歩行能力の評価と，デイケアPTと介護スタッフで入浴動作能力を評価し，チーム内で情報共有していくことを伝達した．それによって，事例のしていきたい生活行為である「温泉へ行きたい」という目標を達成していくため，チームとして解決していくべき課題を整理し，可能性をあきらめず支援して欲しいことを申し伝えた．

【モニタリング会議：検討会より3ヵ月後】

検討会での協議と提案内容を踏まえて3ヵ月間事例に関わったことによる振り返りの場として，モニタリング会議が開催された．担当ケアマネより，事例が味噌汁を作ることができるようになったこと，服薬管理はお薬カレンダーを活用して訪問介護員と服薬管理を一緒に継続できていること，年金を引き出す目的で月1回タクシーを利用して郵便局へ外出できたことについて報告があった．3ヵ月間の介入によって，調理の実践や服薬と服薬につながる整理・整頓を遂行でき，また外出に展開できる結果につながった．そして，担当ケアマネからは，事例が温泉については「春になったら行きたい」と具体的な日時を見据えた目標設定につながっていることに視点が向けられた．今後について，温泉に行く手段と浴場内での入浴動作を安全に達成できるようするため，どのようにチームで支援していくべきかを考えており，検討会での協議内容（3ヵ月前）と比較してより具体的に事例らしさを支援する内容に変化してきていた．最後に，担当ケアマネが「サービス提供者側がこうしていきたい気持ちを押し付ける形で関わるのではなく，双方win-winな関係で支援していくことができると良いと思う」と振り返った．これより，今後の事例に対する自立支援に向けたより良いサービス展開につながっていく検討会であったことを改めて振り返る機会となった．

6 本事例のまとめ

事例は，一人暮らしで両膝に痛みはあるが，自分のことは自分でやりたい思いの強い方であった．しかし，事例を支援するチームがそれぞれに関わっている期間に差がみられており，事例が有する能力をどのように発揮させるために，チームで支援していくかについて情報を共有する機会が少なく，情報共有手段が統一されていない状態であった．そこで，検討表を活用し，情報を共有していく中で事例の「したいこと」が明確にされたため，個々のサービス担当者が把握している情報が活かされ，事例が本当にしたい生活行為を目標に掲げ，チームとして支援することにより，実現できた．

第2章
3 中山間地域における独居認知症高齢者の生活支援
～過疎地ならではの背景が課題となっている高齢者の事例～

中西智也

会議でのPT・OTの関わりのポイント
- リハビリテーション専門職（以下，リハ専門職）の視点からインフォーマルサービスの活用の検討を提案した．
- 歩行用補助具の必要性を含め生活環境の評価と整備を提案した．

1 参加した地域ケア会議の目的

当該地域では，前年度までの地域ケア会議で認知症高齢者の増加や消費者被害などの地域課題を明らかにしている．

この会議は，地域課題に合致した事例が実際にどのような問題を呈しているのか，そして，その生活をフォーマル・インフォーマルサービスによりどのように支援するのか検討するために開催している．

2 参加職種

図1は本事例に対する会議の出席者である．

3 事例検討に費やされた時間

今回の事例検討は概ね80分．
その内訳は，以下のとおり．

担当ケアマネジャーからの事例紹介	15分
出席者が本事例に対する理解を深めるための質問	20分
本事例が抱える課題，地域が抱える課題の整理	20分
本事例に対する支援についての提案	15分
地域課題の確認	10分

4 事例提供者からの説明要旨

①事例概要（現病歴，身体機能，生活状況，など）

15年前に夫を亡くして以降，過疎化が進んだ中山間地域で一人暮らしをしている80歳代女性．変形性膝関節症による膝関節痛があり，アルツハイマー型認知症と診断され，要支援1．

屋外内に大きな段差があり，隣家も離れていることから週1回のデイサービス利用，月1回のふれあい生き生きサロン参加時以外は，あまり外出することもなく自宅で過ごしている．

近隣にスーパーなど買い物をできる場所はなく，公共交通機関もないため，生活必需品は移

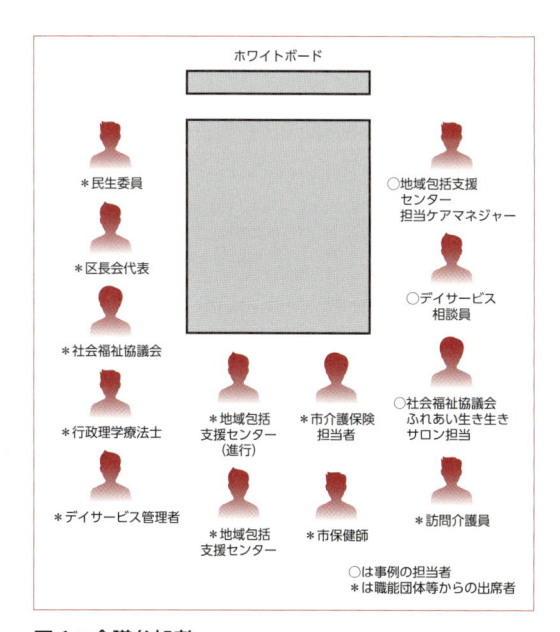

図1：会議参加者

動販売，通信販売等を利用し，週2回の配食サービスを利用することで一人暮らしを継続できていた．

しかし，12月頃（会議の半年前）からゴミ出しが困難になる，買い換えた洗濯機の使用方法がわからなくなるといった問題が現れ始めた．さらに，移動販売，通信販売の高額請求が届くようになり，家族から地域包括支援センターに連絡が入った．

会議時点では，長女が週1回程度訪問するようになり，金銭管理も行っていた．しかし，本事例は服薬管理が不十分である，甘いものが好きでお菓子を大量購入しており，体重は増加傾向にある，といった課題が残されていた．

さらに，長女の他に長男夫婦が県外におり時々帰省しているが，帰省中は特に変わった様子はなく，長男夫婦と長女との間で本事例の認知機能障害に対する認識に違いがあった．

②本人・家族の主訴・希望

本人：特に困っていることはない．

家族：長女は独居を継続することに対する不安を抱えていた．しかし，以前に長女宅で同居した際に認知機能障害が悪化したことから，同居については迷いがあった．
　　　長男夫婦は問題を認識していなかった．

③事例提供者が抱える課題・問題点

長女が訪問するようになり金銭面の問題は解決したが，洗濯機の使い方がわからなくなる等，日常生活に支障を来すようになっている．このまま一人暮らしを続けるためにはどのような支援が必要か，という悩みを抱えている．

また，長男夫婦が問題を認識していないことが長女の心理的ストレスになっており，家族間の関係が今後の支援に支障を来すことがないか危惧している．

5 リハ専門職としての着眼点と課題解決に向けた提案内容と議論

担当ケアマネジャーから事例概要の説明を受けた上で，本事例の支援方法について検討を行った．今回の事例は要支援1であり，利用できるフォーマルサービスに限界があるため，主にインフォーマルサービスについて協議した．

民生委員は，できる限り訪問して安否確認をしていた．しかし，担当地区が広範囲で見守り対象者も多いことから，訪問回数を増やすことは難しいということだった．

市保健師からは，服薬管理が不十分であることから，一度主治医と相談することを提案した．さらに，長男夫婦の理解を得る必要があることから，長男夫婦帰省時にも受診して主治医から説明を受ける機会を持つよう提案があった．服薬に関して，訪問介護員は訪問介護と薬剤師による居宅療養管理指導の利用を提案した．

また，社会福祉協議会からはふれあい生き生きサロンの実施状況について説明があった．過疎地であり参加者数は多くないが誰もが楽しみにしていること，独居・夫婦世帯が多く，サロン以外に集まる機会があまりないという地域の状況も明らかになった．

行政の理学療法士は，過疎化が進む中でも住民が集まる機会があることをこの地域の強みと捉えた．市が介護予防・日常生活支援総合事業に移行したことから，月1回のふれあい生き生きサロンを介護予防・生活支援サービス事業の「通所型サービスB」に移行させることができれば，週1回に増やすことで住民同士の見守りの機会を増やすことができるのではないかと提案した．

このように，住民同士の見守りによる支援について多くの意見が出されたが，一方で，本事例は変形性膝関節症による膝痛があり，屋内外ともに膝関節に負担が大きい環境で生活している．

そこで，理学療法士は屋内外の環境が膝関節に負担を強いていること，屋内環境の整備と外出時の歩行補助用具の選定の必要性を伝えた．また，体重が増加傾向にあることから，栄養指導の必要性についても提案を行った．

参加者は，環境整備や栄養指導の必要性について同意する一方，洗濯機を替えたことで使い方がわからなくなったことから，大幅に環境を変えることについて心配する意見も出された．

そのため，行政の作業療法士と担当ケアマネジャーが後日事例宅を訪問し，アセスメントした上で必要な生活環境の評価と整備を行うことにした．

本事例を通して，認知症高齢者の困りごとをどのように早期発見するか，服薬管理をどうするかという課題が明らかになった．また，ふれあい生き生きサロン等，住民が集う機会のない地域もあることから，互助機能の低下という課題も認識できた．

6 本事例のまとめ

多職種からの情報提供により，インフォーマルサービスによる支援，中でも住民同士の見守りと支え合いの関係を深めるような提案ができた．

また，インフォーマルサービスに意見が集中する中で，環境整備の必要性について提案を行えた点は，リハ専門職が参加する意義を示すことができたのではないかと考える．

第2章

4 住み替えが必要な地域背景が課題となっている高齢者の事例
~将来の住み替えに備えて2地域居住を提案した事例~

中西智也

会議でのPT・OTの関わりのポイント
- 住み替えを視野に入れ,冬季とそれ以外の季節の居住地を分ける提案をした.
- 膝関節の負担軽減のために,住宅環境の整備と歩行補助用具の必要性,そして栄養指導の必要性を提案した.

1 参加した地域ケア会議の目的

この会議は,居宅介護支援事業所のケアマネジャーが支援に苦慮している事例について,多職種で支援方法を検討するために開催した.

本会議の目的は,高齢夫婦世帯の将来的な住み替えについて,その可能性と課題を明らかにすることである.

2 参加職種

図1は本事例に対する会議の出席者である.

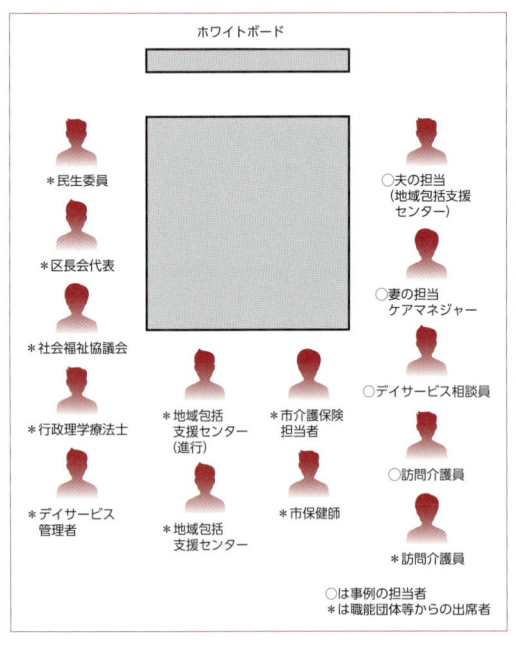

図1:会議参加者

3 事例検討に費やされた時間

今回の事例検討は概ね90分.
その内訳は,下記のとおり.

担当ケアマネジャーからの事例紹介	15分
出席者が本事例に対する理解を深めるための質問	30分
本事例が抱える課題,地域が抱える課題の整理	20分
本事例に対する支援についての提案	15分
地域課題の確認	10分

4 事例提供者からの説明要旨

①事例概要(現病歴,身体機能,生活状況,など)

80歳代の夫婦二人暮し.夫婦ともに農業に従事している.夫は両変形性膝関節症による強い膝痛があり,要支援2.妻は変形性膝関節症・変形性脊椎症による膝・腰部の痛みに加え,著しい円背があり,要介護1.

住宅は築年数70年ほどで,屋内には大きな段差がある.また,自宅周辺には急な坂道が多い.

普段は夫が自動車を運転し,二人で出かけ,畑仕事をしている.近隣にスーパーなど買い物をできる場所はなく,病院も自動車で30分程度の距離にあることから,週1~2回は居住地域外に出かけている.

子供は二人いるがいずれも県外に住居を構え

ており，お盆と年末に帰省する程度で，何か困りごとがあれば近隣者や市外に住む夫の弟夫婦の支援を受けている．

夫婦ともに膝痛や腰痛があるため掃除をするのが困難である．

これまでは夫婦二人で何とか生活していたが，最近では夫婦ともに体力が低下し，畑仕事が難しくなってきている．また，夫婦とも屋内での転倒もみられるようになってきた．そのため，安否確認と掃除を目的に訪問介護を利用している．

さらに，本事例が生活する地域は豪雪地であり，雪囲いをする，屋根の雪下ろしをする等，積雪への対処が必要であるが，今冬はそれらが困難な状況である．

②本人・家族の主訴・希望

夫婦：買い物や受診など困ることは出てくるだろうが，どうすればいいのかわからない．できる限り住み慣れた家で生活したいし，そうするより他に方法がないのではないかと考えている．

家族：ケアマネジャーが家族から直接話を聴く機会はなかったが，夫婦の話では，二人の子供は両親の今後の生活の面倒をみることは考えていないようである．

③事例提供者が抱える課題・問題点

これまでは何とか夫婦で協力して生活してきたが，夫が高齢で，自動車の運転をいつまで続けられるのかわからない．

自動車を運転できないと非常に不便な地域であり，夫婦揃っての畑仕事も徐々に難しくなってきていること，転倒もしていることから住み替えを提案したいと考えているが，適当な住まいが見つからず，今後を見据えた対応に悩みを抱えている．

5 リハ専門職としての着眼点と課題解決に向けた提案内容と議論

担当ケアマネジャーから事例概要の説明を受けた上で，本事例の支援方法について検討を行った．

最初に，住み替えの可能性について検討した．市担当者は事前に市営住宅の入居状況を確認したが，空きはなかった．区長会代表や民生委員からは，当該地域の積雪状況について説明があった．雪囲いや雪下ろしが重労働であり，高齢世帯が多いことから近隣住民に支援を求めることは難しいようであった．また，同じ境遇にある世帯が少なくないという情報が得られた．

社会福祉協議会からは，市から委託された生活支援ハウスについて情報提供があった．本事例は利用要件に該当すること，生活支援ハウスに転居することで積雪への対処が不要になることが明らかになった．しかし，生活支援ハウス自体が古く，要介護2以上になると環境面で生活に支障を来すのではないかという意見だった．妻は要介護1であるため，仮に入居したとしても，更なる住み替えが必要になる可能性があった．また，本事例夫婦はできる限り住み慣れた家で生活することを希望していた．

そこで，住み替えを前提とせず，現住居で生活を継続する方法について検討を行った．ケアマネジャーや訪問介護員からは，訪問介護の利用回数を増やす提案があった．市保健師は，「高齢者見守りネットワーク」事業に協力している移動販売を利用することで見守りが行えるのではないかと提案した．また，デイサービス管理者は，畑仕事が難しくなって閉じこもりにならないようにデイサービスを利用してはどうかと提案した．

理学療法士は，「活動」，「参加」の観点から，夫婦二人が続けられる範囲で畑仕事をすることが大切であること，一方で将来的に住み替えを

せざるを得ないことから，冬季は生活支援ハウスを利用し，それ以外の季節は自宅で過ごす2地域居住を提案した．加えて，現住居内外の環境が膝関節に負担を強いていることから，屋内環境の整備と外出時の歩行補助用具の選定の必要性を伝えた．また，体重が増加傾向にあることから，栄養指導の必要性についても提案を行った．

検討の結果，ケアマネジャーが2地域居住と環境整備について提案することになった．

さらに，住み替えを検討しても適当な物件を確保することが難しいこと，本事例と同じような状況に陥る可能性がある「予備群」が少なからず存在するという地域課題が明らかになった．

6 本事例のまとめ

多職種からの情報提供により，現住居で生活を続けるための支援と住み替えに向けた準備としての2地域居住を提案できた．

しかし，将来的な住み替えのためには環境面に配慮した住宅の確保が課題である．

今後は，豪雪地帯特有の地域課題として，住み替えの準備を行政としても検討していく必要性が確認された．

第2章

5 高次脳機能障害を抱えた独居高齢者の支援事例
～地域包括支援センターの作業療法士としての多方面の視点での関わり～

寺尾朋美

会議での PT・OT の関わりのポイント
- 地域包括支援センターの職員としてリハビリテーション専門職（以下，リハ専門職）が地域ケア会議を招集した．
- 対象者の自宅を訪問し，日常生活における問題点を整理し，環境調整の方法を提案した．

1 参加した地域ケア会議の目的

本稿の会議は，地域包括支援センターに所属している作業療法士が会議の招集等を行っていることが大きな特徴である．会議の目的は，近隣住民や銀行・不動産会社から相談があった事例の今後の健康障害や生活困窮の解決策の検討である．

2 参加職種

本事例に対する会議は2回開催した．**図1**は第1回の参加者であり，第2回はこの中から地域包括支援センター，社会福祉協議会，地域相談センターが出席した．

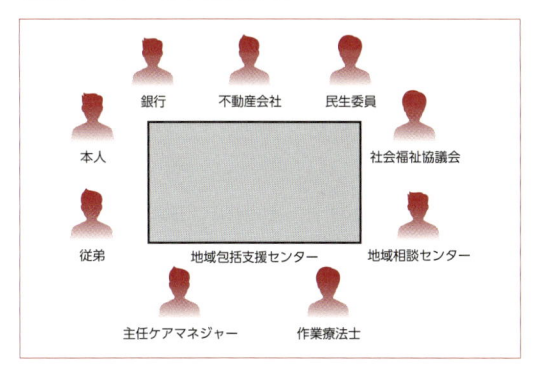

図1：第1回出席者
（地域相談センターとは，身近な相談窓口としてのブランチ型の地域包括支援センターを指す）

3 事例検討に費やされた時間

事例検討時間は1，2回目とも概ね60分．な

お，参加者は事例の基本情報をほぼ把握できていたため，会議では事例の経過報告，課題とその解決のための意見交換に時間を費やすことができた．

4 事例提供者からの説明要旨

①事例概要（現病歴，身体機能，生活状況，など）

集合住宅に一人暮らしをしている60歳代男性．幼少期に母親を亡くし，父親のもとを離れて働きながら定時制高校へ通っていたが，30歳で退職．その後も転々と仕事を変えながら生活していたが，半年ほど前からは仕事も辞め，日中も特にすることがなく毎日を過ごしていた．

結婚歴はなく，10年ほど前から無保険で，受診歴はない．

4月末（1回目の会議の1か月前），銀行から「Aさんが最近，毎日来ている．話のつじつまが合わず対応に困っている」等と社会福祉協議会へ第一報が入り，その後，地域包括支援センターへ連絡が入った．

初回訪問にて数日前に交通事故で救急搬送されたことがわかったが，事故当時の本人の記憶は曖昧で，どのように退院したかも覚えていなかった．後日，親族が病院に問い合わせた内容によると，横断歩道にて車と接触し転倒，脳震とうによる意識消失と打撲で1泊入院して，タ

クシーで帰宅したとのこと．

　貯蓄や所持金はなく，収入は厚生年金（2ヵ月で約10万円）のみ．自宅には，交通事故より少し前からの電話料金や電気代等の督促状が届いていた．親族である叔母や従弟のもとへ金を貸してほしい，と連絡することも最近多くなっていた．

　食事と水分摂取は不十分な様子で，室内は物が多く雑然としており，近隣住民からは本人の生活ぶりについて民生委員や不動産会社へ相談があり，民生委員も対応に苦慮し，社会福祉協議会へ相談していた．

②本人・家族の主訴・希望

本人：お金がないこと以外に特に困っていることはない．

親族：今後の生活の面倒をみることはできない．何とか元の生活に戻ってほしい．

③事例提供者が抱える課題・問題点

　地域包括支援センターの作業療法士は，本事例への支援が行われない状況が続いた場合，健康障害や生活困窮の問題が生じると判断し，地域ケア会議の開催を提案した．

5 リハ専門職としての着眼点と課題解決に向けた提案内容と議論

①第1回会議

　本人や親族より聞き取り確認した内容を簡潔に報告した上で，まずは今後の金銭管理について協議した．本人の生活状況が急に変化していることを親族や不動産会社は疑問に感じ，本人の状態について銀行や社会福祉協議会，民生委員も「若年性認知症」ではないかとの疑いを持っていた．しかし，地域包括支援センターの作業療法士として，生活歴や本人との面接による評価から「高次脳機能障害」を疑い，当面の金銭管理の方法の解決策だけを検討するのではなく，交通事故による何らかの影響について助言し，再受診することを提案した．その結果，

他の参加者からも受診を勧める意見が出たことから，親族が付き添い救急搬送された病院へ後日受診することとなった．なお，受診後に第2回の会議を開催することが申し合わされた．

　また，不動産会社からは「他の住人への影響がなければ，このまま生活してもらって構わない」との意見があり，近隣住民による情報提供があった場合は，不動産会社を経由して地域包括支援センターへ情報が入る仕組みを整えた．さらに，銀行からは「親族や市役所などの公的機関の立ち会いのもと，本人と通帳などの確認ができれば必要な協力はします」との意見があり，一人で銀行を訪れた際の対応や連絡体制を整えた．

　会議の終盤に本人や親族の意向や心境等を確認したところ，本人は無関心な様子であったが，親族は本人の支援を自分だけで抱えなくてもよいという安堵感からか「できることはします」と述べた．後日親族会議を行い，時々ではあるが飲食や日用品の差し入れ，部屋の掃除等の支援を通じて本人の様子を見守る，といった親族の対応の変化も得ることができた．

　第1回の会議から1週間後，作業療法士は受診に同席し，交通事故による影響はないことを確認できたが，糖尿病，脳萎縮，さらには脳梗塞があり，「脳血管性認知症」と診断されたことを確認した．また，医師からは糖尿病の服薬治療が望ましいという指示があった．作業療法士は，本人だけの服薬管理は困難であると判断し，医師と相談の上，社会福祉協議会や地域相談センター等の支援のもとで服薬ができるように1日1回，1錠の処方にしてもらった．

②第2回会議（受診から3日後）

　第1回の会議では関係者がそれぞれの役割分担を整えたが，第2回は本人の具体的な生活支援について介護・福祉の専門職のみで協議した．作業療法士からは食事や水分管理，服薬管理，金銭管理等について，本人が有する能力と

環境面から課題を整理し，人的支援や環境調整の具体的な方法について助言を行うとともに，インフォーマルサービスのみでの支援には限界を感じたため介護保険申請を勧めた．

社会福祉協議会からは民生委員への状況説明や見守り協力の依頼，食事や水分摂取，服薬管理の声かけや見守りを期間限定で可能な提案があり，地域相談センターは，介護申請の手続き支援や担当ケアマネジャーへの引き継ぎを担うこととなった．

また，長期にわたっての親族の経済的支援は困難であり，当面，本人の就労もあまり期待できない状況であると判断し，地域包括支援センターは福祉事務所へ生活保護の受給について相談，調整することとした．

③その後の経過

地域相談センターの付き添いにて親族は介護保険申請を行った．栄養面の維持や生活リズムの獲得を目的に通所介護（週2回）の利用を開始し，本人の身体・精神状態の経過観察を行った．

6月（第2回会議から1ヵ月後）に入り暑い日が続いた．自力で水分摂取ができるように引き続き環境調整も行ってきたが，自ら摂取することは少なく，自室の窓を閉じて生活していることが多かった．さらに，衣服を着ずに外出する，放尿，弄便等の行為がみられるようになり，ケアマネジャーは親族へ現状を報告．親族は地域での生活継続は困難と判断し，施設への入所または精神科病院への入院を希望した．主治医の紹介により精神科病院を受診し，入院治療となった．

入院3ヵ月後，精神科医師からは「高次脳機能障害による機能の低下はあるものの，少しの人的支援があれば集団生活が可能」との判断が出た．一方，「判断力の低下から再び脱水や低栄養のリスクがあるため，一人暮らしは困難」と判断され，在宅生活の復帰は断念した．また，親族も継続的な経済支援は困難であること，本人の就労能力も期待できないことから生活保護を申請し，医療機関と福祉事務所，地域包括支援センターが退院後の生活の場を検討した結果，10ヵ月の入院を経て救護施設での生活となった．

6 本事例のまとめ

今回は，地域包括支援センターに所属する作業療法士が会議内における紙面情報だけでなく，本人と面接，自宅訪問による評価もできたことで本人が有する能力を予測し，環境調整も含めて助言できた．さらに，専門職として，関係した多職種からの相談や調整を実施することができた．また，事例とは疎遠であった親族に，地域で支えてもらえることを知っていただいたことも大きな収穫であった．

このような高次脳機能障害を合併した認知症事例では，リハ専門職以外の多職種から情報収集や行動判断を得ることにより，対象者の全体把握や早期の問題発見につながることが示された．

第2章
6 認認介護事例と認知症の独居など，処遇困難な認知症事例
~認知症のある要介護認定者2人暮らしの支援事例~

寺尾朋美

会議での PT・OT の関わりのポイント
- 夫婦ともに認知機能が低下していることから，異常を発見した時に対応できる環境づくりを提案した．
- 身体機能の改善へ向けて，通所介護における理学療法士の介入目的を明確にした．

1 参加した地域ケア会議の目的

会議は，介護支援専門員（以下，ケアマネジャー）が支援の困難さを地域包括支援センターの主任ケアマネジャーへ相談したことから始まった．今回の会議の目的は，事例の関係者による課題の整理と，対応策を検討することである．

2 参加職種

図1に参加者を示す．

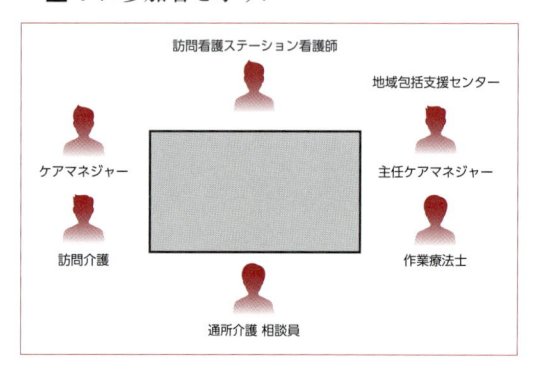

図1：会議参加者

3 事例検討に費やされた時間

事例検討時間は概ね90分．

参加者それぞれが把握している事例の状況等についての情報提供に40分，課題抽出に20分，課題の整理とそれぞれの役割の明確化，対応策の検討に30分が費やされた．

4 事例提供者からの説明要旨

①事例概要（現病歴，身体機能，生活状況，など）

借家にて国民年金のみで生活する80歳代夫婦の事例．実子はなく，夫の妹夫婦は時々様子をみに来るが，事例の夫婦ともに関わることを拒み，妹夫婦も支援ができない状況である．妻の弟は県外在住であり，かつ疎遠である．

夫は高血圧，糖尿病があり，脳梗塞の既往が2回ある．著しい麻痺はない．一日中，横になって過ごしていることが多く，筋力低下から転倒しやすい．通所介護においては手引き歩行にて移動している．

食事は妻が買ってくる物を食べているが，惣菜やパン，寿司等決まったものが多いため栄養バランスに偏りがある．また，菓子類を食べていることも多い．

治療には「受診したくない」，「服薬は必要ない」と消極的であり，受診も不定期であるため体調不良により入退院を繰り返している．服薬も選択飲みしており，血圧も不安定な状態である．

妻は認知症の診断を受けているが，病識はない．室内外の片付けやゴミ出しはできず，物で溢れている．夫や関係者が片づけを促しても怒りだし何もできない．

また，毎日同じものを買いにコンビニへ行く

が，時々道に迷っている様子もある．冷蔵庫の中も物で溢れており，賞味期限の切れた物や腐ったものもある．それを食べて夫婦ともに食中毒となり，入院したこともある．

通帳の紛失もあるため何回か再発行したり，入院費の滞納があったりすることから，適切な金銭管理ができていない様子がある．

②本人・家族の主訴・希望

事例夫婦：特に困っていることはない．

夫の妹夫婦：事例夫婦の生活の心配はしているものの，拒まれて関わることができない．可能な範囲での支援はしたいと思っている．

③事例提供者が抱える課題・問題点

ケアマネジャーは，身体機能の低下がある夫と認知機能の低下がある妻の二人が地域で生活を継続していくために，様々な支援やサービスの活用が必要であると考え提案や調整をしているが，夫婦ともに関わることを強く拒否するため対応に苦慮している．

また，地域住民からは石油ストーブにかかった鍋が焦げたり，洗濯物や周囲の物に引火しないか心配の訴えはあるものの，その対応も事例夫婦が支援を受け入れないためできない．

5 リハ専門職としての着眼点と課題解決に向けた提案内容と議論

会議では，様々な課題を抽出，整理し，実現可能かつ緊急性が高い順に対応策を検討した．

①成年後見人制度の活用（金銭管理）

低所得であることに加え，金銭管理が曖昧，何に使っているか不明なことが多いため，今後在宅生活の継続が困難になることが予想された．

そこで，妹夫婦に成年後見制度および日常生活自立支援事業の紹介をするとともに，活用の推進を夫婦へ提案，説明を行う方針とした．

しかし，作業療法士として妻に病識がないことから拒否することの予測や，制度説明から手続きのどのような場面でどのような支障が出るか，予測できることを具体的に伝えた．そのため，関係者すべてが実現までに相当の時間がかかりそうであることを再確認するとともに，話が二転三転することを最小限に抑える方法を検討する必要があることを認識できた．

②緊急連絡先の確保

訪問看護師は夫の「再発予防」は重要かつ可能な限り対応すべき課題であると判断した．作業療法士も再発により著しい後遺症が残ることが予測されるため，在宅生活を継続するためには「再発予防」の必要があると考えた．

実際，通所介護利用時においても夫の血圧や体調の変化が著しく，職員が対応に迷うことが多いことから，再発のリスクは高く「再発予防」が必要であると会議で判断した．

しかし，会議前に訪問看護師がかかりつけ医に服薬や生活状況を伝えたところ，「再発防止に努める必要はあるが，関係者が関わって生活状況を把握しておくことの方が優先される」と判断していたことが分かった．

夫婦ともに認知機能の低下や様々な拒みがある中で，再発予防の理解や積極的な取り組みがどこまで実現可能であるか，疑問の意見が出始めたため，再発予防の取り組み対策だけではなく，異常を発見した時の緊急連絡先に妹夫婦を位置づけ，早期対応できるような環境に整えることも検討した．

③夫の身体機能の評価と改善（転倒リスクの軽減）

会議の半年前は近隣を散歩することができていたが，1ヵ月前から転倒しそうになることが目立ってきた．作業療法士として，考えられる原因やどのような歩行状態か，どのような場所や状況で転倒するか等を確認したところ，座って過ごすことが多くなった，バランスがあまり良くない，手引き歩行していること以外に不明なことが多かった．また，利用している通所介護の理学療法士の評価や介入の有無について確認したところ，どちらも依頼していなかった．

そこで，次の利用時から理学療法士が介入することを提案し，歩行も含めた身体機能全般の改善を図るとともに，身体変化を早期発見できる機会としてケアマネジャーへの支援計画への位置づけ，通所介護スタッフへの理学療法士の介入目的を明確にすることができた．

④自宅内の環境調整（火の管理，食中毒の予防，衛生管理）

地域住民や関係者が最も対応が必要であると思っていたものの，会議の直前，妻が不在時に夫と相談の上ヘルパーが自宅内の清掃をしたため，緊急度がやや下がった．

妻は短期記憶，見当識の低下等があるため，何も策を講じなければ再度課題として挙がることから，訪問介護の介入や信頼のある地域住民の力を借りて，少しずつ環境調整を行う方針とした．しかし，ここでも妻は支援を頑なに拒むことが予測されるため，時間がかかると関係者は確認した．

6 本事例のまとめ

今回，事例の課題を整理し，対応策を検討する目的のため関係者のみで個別地域ケア会議を実施した．しかし，当事者である夫婦が生活に困っていない，病識が欠落している等の理由から，様々な介入を拒んでいるため関係者の関わりにくさが生じていた．そこで，支援者が考える課題を中心に整理した結果，作業療法士として身体機能面や認知機能面から生じる様々なリスクを考え関係者へ伝えること，リスクを最小限に抑える方法の提案，他職種へリハビリテーション専門職の介入の必要性や具体的な理由の説明を行うこと，さらに対応策として様々な制度があることや地域住民を活用できることの情報を得ておくこと等，幅広い知識と情報を持って出席することが重要であることが示された．

第2章
7 本人が機能回復練習に固執して生活が広がらない脳卒中の事例
～障害福祉担当部署に勤務する理学療法士としての関わり～

諸冨真里

> **会議でのPT・OTの関わりのポイント**
> - 本事例のリハビリテーションとしての目標の再確認の必要性を提案した．
> - 地域での交流活動（社協などが開催する行事など）への参加を促す等，介護保険サービス以外の地域資源の活用を提案した．

1 参加した地域ケア会議の目的

本稿の会議例は，地域包括支援センターがケアマネジメントを行っている事例について，行政の障害福祉担当部署に所属する理学療法士がアドバイザーとして参加していることが大きな特徴である（**図1**）．

2 参加職種

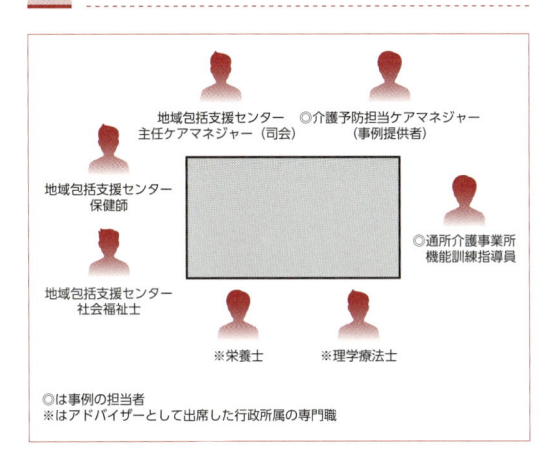

図1：会議参加者

3 事例検討に費やされた時間

事例検討時間は概ね1時間．その内訳は以下のとおりである．

参加者の自己紹介	3分
会議の流れ，目的，個人情報保護に関する説明（司会者）	3分
事例紹介（担当ケアマネジャー）	10分
検討すべき課題の整理，確認（司会者）	3分
サービス提供者からの補足説明	3分
質疑応答	15分
専門職からのアドバイス	5分
本事例についてのまとめ	5分
担当ケアマネジャーの感想	3分
地域課題の検討	5分

なお，会議資料である基本情報（A4，1枚）とアセスメント・課題整理表（A4，1枚）は当日配布され，会議終了後に回収された．

4 事例提供者からの説明要旨

①事例概要（現病歴，身体機能，生活状況，など）

74歳の脳卒中後遺症による右片麻痺の男性．要支援2．

71歳の妻（腰痛あるが介護保険は未申請）と二人暮らし．

2年前に発症し，急性期病院，回復期リハビリテーション病院を経て1年前に在宅生活に

戻った．身体機能は，短下肢装具と一本杖使用にて自宅周辺の平坦な場所であれば歩行可能なレベルであった．

自宅は持ち家で，退院時に住宅改修にて玄関，トイレ，浴室に手摺り設置済み．

ADL は入浴以外は自立レベル．入浴は妻が洗体の一部介助と浴槽の出入りの見守りを行っていた．IADL はできそうな動作はあるが，発症前から全て妻が行っていた．

発症前は図書館通いや美術館めぐりなどが趣味で，定期的に友人と外食に行くなど活動的な生活をしていた．

地域包括支援センターによる介護予防プランにて機能訓練強化型のデイサービスに週2回通っていたが，本人が機能回復練習に固執しているため内容に満足せず，事業所を転々としていた．最近も，本人より「もっとマシーントレーニングが充実している事業所はないか」と相談があった．

②本人・家族の主訴・希望

本人：麻痺がよくならないことをわかっているが，これ以上悪くならないようにデイサービスに通ってリハビリテーションを頑張りたい．

妻　：デイサービス以外はずっと家におり，何もしないでいる姿をみていると，時々ストレスを感じることがある．

③事例提供者が抱える課題・問題点

担当ケアマネジャーは事業所を変える必要性はないと考えていたが，本人に現在の機能をなるべく維持してもらいながら，安全に在宅生活を送ってもらうためにもっといい方法があれば，参加者からアドバイスをもらいたい．

5 リハ専門職としての着眼点と課題解決に向けた提案内容と議論

会議資料や関係者からの報告では把握できなかった事柄について，質問する相手が発言しやすいような雰囲気づくりに配慮しながら以下の内容について確認した．

(理学療法士)

まず，担当ケアマネジャーに対し，退院する際に主治医やリハビリテーション専門職（以下，リハ専門職）からリハビリテーションの内容や今後の在宅生活における注意点についてどのような説明があったか，また，機能訓練強化型デイサービスの利用をケアプランに組み入れた経緯や思いについて補足の情報がないか，確認した．

(担当ケアマネジャー)

病院の理学療法士からは，心身機能の評価結果や練習プログラムの内容について書面による情報提供があり，練習プログラムとして，#1 筋力運動，#2 起立練習，#3 歩行練習，#4 ステップ練習，#5 階段昇降運動，#6 手指練習の記載があった．また，特記事項として，麻痺足の振り出しが不十分でバランスを崩すことがあるので転倒のリスクあり，との記載があったことから，退院後も継続してリハビリテーションを行う必要があると考え，本人，家族の希望にも沿ったところとして，機能訓練強化型のデイサービス利用を勧めたとのことであった．

(理学療法士)

次に，通所介護事業所機能訓練指導員に対して，デイサービスにおける機能回復練習の効果や今後の見込みについてどのような検討がなされているか，また，今回のように退院から時間が経過している事例の場合，医療からの情報収集や連携に苦労するのではないかと思うが，何か工夫していることがあるか尋ねた．

(通所介護事業所機能訓練指導員)

本人の希望を尊重し，下肢の筋力向上を目的としたマシーントレーニングを行っており，定期的に評価も行っているが，現状維持の状態で経過している．事業所内にリハ専門職がいないため，これ以上の対応は困難と感じている．バ

イタルは安定しており，これまでに体調不良を訴えるようなこともなかったため，医療機関とは特に連絡をとったことはないとのことであった．また，事業所を立ち上げて間もないこともあり，地域の医療機関やリハ専門職に対する敷居が高く，医療やリハビリテーションについて気軽に相談できる相手がいないとのことであった．

(理学療法士)

これまでのリハビリテーションやケアマネジメントにより，「心身機能」や「活動」の向上は図られているため，今後はそれらを「参加」に繋げていくためにはどうしたらよいか，具体的に検討してみることを提案した．

図書館通いや美術館めぐり，友人との外食など，以前のような活動的な生活を少しでも取り戻すことこそが本事例のリハビリテーションの大きな目標であり，そのためにはもっと広い視点でのアセスメント（自宅から目的地までの道路の形状，公共交通機関利用の可否，目的地の建物環境など）が必要であることを助言した．

また，障害者団体や社会福祉協議会などが障害者を対象としたバスハイク等を実施していることなどを紹介し，介護保険サービスだけに限らず，地域の様々なネットワークや社会資源についても情報収集し活用することを勧めた．

最後に，地域の医療機関やリハ専門職に対して敷居の高さを感じている点について，「区リハビリテーション連絡協議会」（MEMO参照）の活動内容を紹介し，地域のリハネットワークに関する情報提供を行った．

> **MEMO 区リハビリテーション連絡協議会**
>
> リハ専門職およびリハビリテーションに関心のある保健・医療・福祉関係者が，リハビリテーションに関する情報交換や協議を行うことで職種や施設を越えた連携体制を確立し，地域リハビリテーションの推進を図ることを目的に設置された会．北九州市では「リハビリテーション連携推進事業」の一環として位置づけられており，行政のリハ専門職が事務局を担っている．

6 本事例のまとめ

機能回復練習に固執した事例の個別地域ケア会議において，行政に所属する理学療法士がアドバイザーとして参加した．

会議での意見交換では，事例だけでなく，参加している関係者の中にも"リハビリテーション=機能訓練"というイメージが依然として根強くあることが窺えた．

そうした中，行政に所属する理学療法士が個別地域ケア会議に参加したことで，介護保険サービス以外の社会資源や地域のリハネットワークなど，「参加」の促進に繋がる地域リハビリテーション情報について関係者や他職種に周知することができた．

第2章

8 住環境が原因で生活機能が低下している障害者の事例
～障害福祉担当部署に勤務する理学療法士としての関わり～

諸冨真理

> **会議でのPT・OTの関わりのポイント**
> - 本人の身体機能に基づく住環境調整（踏み台，シャワー椅子，手すりなど）を提案した．
> - 医療機関と連携し，医療情報の整理を行うことを助言した．

1 参加した地域ケア会議の目的

本稿の会議例は，地域包括支援センターに相談があった障害者の事例の地域ケア会議において，行政の障害福祉担当部署に所属する理学療法士がアドバイザーとして参加していたことが大きな特徴である．

2 参加職種（図1）

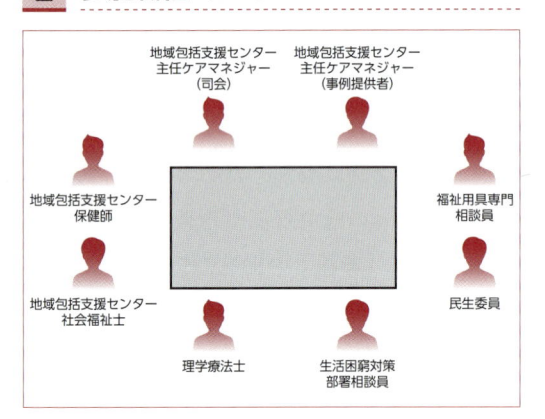

図1：会議参加者

3 事例検討に費やされた時間

事例検討時間は概ね1時間．その内訳は以下のとおりである．

参加者の自己紹介	3分
会議の流れ，目的，個人情報保護に関する説明（司会者）	3分
事例紹介（相談担当ケアマネジャー）	10分
検討すべき課題の整理，確認（司会者）	3分
関係者からの補足説明	3分
質疑応答	15分
専門職からのアドバイス	5分
本事例についてのまとめ	5分
事例提供者の感想	3分
地域課題の検討	5分

4 事例提供者からの説明要旨

①事例概要（現病歴，身体機能，生活状況，など）

56歳女性．夫は認知症にて施設入院中．子どもなし．兄弟姉妹は三人いるが遠方に住んでおり，ほとんどつきあいがない．

若い頃から特発性脊椎側弯症による体幹機能障害があり，身体障害者手帳5級を所持．10年前に脳出血を発症し，右半身に軽度のしびれがあった．

半年前に急に立ち上がれなくなり，総合病院にて脊柱管狭窄症の手術を受け，整形外科専門病院に転院し2ヵ月間リハビリを実施した後，在宅生活となった．

自宅は平屋建ての持ち家であるが，傾斜地に立地しており，道路から玄関まで20段の階段あり．屋内は伝い歩き，屋外は一本杖使用にて何とか歩行可能．性格は大人しく真面目で，あまり多くを語るタイプではない．

退院後，本人があまり外に出ていないことを隣人が心配し，その相談を受けた民生委員の付き添いで地域包括支援センターに来所した．

②本人・家族の主訴・希望

身の回りのことは何とかできているし，家の中に人が入ってくるのは抵抗があるのでホームヘルパー等は利用したくないが，買い物やごみ出しを負担に感じていた．経済的な不安があり将来のことが心配であるが，誰も相談する相手がいなかった．入院中の夫にもしばらく会っていないことも気にかかっていた．

③事例提供者が抱える課題・問題点

脳出血の既往があるため，第2号被保険者として介護保険の申請を行う予定であるが，介護保険サービス以外にも利用できそうな制度やインフォーマルサービスについて参加者から助言をもらい，自立支援のケアプラン作成に役立てたい．

5 リハ専門職としての着眼点と課題解決に向けた提案内容と議論

アドバイザーとして参加した理学療法士は，行政の障害福祉担当部署で日常生活用具給付事業の担当をしているため，地域ケア会議開催前に福祉用具の調整目的で本人宅を訪問する機会があった．今回の会議では住環境や生活状況について補足説明を行うことができた．

また，他の参加者からは経済面や地域特性，インフォーマルサービスについての意見が出された．

(理学療法士)

訪問時は自費で購入したT字杖を使用しており，歩行速度は遅く非常に不安定な歩容であった．脳出血後遺症により右手に軽度のしびれはあるものの，握力や支持性に大きな問題がなかったため，両側に杖を使用することを提案し，障害者の日常生活用具給付制度にてT字杖を支給した．

また，玄関の上がり框が40センチと高く，訪問した際，鍵の開錠に時間を要していた．そのため，踏み台や手摺りの設置について検討する必要があることを伝えた．

さらに，浴室の状況から浴槽には入っていない様子が窺えたため，入浴動作について詳しく状況を確認したところ，浴槽が深く跨げないため退院してからは浴槽に入っていないこと，市販の浴用椅子からの立ち上がりが困難なため浴槽の縁に腰掛けて不安定な状況でシャワー浴を行っていたことがわかったため，シャワーチェア，浴槽台，手摺り設置の検討が必要なことを伝えた．

なお，玄関から道路までの階段については近隣住民との共用部分であり，単独での改修は不可能なため，既に設置されている手摺りや杖を支えに，慎重に昇降するしか方法がないことを伝えた．

最後に，本事例についてのケアマネジメントを行うにあたり，医療機関との連携が不足しており，医療情報の整理ができていないことを問題提起した．

(生活困窮対策部署相談員)

本人の控えめな性格と思うように体を動かせない状況から，障害年金や生命保険の入院給付金の受給要件を満たしているにもかかわらず，申請手続きを行っていないことがわかった．本人の意向を確認し，申請手続きについての助言や書類作成の援助を行った．

(民生委員)

子供がいなかったこともあり，近隣住民とは挨拶程度のつきあいしかなく地域の中で目立つ存在ではないが，今回のように隣人が気にかけ

71

て民生委員に繋ぐなど，住民同士の見守り体制がある地域であるとの報告があった．また，傾斜地に古い住宅が立ち並んでおり，買い物や通院に苦労している高齢者が多いという地域特性があることから，近隣の商店街や大型スーパーでは，一定額以上の購入で自宅まで商品を配達するサービスを行っているなど，地域の社会資源情報について情報提供があった．

（地域包括支援センター社会福祉士）

シルバー人材センターが，「ワンコイン（100円）サービス」でごみ出し支援を行っているとの情報提供があった．

【その後の経過】

要支援2の結果が出て福祉用具購入．住宅改修などの介護保険サービスを利用して玄関，浴室の住環境整備が行われた．また，休憩を挟みながら，両側T字杖使用にて300m先のスーパーまでの往復歩行が可能となり，自分で持てる量の商品を選択した買い物が行えており，重い荷物は配送サービスを活用している．

また，天気の良い日は，バスに乗って夫の見舞いにも行けるようになっている．

障害年金等の受給により経済的な不安が軽減され，将来への前向きな発言がみられるようになってきたことから，今後の日中活動の場として，週に3回程度の送迎サービス付き障害者就労支援施設への通所を検討中である．

6 本事例のまとめ

今回は，退院後に本人の生活機能が低下しつつあることが地域住民の気づきにより地域包括支援センターに繋がり，迅速な介入ができた事例であった．障害福祉部門に所属する理学療法士は，障害福祉制度の利用をきっかけに実際に本人宅を訪問する機会があったため，本人の身体機能や住環境についての具体的な情報提供や助言ができた．

今回のように，多職種や地域住民がそれぞれの持つフォーマル・インフォーマルサービスの情報を互いに共有し，それらのサービスの活用により生活機能の改善が図れたことは，関係者にとっても自立支援のあるべき姿として印象に残る事例となった．

第2章
9 パーキンソン病でサービスの導入に消極的な事例への支援
〜医療機関所属の作業療法士としての関わり〜

牟田博行

会議でのPT・OTの関わりのポイント

- 個人因子と環境因子を整理することの必要性を提案した.
- 事例の希望が反映されていないので,何がしたいのか,どのような改善を望んでいるのか,具体的に聞き出すことを提案した.
- リハビリテーションの目標として,本人が「したい」と思えることを家族に支援してもらいながら行うことを提案した.

---

1 参加した地域ケア会議の目的

この会議は,自立支援に資する関わりを検討するとともに地域資源についての提言や連携機関による関係づくりの一助とすることを目的に開催された.地域包括支援センター管理者が司会となり,担当の介護支援専門員に方策を検討している事例を提供してもらい,その地域に所属する出席希望者が一堂に会して地域ケア会議が開かれた.筆者は回復期リハビリテーション病棟を有する療養病院に所属している作業療法士の立場で会議に出席した.

2 参加職種

本事例に対するケア会議(**図1**)は1回の開催でケアプランや関わりを検討した.会議運営者,担当者,地域ケア会議参加希望者で会議が開催された.

3 事例検討に費やされた時間

事例検討時間は概ね1時間.その内訳は以下のとおりである.

担当ケアマネジャーからの事例紹介	12分
担当保健所保健師から補足	3分
本事例に対しての参加者からの質問	10分
意見交換による現状の評価と課題整理	10分
自立支援に資する対応策の協議	15分
まとめと今後の連携体制の提案	10分

図1:会議参加者

4 事例提供者からの説明要旨

1) 事例概要

a) 現病歴

　60代女性，3年前にパーキンソン病（Parkinson's disease：PD）と診断された．自宅での転倒により腰椎圧迫骨折で3ヵ月間入院，また，パーキンソン病の服薬調整のため2週間の入院を2回した．現在は夫と一戸建てで生活している．一人息子は，車で10分のところに住み，孫が中学生と小学生で，息子家族との関係は良好であった．息子夫婦は共働きのため日中の支援は困難だが，何事にも協力的で週末には孫を連れて度々来訪しており，本人は孫と会うことを楽しみにしていた．夫は技術者として単身赴任の経験もあり，退職してからは夫婦で旅行を楽しむなど，本人がパーキンソン病と診断されてからも，趣味のゴルフや釣りなども時々楽しんでいたがここ1年ほどは控えていた．

b) 心身機能

　本人の性格は社交的で子供が生まれるまでは会社で経理の仕事をしていた．友人も多く，カラオケや茶道を楽しんでいたが，手足の振るえやすくみ足などのパーキンソン症状が現れてからは外出することを極端に嫌い，最近では通院時のみとなっていた．自宅では穏やかで，服薬を守っているが，最近では振戦，固縮，無動，姿勢反射障害などのパーキンソン症状が顕著となった．さらに便秘や発汗過多などの自律神経症状に加え，時々情緒不安定となることもあり，医師からは抑うつ状態に対して新たな服薬を勧められ，夫も不安を感じていた．

c) 生活状況

　自宅では何とかトイレまで歩いているものの，時間がかかり間に合わないこともあった．腰椎圧迫骨折はトイレに行こうとして転倒したことが原因であり，本人も気をつけており夫は遠くから常に見守りをしている状態．入浴に関しては，腰椎圧迫骨折後は夫が一部手伝っており，得意だった料理や家事は夫が主に行っていた．

2) 本人・家族の主訴・希望

本人：夫に色々と手伝ってもらっているのが申し訳ない．
　　　時々，腰が痛み歩きにくい．

家族：色々と不安もあるが，外来で主治医に相談している．
　　　息子夫婦が近くで，困った時には支えてくれるので安心している．
　　　元々，外に出るのがお互い好きだったがこの病気になってから，出ることが減った．

3) 事例提供者が抱える課題・問題点

　保健所の特定疾患医療費申請時に，難病担当の保健師へ相談あり．家族は，現在通院中の大学病院の神経内科医より，具体的な支援について相談するようにと説明を受けたとのこと．保健師より介護保険の申請，要介護認定による介護保険サービスの導入を勧められるが消極的だった．介護認定で要介護1と認定され，担当の介護支援専門員とサービス導入を検討したが，実際には利用しておらず，今回の地域ケア会議の事例として報告された．

5 リハ専門職としての着眼点と課題解決に向けた提案内容と議論

1) 参加者からの意見

a) **介護支援専門員**：夫が介護負担やストレスを感じている可能性がある．訪問介護（ヘルパー）による生活援助で家事の手伝い，生活介護で入浴援助を勧めてはどうか．

b) **通所介護管理者**：通所介護（デイサービス）を勧める．入浴援助や日中の外出を促すことで夫の負担軽減が図れる．元々，社交的なので，通所で利用者とも馴染みの関係を築きやすそう．

c) **訪問看護師**：トイレに間に合っていないよ

うなので，ポータブルトイレの使用を勧める．夜間のトイレなど，安心して眠ることも大事なのでオムツも併用してはどうか．

d) 薬剤師：服薬の調整を行う．本人や夫も社交的なようであるが，通院先の神経内科医に現状をしっかり伝えていない可能性がある．実際の薬の処方内容の確認が必要．

e) 歯科衛生士：パーキンソン病の人では水分のムセも多いので，食事の飲み込みについて問題はないのか確認する．口腔内が不衛生で治療を要する可能性もあり．

f) 訪問理学療法士：通所リハビリテーション（デイケア）での入浴とリハビリテーションを勧める．パーキンソン病ではリハビリテーションによる運動が重要だが，自宅にこもりがちのようなので，外に出る機会を増やした方が良さそう．

2) 療養病院の作業療法士の視点

a) 個人因子の再確認

元々，本人は社交的でカラオケや茶道を楽しんでいたようなので，なぜ外出したくないのか確認する．また，本人の希望があまり紹介されてないので，具体的に何がしたいのか，どんなことであれば改善ができそうか，現在個人的に工夫していることなども直接聞いてみる．抑うつ傾向で，家族に対しての申し訳ない気持ちが強いようなので，通院先の神経内科医からの新たな服薬内容を確認し，必要に応じて心療内科での対応の必要性も考慮する．夫の不安や想いをもう少し詳しく聞いてみると，本人からの理解も得られやすく，具体的なサービスにつながりやすい[1,2]．

b) 環境因子の再確認

パーキンソン病の原因は中脳黒質細胞の変性によるドパミン不足であり，大脳基底核の動きを低下させることが知られており，慣れた動作の無意識的な実行が不十分となる．また，発症初期より高次脳機能障害や運動イメージ障害が疑われる症状も存在するため，環境の変化にうまく適応しにくいことが知られている[3,4]．

自宅の廊下やトイレ，浴室の手すりや福祉用具の利用，転倒箇所の確認，居室の環境をリハ専門職に評価を依頼する．サービス利用もしてないため，布団生活で起き上がりや立ち上がりに難渋しておりトイレに間に合わない，または介助を要している可能性もあるので，実際の生活場面での評価が重要．

c) リハビリテーションの必要性の再確認

進行性の疾患でリハビリテーションによる運動の効果は少ないと思われがちだが，パーキンソン症状である振戦，無動，姿勢反射障害などの運動面の低下から，自宅に閉じこもりがちとなり廃用症候群による筋力や持久力の低下することもあるため，運動は必要である．また，自律神経症状として便秘や発汗過多や起立性低血圧，精神・行動面では抗パーキンソン病薬の長期服用による幻覚・妄想，せん妄や不安，パニックなどの症状，抑うつなども知られていること，睡眠障害や腰痛，認知機能の低下の可能性もあるので，多角的な支援が重要となる[5,6]．

3) 療養病院の作業療法士の課題解決の提案

a) 個人因子に関しての提案

サービスの利用に消極的なので，早急な外出サービスの導入は難しい可能性がある．自宅に介護支援専門員と訪問リハビリテーションスタッフとで評価を目的に再確認に伺うことを提案した．その際，本人と家族の意向をよく聞くこととした．

訪問リハビリのスタッフによる簡単な身体機能面の評価や，実際に動いてもらった上で助言することで，本人の信頼を得られやすく今後のサービスの提案を受け入れやすくなることがある．まずは訪問リハビリテーションによる生活評価，運動面への対応を行い，徐々に外出につなげるよう提案した．

b) 環境因子に関しての提案

生活援助については安易な介入は本人や家族の意識が変わりヘルパー任せになることがあるため，リハビリの目標として本人の役割を増やすための料理や掃除などで本人がしたいと思えることに，家族に支援してもらいながら挑戦することを提案した．自宅環境の調整とリハビリテーションにより安全な生活を目指す．特に早期の手すりやシャワーチェアー，ベッドへの変更で安全に移動ができ，トイレの問題も軽減できる可能性があることを伝えた．

c) リハビリテーションの必要性に関しての提案

外出することや趣味活動を楽しむことでパーキンソン症状が軽減することが報告されていること，単純に楽しむことの重要性を伝えた．息子家族との旅行，友人とのカラオケや茶道によるストレス発散，夫にも趣味である釣りやゴルフの機会を作り，互いに楽しむことで生活に張りができることを提案した．見学を兼ねて夫同席のもと，通所介護や通所リハビリテーションに参加いただくことは意味があるので，このケースの場合は，できることを増やす目的で通所リハビリテーションを勧めることを提案した．

6 本事例のまとめ

その後の経過として，訪問リハビリテーションによる評価を保健所の難病担当の保健師と，担当介護支援専門員とで行い，週1回のリハビリの導入から開始することとなった．訪問リハビリのスタッフと生活の工夫や目標について話を行い，徐々に外出に向けての意欲が高まりつつある状況である．

今回は，回復期リハビリテーション病棟を有する療養病院に所属する作業療法士の立場で参加した．実際の自宅や本人家族の限られた情報での助言であったが，訪問リハビリテーションにつながったことは収穫だった．実際に療養病棟でパーキンソン病をはじめ様々な神経筋疾患に関わっていることや，保健所の難病専門相談の経験を地域ケア会議の議論に生かせたことも効果的だった．個別地域ケア会議においては，自立支援に資するケアマネジメントを立案する目的のため，サービス中心の議論になりやすい．さらに，本人や家族の評価も限られているため，個別の障害特性まで十分把握できないこともあるので，リハ専門職が関わることが議論の充実のためには必要と感じた．

文献

1) 高畑進一，内藤泰男，牟田博行，他：パーキンソン病の生活機能障害．パーキンソン病はこうすれば変わる！．高畑進一，宮口英樹（編），pp2-41，三輪書店，東京，2012
2) 廣西昌也，伊東秀文：長期経過におけるパーキンソン病の困難症状への対応3) 精神症状の合併．J Clin Rehabil．22 (4)：367-370，2013
3) 大槻美佳：パーキンソン病の高次脳機能障害．Med Rehabil．76 (2)：21-29，2007
4) 佐郷谷義明：訪問における神経難病患者への作業療法．OTジャーナル．49 (1)：32-37，2015
5) 近藤智善，横地房子，中馬孝容，他：パーキンソン病とわかったら，ケアスタッフと患者・家族のためのパーキンソン病．眞野行生（編），pp41-88，医歯薬出版，東京，2002
6) 和田直樹：リハビリテーションの進め方．J Clin Rehabil．22 (4)：347-352，2013

第2章

10 筋萎縮性側索硬化症などの神経筋疾患に関わる事例
～医療機関所属の作業療法士としての関わり～

牟田博行

> **会議でのPT・OTの関わりのポイント**
> - 個人因子と環境因子を整理することの必要性を提案した．
> - 本人の「したい」ことを聞き出すことの必要性を提案した．
> - 現在は困ることが少ないと言われるが，妻の不安や思いを聞いてみることにより，具体的なサービスにつなげる可能性を提案した．
> - 自宅の住環境が評価されていないので，評価して，今後の対応を提案した．

1 参加した地域ケア会議の目的

この会議は，自立支援に資する関わりを検討するとともに地域資源についての提言や連携機関による関係づくりの一助とすることを目的に開催された．地域包括支援センター管理者が司会となり，担当の介護支援専門員に方策を検討している事例を提供してもらい，その地域に所属する出席希望者が一堂に会して地域ケア会議が開かれた．筆者は回復期リハビリテーション病棟を有する療養病院に所属している作業療法士の立場で会議に出席した．

2 参加職種

本事例に対するケア会議（**図1**）は1回の開催でケアプランや関わりを検討した．会議運営者，担当者，地域ケア会議参加希望者で会議が開催された．

3 事例検討に費やされた時間

事例検討時間は概ね1時間．その内訳は以下のとおりである．

担当ケアマネジャーからの事例紹介	12分
担当保健所保健師から補足	3分
本事例に対しての参加者からの質問	10分
意見交換による現状の評価と課題整理	10分
自立支援に資する対応策の協議	15分
まとめと今後の連携体制の提案	10分

図1：会議参加者

（会議参加者：□地域包括支援センター管理者（司会），□市高齢介護担当者，○保健所難病担当保健師，○担当介護支援専門員，＊通所介護管理者，＊栄養士，＊薬剤師，＊訪問看護師，＊歯科衛生士，＊訪問介護士，＊訪問理学療法士，＊訪問作業療法士，＊病院作業療法士，＊病院社会福祉士，＊介護支援専門員．□は会議運営者，○は事例の担当者，＊は会議参加希望者）

77

4 事例提供者からの説明要旨

1) 事例概要

a) 現病歴

70代男性，半年前に筋萎縮性側索硬化症（amyotrophic lateral sclerosis：ALS）と診断された．これまでに入院歴はなく今回の疾病による通院のみとなっていた．現在は，妻と二女と集合住宅で生活している．二女は就労しており普段から帰宅は遅く，長女は県外に嫁ぎ夫両親と同居しており，実家に帰省するのは年に数回程度となっていた．

b) 心身機能

本人の性格は内向的でやや社交性に欠ける面があるものの，近所付き合いは妻を中心に夫婦でやり取りしていた．町工場で工具として長年勤めていたが，今回の発症を機に退職し，日中テレビを見て過ごすことが多くなっていた．元来手先が器用で自宅内の家具や電気機器の整備は本人が行っていたものの，手先や肩周囲の上肢の筋力低下が生じてからはできなくなっていた．特に，両肩周囲の筋力低下が著明で衣服の着脱に時間を要し，入浴は妻に背中を洗ってもらっていた．ベッドを利用することでトイレまでの移動や動作は一人で可能だが，最近では下肢に力が入りにくいこともあり本人は転倒に注意していた．通院は妻とタクシーを利用しているものの，病院内はゆっくり独歩することは可能で，車椅子はほとんど使用していなかった．

c) 生活状況

妻は本人と結婚を機に退職し，以後就労はしていなかった．本人，妻ともに趣味はないものの，集合住宅内での自治会や近隣住民との関係は良好で，エレベーターのない2階が自宅のため将来的には引っ越しも考えているものの，長年暮らした生活環境を変えたくないという気持ちが強い．理解面に問題はないものの，病気の進行についての認識は不明であった．本人，妻共に将来的な生活のことを積極的に考えないようにする様子が窺えた．

2) 本人・家族の主訴・希望

本人：手が動きにくいのが困ると言えば困るが，何とかできている．
　　　経済的には不安もある．

妻　：今のところそれほど困ってはいないが，介護認定だけはご近所さんから勧められた．
　　　長女は夫の両親と同居であり，二女は仕事が忙しいため，あまり手伝ってもらうことはできなない．

3) 事例提供者が抱える課題・問題点

介護認定で要支援1と認定され，担当介護支援専門員とサービス調整を検討しているものの本人と妻から具体的なサービス利用の希望がなく実際の利用にまで至っていない状況．担当介護支援専門員より保健所の難病担当の保健師へ相談あり．進行性の疾患ということもあり，今回，個別地域ケア会議の事例として提案された．

5 リハ専門職としての着眼点と課題解決に向けた提案内容と議論

1) 参加者からの意見

a) **介護支援専門員**：訪問介護（ヘルパー）を導入して家事の手伝いや，生活介護で入浴援助を行う．妻も時間が取れて自治会活動やご近所さんとの交流が図れそう．いつも夫婦二人で一緒なので，お互いにもう少し個別に時間をつくることも大事ではないか．

b) **通所介護管理者**：外出の機会と入浴援助を目的に通所介護（デイサービス）を勧める．他者との交流はすぐには難しそうなので，スタッフとの関係を先につくるように対応を検討する．

c) **訪問看護師**：転倒の危険があるので，まずはトイレや廊下への手すりなどの住宅改修を行う．2階への階段も大変そうなので，早急に引っ越し先を検討して勧める．

d）薬剤師：服薬の確認が必要．病気に対しての理解は本当に問題がないのか気になるところ．抑うつなどの症状があれば，心療内科での診察を検討する．

e）歯科衛生士：年齢的にも歯の状態の確認は必要．筋萎縮性側索硬化症なので呼吸に加え，水や食べ物の咀嚼や飲み込みが不自由になりやすいので，必要があれば歯の治療，食事形態の調整を行う．

f）訪問理学療法士：通所リハビリテーション（デイケア）での入浴とリハビリを行う．リハビリをして，もう少し歩きやすくし，手も動かしやすくできれば生活も楽になるのではないか．

2）療養病院の作業療法士の視点

a）個人因子の再確認

本人は内向的でやや社交性に欠ける面もあるものの妻と共に近所付き合いもしているが，最近では日中テレビを見て過ごすことが多くなっており，何か理由があるのかを確認する．また，本人の希望についての情報が少ないので，具体的に何がしたいのか，どんなことであれば改善ができそうか，現在個人的に工夫していることなどがないか聴取する．本人，妻共に現在は困ることが少ないとの認識であるようだが，実際には筋力の低下や住まいの環境などに不安を感じていることが推測されるので，妻の不安や想いももう少し詳しく聞いてみると，本人の理解も得られやすく具体的なサービスにつながりやすい．最近では筋萎縮性側索硬化症の約半数が何らかの認知機能低下を有することや，一部の症例では前頭葉・側頭葉に神経変性を認める前頭側頭型認知症（front temporal dementia：FTD）となることが知られている[1,2]．

b）環境因子の再確認

環境因子に関して，特に自宅の廊下やトイレ，浴室の手すりや福祉用具の利用，転倒箇所の確認，居室の環境をリハ専門職に評価を依頼する．サービスの利用もなく環境面の評価が不足しがちとなることあり．ベッドからの起き上がりや立ち上がりに時間を要している場合もあるので実際の生活場面での評価が重要．筋萎縮などの進行が速い場合も多いので，迅速な対応のために介護保険による貸与での対応を準備する[3,4]．

c）リハビリテーションの必要性の再確認

運動神経が主に障害される疾患の総称である運動ニューロン病（motor neuron disease：MND）の代表的な疾患として筋萎縮性側索硬化症，球脊髄性筋萎縮症，脊髄性筋萎縮症などがあげられる．この中でも比較的進行が速い筋萎縮性側索硬化症はリハビリテーションによる運動の効果が少ないと思われがちだが，末梢神経領域の筋萎縮による運動面の低下から自宅に閉じこもりがちとなり，廃用症候群による筋力や持久力の低下につながりやすいことがあるため，適度な運動は必要である．また，食物の咀嚼や飲み込みなどの嚥下障害に加えて，呼吸や発声などの呼吸障害に注意が必要である．さらに陰性徴候として，疼痛や褥瘡も長期療養になると他の神経筋疾患と同程度で発生することが知られている．移動ができなくなったときのことや，呼吸障害に合わせて人工呼吸器使用による吸引に加え，コミュニケーション障害なども考慮する必要もあり，医学的管理に関して多角的な支援が重要となる[5]．

3）療養病院の作業療法士の課題解決の提案

a）個人因子に関しての提案

サービスに消極的で実際の利用につながっていないので，早急な外出サービスの導入は難しい可能性がある．自宅に介護支援専門員と訪問リハビリテーションスタッフとで評価目的で訪問し再確認に伺うことを提案した．その際，どちらか一方にばかり確認せず，本人と家族の意向をよく聞くこととした．

訪問リハビリテーションスタッフによる身体機能面の評価や，実際に動いてもらった上で助

言することで本人の信頼を得られやすく今後のサービスの提案を受け入れやすくなることがある．まずは訪問リハビリテーションによる生活評価，運動面への対応を行い徐々に外出につなげることを提案した．また，生活援助については安易な介入は本人や家族の意識が変わりヘルパー任せになることがあるため，訪問リハビリテーションにて適度な運動を中心に本人がしたいと思えることを，家族に支援してもらいながら挑戦することを提案した．

b）環境因子に関しての提案

自宅環境の検討は徐々に情報提供していくことが大事で，本人と家族共に引っ越しを伴うような大幅な生活環境の変更には消極的なので，時間をかけて検討することを提案した．

c）リハビリテーションの必要性に関しての提案

自宅内に閉じこもりがちで外出を控えていたので，元来の内向的な性格もあり大勢の利用者が通う通所介護（デイサービス）よりも，運動中心のプログラムのある通所リハビリテーション（デイケア）や通所介護を提案した．

6 本事例のまとめ

その後の経過として，訪問リハビリによる評価を保健所の難病担当の保健師と，担当介護支援専門員とで行うとしたが，すぐの利用にはつながっていなかった．今後も保健師による声かけを続け，本人や家族の意向をくみ取りながら関わりを継続することとなった．

今回は，回復期リハビリテーション病棟を有する療養病院に所属する作業療法士の立場で参加した．実際の自宅や本人・家族の限られた情報の中での助言であったためか，実際の訪問リハビリテーションなどの利用にはつながらなかったので，引き続き経過を確認することが必要と考える．今後は生活の中で困りごとが増えてくると，アドバイスも受け入れやすくなると考えられる．個別地域ケア会議においては，自立支援に資するケアマネジメントを立案する目的のため，サービス中心の議論になりやすい．さらに，本人や家族の評価も限られているため，個別の障害特性まで十分把握できないこともあるので，リハ専門職が関わることが議論の充実のためには必要と感じた．

文献

1) 吉岡耕太郎，笹栗弘貴，横田隆徳：病態と治療の現況，未来．J Clin Rehabil. 25（3）：216-223, 2016
2) 中島 孝：神経難病患者の生活の質評価．OTジャーナル．49（1）：14-19, 2015
3) 高岡 徹，稲澤明香：在宅支援．J Clin Rehabil. 25（3）：251-255, 2016
4) 阿南啓太，北野晃祐，山口良樹：地域一般病院における神経難病患者への作業療法．OTジャーナル．49（1）：20-25, 2015
5) 荻野恵美子，中西浩司，鈴木良和，他：運動ニューロン病．総合リハ．42（6）：507-513, 2014

第2章
11 生活保護を受給しながら一人暮らしをしている40歳代片麻痺男性の事例
～活動・参加の視点と多職種連携により,いきいきとした生活を支援するには～

逢坂伸子

会議でのPT・OTの関わりのポイント
- サービス提供者と事例同席によるサービス担当者会議の開催を提案した.
- 地域課題の解決に向け生活機能評価に関する勉強会の開催を提案した.
- 地域サービスの見学と自主グループへの参加を提案した.

1 参加した地域ケア会議の目的

この地域ケア会議は,個別の事例検討を通して地域の課題を抽出し,新たなしくみを構築することを目的とするシステム検討の手法を用いていることが特徴である.本事例では,経済的生活困窮者が利用する生活保護制度と障害者制度,介護保険制度の3つの制度の担当者の連携とサービス調整という地域課題について,事例を通して浮き彫りにすることを目的としている.

2 参加職種

本会議(**図1**)は,運営委員会と地域ケア会議実務担当者会議の2段階方式となっている.

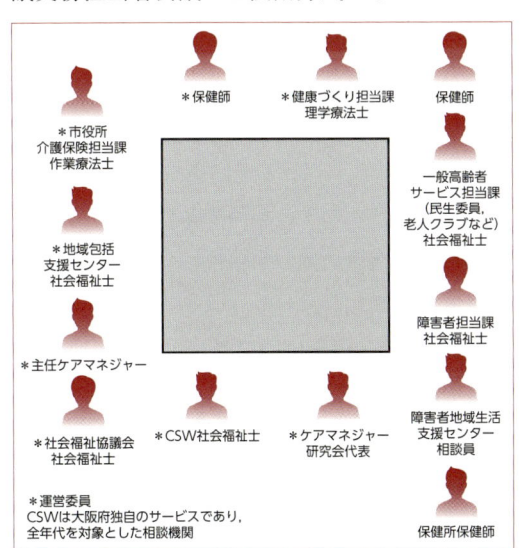

図1:参加職種

3 事例検討に費やされた時間

事例検討会に出される事例について,事前に運営委員会で不足情報や表現方法を修正し,検討ポイントを絞る作業を行っている.事例検討会は120分間.

運営委員が事例検討の際のグループ討議のファシリテーターとなる.

事例検討時間は概ね90分間.その内訳は以下のとおりである.

司会者から事例検討のルール説明	3分
司会者から事例発表者の紹介と事例の検討ポイント説明	3分
事例発表者から事例紹介	10分
事例に関与している他機関出席者からの補足	5分
本事例に対しての出席者からの質問	10分
本事例に関してのグループ討議(個別課題と地域課題の双方について議論する)	20分
各グループからの発表	3分×グループ数
事例発表者からの発言	3分
司会者による事例検討会のまとめ	3分

4 事例提供者からの説明要旨

①事例概要(現病歴,身体機能,生活状況,など)

脳梗塞,左片麻痺の40歳代の男性.うつの

精神疾患と高次脳機能障害あり．身体障害者手帳1級，精神障害者保険福祉手帳．生活保護受給者．一人暮らし．両親は他界にて身寄りなし．

近隣市にある一般病院からの退院時に本市に転入．両親の介護で近隣市に居住中に生活保護を受給，現在は本市の生活保護を受給している．

退院前に入院中の病院の理学療法士から住宅改造の相談が入り，市の理学療法士の関与が始まった．市の理学療法士は，入院中の事例の身体機能の評価と院内カンファレンス，転居先住居の住環境の確認の後，住宅改造へのプラン提案を行い，改造後に退院，転入となった．本市に住民登録をしてから生活保護の手続きが始まることから，退院後約1ヵ月の間は生活保護を受けられず，家事援助などのサービスは介護保険制度を利用することとなった．その際のサービスは介護保険制度のヘルパーサービスと通所リハビリテーションであった．生活保護受給開始以降は，障害者制度のヘルパーサービスに変更となった．通所リハビリテーションは障害者制度にはないため，そのまま介護保険制度のサービスで継続となっている．

②本人・家族の主訴・希望
本人：自分でできることは，できるだけ自分でやりたい．

③事例提供者が抱える課題・問題点
事例提供者は本事例の担当ケアマネジャー．事例は40歳代と若く，介護保険制度の通所リハビリテーションだけでいいのか，高次脳機能障害やうつへの対応を含め，事例への支援のあり方について悩んでいた．また，事例には生活保護のケースワーカー，障害者制度のケースワーカーも関与しており，それぞれの支援の方向性を誰がキーとなってマネジメントするべきなのか，悩んでいた．

5 リハ専門職としての着眼点と課題解決に向けた提案内容と議論

a. IADL向上へのアプローチについて

地域ケア会議では，介護保険制度の通所リハビリテーションの担当作業療法士は，事例が利用している障害者制度の訪問介護サービスの内容の確認や事例の自宅内の住環境，IADL，高次脳機能障害の評価をしていなかったことがわかった．リハビリテーション専門職（以下，リハ専門職）からの意見として，市の理学療法士からは，ケアマネジャー，障害者制度のケースワーカー，生活保護担当ケースワーカー，通所リハビリテーション事業所，ヘルパーサービス事業所を一堂に集めて，事例同席のもとで自宅にてサービス担当者会議をすることを提案した．そこで，通所リハビリテーションのリハ専門職は自宅の生活環境，ヘルパーの支援内容，本人のIADLの評価を行い，以降の事例の自立支援に向けたリハビリテーション計画を立てることとなった．

地域課題としては，通所リハビリテーションのリハ専門職は自宅の生活環境や，他制度であっても利用者へのサービス内容を確認の上，通所リハビリテーションの計画を立てるという認識が薄く，また，ケアマネジャーも同様であることが抽出された．

この課題に対して市の理学療法士からは，この地域課題について地域全体の通所だけでなく，訪問を含めたリハ専門職とケアマネジャー向けの生活機能評価の重要性についての勉強会の開催を提案した．

b. 移動手段・外出について

事例の外出先は，通所リハビリテーションとガイドヘルパー利用による精神科への通院のみとなっていた．外出先の候補について，市の理学療法士から買い物体験，リハビリテーションの自主グループ，地域の体操グループ，作業

所，自立支援センター，地域活動支援センターの見学などを提案した．

c．見守りについて

個別地域ケア会議では，うつと高次脳機能障害があり一人暮らしであることから，見守りについての課題が出された．見守りについては，地域担当の民生委員に依頼済みではあったが，担当民生委員からは「一人では，負担が大きい」という声が出ていた．この見守りについて，市の理学療法士から，自宅から車椅子でも3分程度で通える集会所で週1回開催されている地域の体操グループへの参加，また，自宅からは少し離れているがガイドヘルパー利用により通えるリハビリテーションの自主グループに通うことで，日中の見守りの目が入ることを提案した．また，地域の体操グループの参加者は事例の近所の住民たちであることから，通いの場に行っている時間外にも普段からの見守りの目が生まれることを提案した．

d．うつ，高次脳機能障害について

地域ケア会議では，ケアマネジャーをはじめ，事例の担当者はいずれも福祉系の専門職であるため，うつや高次脳機能障害の症状や対応については不安に思っていることが課題となった．これに対し，市の作業療法士から訪問看護の導入を提案するとともに，サービス担当者会議に事例の精神疾患の主治医の同席を提案した．主治医の同席が困難な場合には，事例の症状，対応方法，リスクなどについて確認した上で，事例の支援者，サービス提供者が共通した対応をできるようにすることを提案した．

地域課題としては，介護保険も障害者制度も福祉系の支援者が多いことから，精神疾患や高次脳機能障害についての認識不足が抽出された．市の作業療法士から，これらについての研修会を保健所精神科医の協力のもとで開催することを提案した．

6 本事例のまとめ

本事例は，後日，市の理学療法士が障害者制度担当ケースワーカーと一緒に自宅を訪問して通いの場について提案し，希望する外出の場の見学には市の理学療法士と障害者制度担当ケースワーカーが分担して付き添うこととなった．

本事例では，生活機能評価の重要性やうつ，高次脳機能障害への対応方法，インフォーマルサービス，地域の見守りなど，多くの個別課題，地域課題が抽出された．市のリハ専門職はこれらすべてに関与することが可能であり，リハ専門職による直接的な関与以外にも，研修会などを通じた間接的関与も可能である．この地域ケア会議では，市のリハ専門職の役割を障害者，高齢者に関与する多くの機関，職種に周知する機会となった．

> **MEMO　通いの場とは？**
>
> 介護予防を目的とする市オリジナル健康体操を地域住民が主体的に開催・運営している場のこと．
>
> 市内100箇所ほどで，週1回開催されている．

第2章
12 知的障害者の長男と同居する下腿切断の60歳代男性の事例
~複数の制度の利用調整と自立支援の視点から~

逢坂伸子

> **会議でのPT・OTの関わりのポイント**
> - 事例と長男のIADLの評価の重要性を指摘し,必要なIADLトレーニングを提案した.
> - 地域課題として見出されたケアマネジャーと障害者地域支援センターの両者の情報不足や知識不足に対して,リハ専門職として橋渡しと勉強会を提案した.
> - 障害者リハビリテーションの自主グループへの参加を提案した.

1 参加した地域ケア会議の目的

この地域ケア会議は,個別の事例検討を通して地域の課題を抽出し,新たなしくみを構築することを目的とするシステム検討の手法を用いていることが特徴である.本事例では,障害者の相談機関と高齢者の相談機関の連携の課題について,事例を通して浮き彫りにすること目的としている.

2 参加職種

本会議(**図1**)は,運営委員会と地域ケア会議実務担当者会議の2段階方式となっている.

3 事例検討に費やされた時間

事例検討会に出される事例について,事前に運営委員会で不足情報や表現方法を修正し,検討ポイントを絞る作業を行っている.事例検討会は120分間.

運営委員が事例検討の際のグループ討議のファシリテーターとなる.

事例検討時間は概ね90分間.その内訳は以下のとおりである.

司会者から事例検討のルール説明	3分
司会者から事例発表者の紹介と事例の検討ポイント説明	3分
事例発表者から事例紹介	10分
事例に関与している他機関出席者からの補足	5分
本事例に対しての出席者からの質問	10分
本事例に関してのグループ討議(個別課題と地域課題の双方について議論する)	20分
各グループからの発表	3分×グループ数
事例発表者からの発言	3分
司会者による事例検討会のまとめ	3分

図1:参加職種

4 事例提供者からの説明要旨

①事例概要(現病歴,身体機能,生活状況,など)

3層住宅に知的障害の30歳代の長男と二人暮らしをしている60歳代男性.糖尿病による右下腿切断.現在,下腿切断手術後のリハビリテーションのため入院中.屋内外とも車椅子移動.妻は事例が入院する直前に他界.市内に長女,近隣市に二女が住んでいる.

家事全般は亡くなった妻が行っていた.妻が亡くなった後は二人の娘が交代で実家に戻り,家事を行っていた.事例となっている本人が下腿切断のために入院したことをきっかけに,長男の支援に障害者地域生活相談支援センターが関与することとなった.

本人は,入院前は車を運転して,長男が働くパチンコ店でパチンコをするのが日課となっていた.嗜好品はビール,たばこであったが,入院中は禁酒,禁煙は守られていた.

②本人・家族の主訴・希望

本人:家で動きやすいように改造してほしい.退院後には,またパチンコに行きたい.

長男:食事や洗濯,掃除など身の回りのことは自分でできるようになりたい.お父さんの世話もしたい.仕事は続けたい.

長女:妊娠中であり上の子もまだ小さいので,父と弟には二人で生活していけるようになってほしい.

二女:時々,様子をみに行く程度ならできる.父がまたビールを飲んでしまわないか心配.

③事例提供者が抱える課題・問題点

事例提供者は事例を担当しているケアマネジャーである.ケアマネジャーは介護保険制度によるサービス以外は知識や情報に乏しく,事例の長男への障害者制度の適用,また,医療面ではアルコール制限を守れるのか,糖尿病のコントロールを含めて精神的・内科的知識の不足に対して不安を抱えていた.それ以外にも,本人の退院に向けての住宅改造,外出先のパチンコ店への関わり方にも悩んでいた.

5 リハ専門職としての着眼点と課題解決に向けた提案内容と議論

a. 住宅改造について

住宅改造については地域ケア会議の前に既に対応が進んでおり,市の理学療法士が事例の入院先の病院で担当医師,看護師,MSW,リハビリテーション専門職(以下,リハ専門職),本人,長女,二女,障害者地域相談支援センター,ケアマネジャーを交えた院内カンファレンスに参加した.また,自宅の住環境を確認のもと,必要な住宅改造プランの提案とともに住宅改造に使える制度の利用方法についての説明を行った.

b. 移動手段について

退院後の現在は屋内車椅子移動レベルとなっているが,定期的な移動能力の評価と適切な移動方法の助言を市の理学療法士が行っていくこととなった.

c. 外出について

院内カンファレンス時に,病院のリハ専門職の提案にはなかった電動車椅子での外出,入院前に通っていたパチンコ店までの経路の安全確認を市の理学療法士が行うこととなった.

d. 家事動作などIADLについて

個別地域ケア会議では,買い物,洗濯,掃除,調理などの家事全般について,長男が利用する障害者制度による訪問介護サービス,本人が利用する介護保険制度による訪問介護サービスをどのように分担するかの議論が行われた.その際に,市の作業療法士からは長男,本人の家事動作をはじめとするIADLの評価を行い,必要に応じたIADLのトレーニングと使いやすい道具や調理場や洗濯場の環境設定についての提案を行った.また,IADLのトレーニングができる教室の紹介も行った.

e. 介護保険制度と障害者制度，それ以外の サービスのコーディネートについて

　個別地域ケア会議では，障害者制度の知識・情報が乏しいケアマネジャー，反対に介護保険制度に精通していない障害者地域生活支援センターの相談員の双方に，情報と知識が不足しているという地域課題が抽出された．この地域課題に対し，双方から相談を受けている市のリハ専門職が双方の支援機関の橋渡し役を担うとともに，それぞれに介護保険制度と障害者制度，それ以外のサービスについての勉強会を行うことを提案した．

　また，インフォーマルサービスとして，市内の障害者のリハビリテーションの自主グループへの参加を提案した．

6 本事例のまとめ

　本事例は，現在，屋内は固定式歩行器での移動，屋外は電動車椅子で移動し，パチンコ店や買い物，リハビリテーションの自主グループにも行けるようになっている．調理も，長男と一緒に障害者地域生活支援センターで調理方法やレシピを習い，今では簡単なものは長男と交代制で調理を行っている．洗濯や掃除も，長男と分担して行えるようになっている．

　本事例のように，家族に障害者と要介護高齢者がいる場合，複数の制度，複数の相談機関が関与することとなる．それぞれの相談機関は，自分の担当とする制度に関しては精通しているものの，それ以外の制度に精通しているとまでは言い難い．市のリハ専門職は双方の制度に精通しており，また，障害者と要介護高齢者の双方の支援に関わることから，それぞれへの関わり方や制度の優先順位，利用方法などのアドバイスができたことで制度間，支援者間の調整役となれた．また，個別地域ケア会議にリハ専門職が出席することで，移動やIADLの能力についての自立支援の視点が他職種にも生まれ始めている．

第2章
13 住民主体の介護予防への取り組み 1
住民主体による地域づくり型介護予防事業〜いんざい健康ちょきん運動〜

小塚典子

1 自治体の概要

　本市は，東京都心から約40キロメートル，成田国際空港から約15キロメートルに位置し，北は利根川を隔てて茨城県に接しており，田畑が約4割，山林が約2割，宅地が約1割と自然環境が多く残されている地域である．宅地は，JR成田線沿線の既成市街地や千葉ニュータウンを中心に，市街化が進んでいる．

市内医療機関　医科40箇所，歯科37箇所
人口（2016年4月1日現在）　　　95,185人
高齢化率　　　　　　　　　　　　20.6%
日常生活圏域数　　　　　　　　　4圏域
（第6期印西市高齢者福祉計画及び介護保険事業計画期間中に5圏域に移行予定）
地域包括支援センター数　　　　　3箇所
（第6期印西市高齢者福祉計画及び介護保険事業計画期間中に各圏域に設置予定）

2 事業内容

a. 経緯

　平成18年度から開始された介護予防事業（参考：**図1**）[1]は，様々な問題点や課題を含んでいたため，見直す必要があった．中でも，厚生労働省としては二次予防事業への参加目標を高齢者人口の5%として取り組んできたが，平成23年度の実績は全国平均で0.8%に留まり，

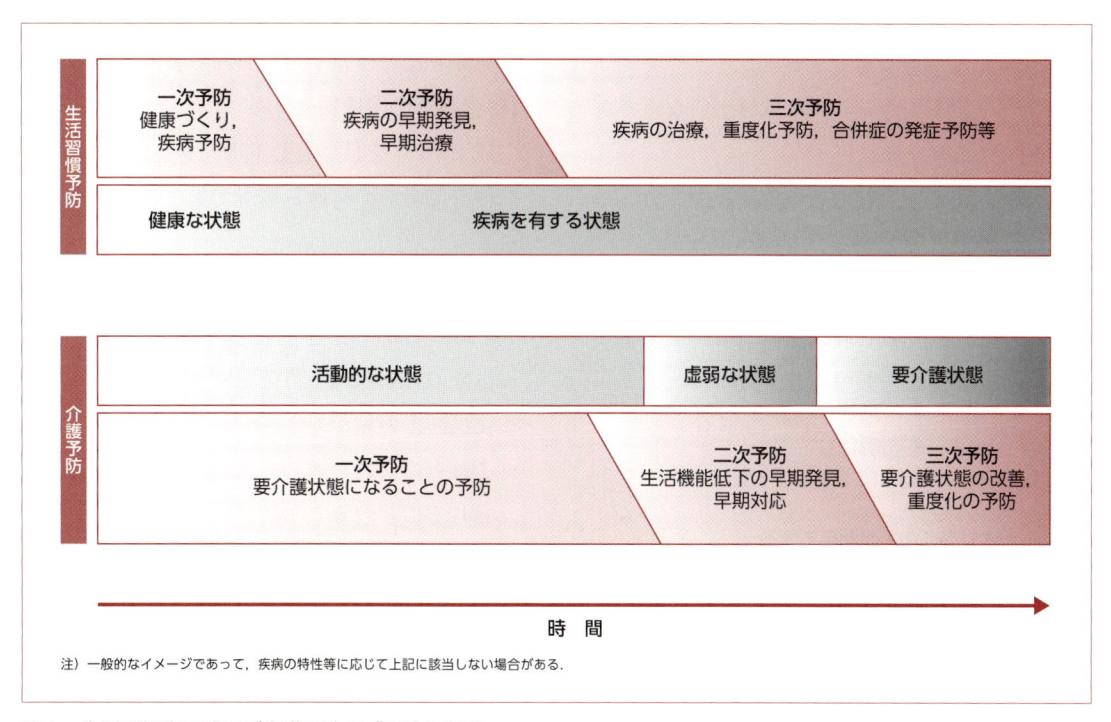

図1：生活習慣病予防及び介護予防の「予防」段階

「鈴木隆雄，他・介護予防マニュアル改訂委員会：介護予防マニュアル改訂版 平成24年3月［internet］, http://www.mhlw.go.jp/topics/2009/05/dl/tp0501-1_1.pdf [accessed 2015-12-24], p2, 厚生労働省，2012」より引用

b. これまでの印西市の介護予防事業の課題

　高齢者が可能な限り自立した日常生活を送り続けていけるような地域づくりの視点が重要である．これまでの介護予防事業の問題点・課題を以下に表す．

介護予防事業での問題点	介護予防事業での課題
・事業利用者の実績不良	・費用対効果
・参加手段（交通手段の確保）	・参加手段（交通手段の確保）
・利用者の定員がある	・より多くの人が利用できる
・ADL改善や向上，行動変容につながりがたい	・参加者の対象年齢（介護予防は65歳以前から必要）
・参加者の依存度が高い	・高齢者増加による公的サポートの限界
	・参加者の依存度が高い

　上記の問題点，課題解決，また，超高齢社会に向けた地域包括ケアシステムの構築には，地域力の活性化，強化が必要であることから，住民主体の介護予防に取り組んだ．

【問題点・課題の改善に向けた理想の方向性】
・歩いて行ける場所での実施
・より多くの人が参加できる
・サポートする人がいる（市職員がいなくても実施できる）
・サポートする人，参加者の負担が少ない（やることが決まっている）

以上の4点を基本に事業実施方法を模索していた際に高知県高知市と岡山県津山市の事業を知り，それを参考に事業づくりを行った．

> 高知市：「いきいき百歳体操」
> 津山市：「めざせ元気!!こけないからだ講座」
> 　・より多くの人が利用できる
> 　・歩いて行ける場所（地域集会所など）
> 　・住民主体
> 　・地域づくりができる（地区診断も!!）

↓

印西市：「いんざい健康ちょきん運動」
　健康づくり・地域づくりに関心のある地域住民が主体となり，歩いて行ける場所で心身機能の維持改善や仲間づくり，地域づくりを目的に，住み慣れた地域で自主活動としておもりを使った運動を行うもの．

　住民主体の事業実施については行政が進めるのではなく，住民が「実施したい」と能動的に取り組む動きを待つことが重要である．

c. 事業運営

　会場は地域集会所など，自宅から歩いて行ける場所を基本としている．

　地区リーダーやサポーターが中心的な役割を自発的に担い，参加者は自主来所，家族との来所などそれぞれのスタイルで自己管理を基本に参加している．認知症の方や障害のある方などの参加もあり，対象者を限定することがない．

　会場設定，準備体操・ちょきん運動・整理体操の進め役，片づけなどは参加者が全員で行う．市の担当者等は定期的な体力テスト，講座，不足物品の補充などで途切れることなく関わっている．

　参加者それぞれができる役割を担い，声掛けや見守りなどが自ずと行われるようになる．

【事業運営の目標】
　以下，5点を目標とし本事業を運営している．
・自分で歩いて行ける場所で集まることができる
・みんなで集まって，楽しく過ごして，元気でいることができる
・自分の存在意義を再確認できる
・住民同士の輪ができ，つながっていく
・これらの活動を通して，自分の変化を自分で感じることができ，仲間にも伝わる

また，地域における見守り・支えの社会基盤は友人・近隣・地域支援者であると考え，住み慣れた地域に暮らす住民自身が地域力を高めると考えて実施している．

【こんなことを考えています】
・筋力をつけて，日常生活がさらに楽しくなる

ための運動を行う
- 運動の種類は，自分で重さを調整できるおもりをつけて行う，誰にでもできる簡単な運動である

【目標達成のカギ】

高齢者は，身体機能が右肩下がりに低下することや，様々なものを失い，悪化していく喪失感を体験していくことが多いが，体力づくり（筋力トレーニング）を行うことで能力の再獲得を自覚し，右肩上がりの体験を再度経験することができる．

参加者が主体的に参加意欲を持ち，生活目標や生活変化を意識しながら教室に参加することができる．

地域密着型の事業展開は，前期高齢者を含む地域全体が主体的に後期高齢者を支える仕組みづくりができる．

《筋力運動の目的》

筋力運動教室では，0kg～1.2kgまで段階的に負荷を調整できるおもりを手足につけて6種類の運動を行い，筋力やバランス能力の向上を図り，日常生活動作能力の維持・向上を目標としている．

また，集まった仲間と交流することや運動をすることで，毎日を楽しく過ごすことができることが健康づくりや維持に重要であると考えている．

【体操の実施方法】

♪歌を歌いながらおもりをつけて身体を動かします

最初はおもりがない状態から徐々に1本→2本と増やしていきます．

《進め方》

1. 筋力運動は1週間に1回，会場に集まるプログラムに沿って職員が当初指導するが，徐々にサポーターを主として参加者が運営をする．
2. 運動はまず3ヵ月実施し，実施前後の各々の時点で体力測定を実施する（職員が実施）（バイタル測定記録，おもり増減記録を自分で行うことで，自己管理と変化を自覚することができる）
3. 3ヵ月の運動が終了した時点で，グループが今後の運動を継続して実施するか否かを判断する
4. 市からの貸与
   ①おもりとバンド　②CD　③歌詞カード　④記録冊子
5. 地域での準備
   ①いす　②血圧計　③CDデッキ

いんざい健康ちょきん運動スケジュール

	内　要	スタッフ	サポーター
	筋力運動 説明会	市職員	
1週目	事前評価 (体力測定)	市職員	
2週目	運動　1回目	市職員	2名
3週目	運動　2回目	(市職員)	2名
4週目	運動　3回目	(市職員)	2名（1名）
5週目	運動　4回目		(2名)
6週目	運動　5回目		(1名)
7週目	運動　6回目		
8週目	運動　7回目		
9週目	運動　8回目		
10週目	運動　9回目		
11週目	運動10回目		
12週目	運動11回目		
13週目	運動12回目		
14週目 （3ヵ月後）	事後評価 (体力測定)	市職員	運動継続の意思確認
9ヵ月後 運動開始6ヵ月	事後評価(体力測定) 口腔機能講座	市職員	
1年3ヵ月後 運動開始1年	事後評価(体力測定) 認知症講座	市職員	
1年9ヵ月後 運動開始1年半	事後評価(体力測定) 栄養講座	市職員	

歌を歌いながら
♪　6種類の筋力運動を行います．
♪　筋力運動は本人が楽に感じる程度の負荷を目安に10回を限度に繰り返して行います．
♪　筋力運動は4秒かけておもりを上げ，4秒かけておもりを下ろします．

（立ち座り運動は8秒かけて立ち，8秒かけて座ります）

♪　おもりは0kgから1.2kgまで0.2kg単位で6段階に調整可能な重錘バンドを利用し，各体操終了後にご本人の主観により次回の負荷を増減します．
　　・楽ならば次回0.2kg負荷を増やす
　　・普通ならば次回も同じ負荷で行う
　　・きついならば次回0.2kg負荷を減らす

いんザイ君©2011 印西市

| 第1の運動　腕を前に上げる（肩関節屈曲）　　♪花 |

- ゆっくりと腕を肩の高さまで上げます．
- 4秒かけてゆっくりと上げ，4秒かけてゆっくりと下ろします．

| 第2の運動　腕を横に上げる（肩関節外転）　　♪われは海の子 |

- ゆっくりと腕を肩の高さまで横に上げます．
- 4秒かけてゆっくりと上げ，4秒かけてゆっくりと下ろします．

| 第3の運動　椅子からの立ち上がり　　♪ふじの山 |

- 8秒かけてゆっくりと立ち上がり，8秒かけてゆっくりと座ります．胸の前で腕を組み，背もたれにもたれた姿勢から始めます．
- 下肢の筋力が弱く立ちにくい場合は，前のテーブルに手をついたり，膝上に手を置いて立ち上がりの補助をしてもかまいません．

＊5回を2セット（計10回）行います．

| 第4の運動　膝を伸ばす運動　（膝関節伸展）　　♪茶摘み |

- ゆっくりと膝を最後まで伸ばします．
- 同時に指先をしっかり起こすように上げます．
- 4秒かけてゆっくりと上げ，4秒かけてゆっくりと下ろします．

第5の運動　足を後ろに上げる運動（股関節伸展）　♪かたつむり

- ゆっくりと脚を後ろに上げます（30cmほど）．
- 4秒かけてゆっくりと上げ，4秒かけてゆっくりと下ろします．

第6の運動　脚の横上げ運動（股関節外転）　♪七つの子

- ゆっくりと脚を横に上げます．
- 4秒かけてゆっくりと上げ，4秒かけてゆっくりと下ろします．

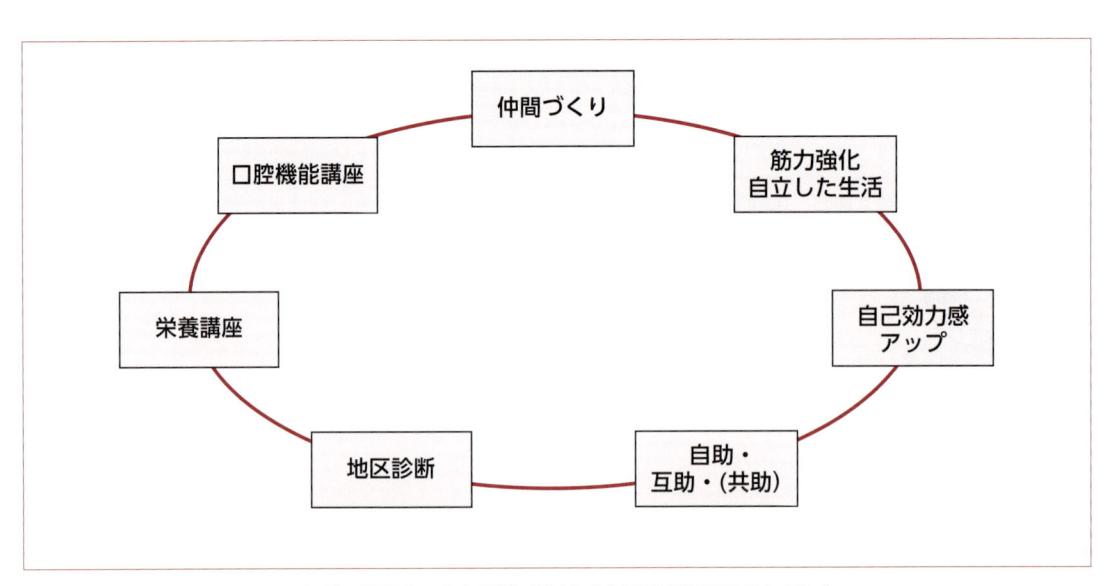

いんざい健康ちょきん運動【地域づくり型介護予防のねらい】

「いんざい健康ちょきん運動」効果

体力測定［初回時と3ヵ月後の変化］

- 握　　力：有意に改善
- 長座体前屈：有意に改善
- 健康度自己評価：改善・不変7割

実施地域の変化

［個人］
- 地下鉄の階段の昇り降りが楽になった．
- エレベーターの無い集合住宅の5階自宅まで，休まずに昇れるようになった．
- 立ち上がりが楽になった．
- 大病の手術後，掃除機や出掛ける際のカバンを持つことができなかったが，持つことができるようになった．
- 生活のよりどころになった．
- 別日に家で何人かで集まり，週にもう1回運動をしている．

［グループ］
- ラジオ体操や，認知症予防などの独自の内容を自発的に実施している．
- 運動の合間の休憩に会話時間を設けたところ，情報交換などができ，有意義な時間になっている．
- 茶話会や軽食会，忘年会などの活動も実施している地域も増えてきている．

3 取り組みのポイント

　事業づくりのプロセスはケース評価，治療プログラムの作成と同様であり，課題を捉え，改善のための取り組みを検討し，プログラムを計画・実施していく．

　そのためにPTとしての視点や考え方を，様々な点で活用していくことが重要と考える．

　また，住民が継続したいと思えるようなサポーター養成を行い，役割づくりをする．地域交流の機会をつくるなどのポイントづくりも重要である．

　地域づくりをしながら住民主体で事業を行うには，市職員，住民が目標を共通のものとして一体となり進めていくことが必要である．そのため，事業実施のための住民説明会（自治会や茶話会などのコミュニティー活動対象）では，いんざい健康ちょきん運動スケジュール（p.90）のように，住民が視覚的にわかりやすく共感できるような資料作りをした．

いんざい健康ちょきん運動コンセプト
《目指すもの》

1. 筋力運動を行うことで筋力をつけ，運動機能の維持・向上を図り，日常生活動作をらくらくと行い，日々の生活を楽しむことができる体を手に入れます．
2. 印西市の住民が住み慣れた地域で，いつまでも顔なじみの人たちとの生活を維持することができる，「活気と団結力のある地域のつながりが強いまち」をつくります．

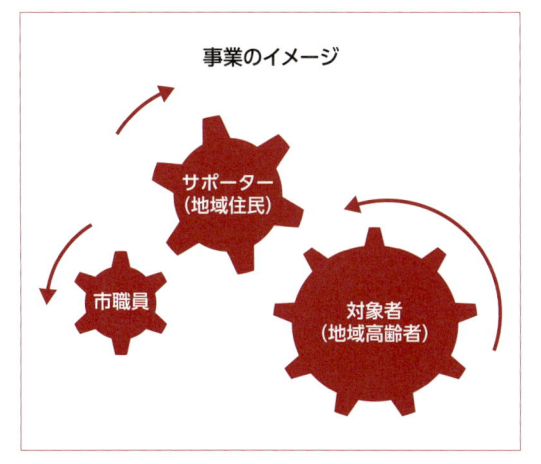

事業のイメージ

4 展望と課題

a. 展望

様々な立場の組織が連携し，自助・互助の理念が浸透した地域づくり，世代を越えた地域包括ケアシステムを構築することで，誰もが地域で生活できる地域づくりを目標としている．

b. 課題

住民主体は住民の能動的な取り組みであるため，事業担当者は住民の活動の開始に合わせて，スタッフ配置，スケジュール調整等の対応が必要である．それらを踏まえた事業運営のためのしくみづくりや先を見通した取り組みにより，事業を円滑に進めることができる．

地域づくりは，行政・住民が一体となり進めることが重要であるため，連携の体制作りが基本になる．

その体制づくりは時間がかかり，うまく進まないことが多いが，目標達成のためにPDCAサイクルを考慮しながら継続して取り組むことが目標達成につながる．

c. アドバイス

何かに取り組み進めていく際には，「何のために」「何をしたいか」「できるためにはどうするのか」を揺るぎない形で固めることが継続の力になると感じているため，これから「何か」に取り組もうとしている人に，それを考えることができると様々なことに取り組む力になると伝えたい．

文献

1) 鈴木隆雄，他 介護予防マニュアル改訂委員会：介護予防マニュアル改訂版 平成24年3月［internet］，http://www.mhlw.go.jp/topics/2009/05/dl/tp0501-1_1.pdf［accessed 2015-12-24］，厚生労働省，2012

第2章 14

住民主体の介護予防への取り組み 2
~やちよ元気体操による住民主体型の介護予防~

安達さくら

1 自治体の概要

本市は，千葉県の北西部に位置し，都心から30キロ圏内にあり，首都のベッドタウンとして発展を続けている．鉄道沿線を中心に市街化が進む一方で，市域北部には多くの自然が残り，市域の中心部を市のシンボル「新川」が南北に流れている．

人口は194,438人，高齢者数45,833人，高齢化率23.6％，要介護等認定者数6,070人（1号被保険者），要介護等認定率13.2％，地域包括支援センターは7ヵ所となっている（平成27年3月31日現在）．

2 事業内容

a. 事業開始のきっかけ

2003（平成15）年度，市民の健康づくりのための基本計画として「八千代市健康まちづくりプラン」を策定．この計画策定のための市民アンケート調査結果では，過去1年間に転倒した高齢者は，前期高齢者で4人に1人，後期高齢者では3人に1人という状況であった．そこで，転倒予防のための運動を住民主体で楽しみながら続けていく体制づくりに取り組むこととなった．

2005（平成17）年度に，当市の理学療法士が中心となり「やちよ元気体操~いつでも・どこでも・だれでも~（以下，体操）」を作成した．

この体操の普及と住民主体の健康づくりを推進する人材を「やちよ元気体操応援隊（以下，応援隊）」と名付け，応援隊の養成と活動支援を2006（平成18）年度から開始した．

b. 事業の広がり

2015（平成27）年8月末現在，「やちよ元気体操応援隊養成講座（以下，養成講座）」を受講後，応援隊として登録している方は276名，その応援隊が中心となり自治会館等の屋内で1時間程度，体操を定期的に実施する自主グループは40グループあり，参加者は1,100人を超えた（**図1**）．実施頻度は毎日が1グループ，週1回が34グループ，月2回が5グループとなっている（**図2，表1**）．

また，2014（平成26）年度からは公園などの屋外で活動する自主グループも増え始め，6グループとなった．屋内のグループに比べると実施時間は短くなるが，屋外の解放感や気軽さから男性の参加が多くみられるようになっている（**図3，表2**）．

c. 事業概要

運動をきっかけとした住民主体の健康づくりを推進するため，現在は**表3**のとおりステップ1：行政主導期→ステップ2：移行期→ステップ3：住民主導期の3ステップの流れで取り組んでいる．

ステップ1の行政主導期では，体操の効果やみんなで行う楽しさを実感する「げんき広場」等の体操教室を開催する．その後，体操教室の参加者がステップ2の養成講座を受講し，応援隊となった住民が中心となってステップ3の自主活動が始まる．ステップ3の屋内で活動する自主グループの多くは，身近な自治会館等を会場に，市が作成した体操のCDを使用し，週1回，1時間程度活動している．

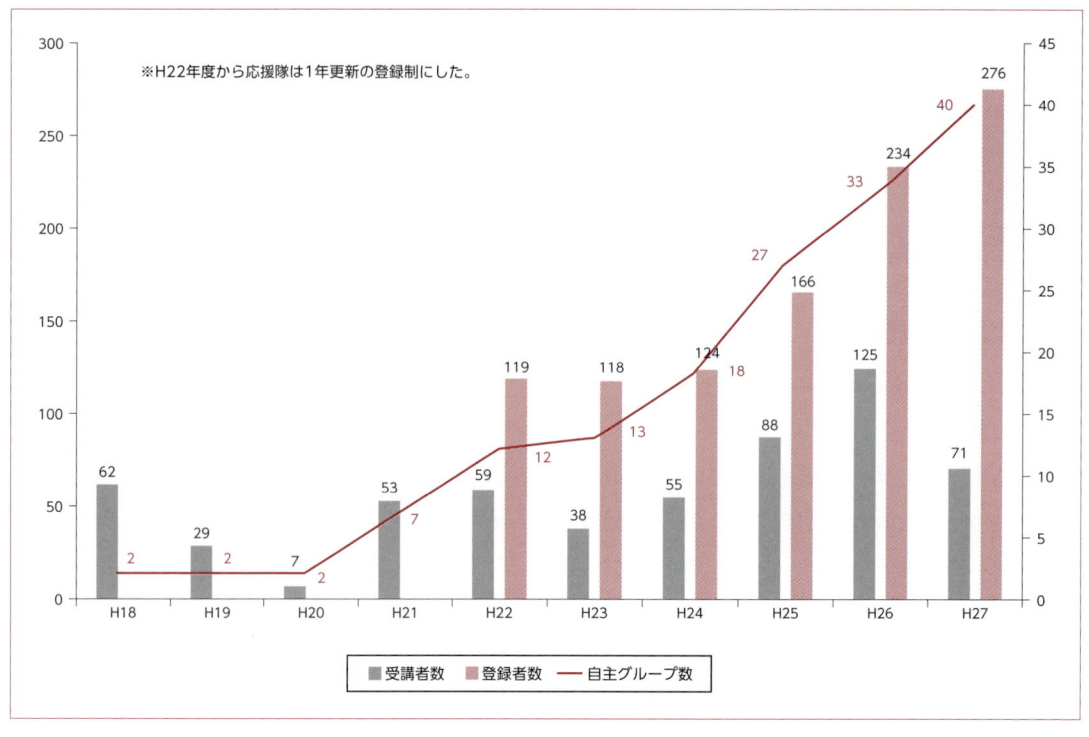

第 2 章 実践事例(個別地域ケア会議における事例)

図1:応援隊養成講座 受講者数・登録者数・自主グループ数
(H27年8月末時点)

※H22年度から応援隊は1年更新の登録制にした。

年度	受講者数	登録者数	自主グループ数
H18	62		2
H19	29		2
H20	7		2
H21	53		7
H22	59	119	12
H23	38	118	13
H24	55	124	18
H25	88	166	27
H26	125	234	33
H27	71	276	40

図2:屋内グループの体操風景

表1:屋内グループの実施形態

実施頻度	週1回,1時間程度 ＊毎日は1グループ ＊月2〜3回は6グループ
規模	10〜40人程度
利用者アクセス	徒歩,自転車
利用者負担	無料〜月500円 (会場費として)

図3:屋外グループの体操風景

表2:屋外グループの実施形態

実施頻度	週2回〜5回,30分程度
規模	20〜70人程度
利用者アクセス	徒歩,自転車
利用者負担	無料〜月100円 (CDデッキの電池代として)

表3：住民主体の健康づくりを推進する3ステップとそのポイント

ステップ1：行政主導期	ステップ2：移行期	ステップ3：住民主導期
体操の効果やみんなで行う楽しさを実感する時期	住民主体で取り組むために必要な知識や情報を得る時期	住民同士で楽しみながら取り組んでいく時期
げんき広場(全10回) 青空体操広場*1(全7回)・男塾*2(全7回)	応援隊養成講座(全3回)	各自主グループの活動
○地域住民が使いやすい自治会館等を会場とする ○体操記録カードを配布し，自宅での体操を促す ○体力測定を実施し，体操効果を確認する ○レクリエーションを行い，仲間づくりを促す ○広場のサポート役として応援隊を協力してもらい，ステップ2,3に進む参加者を増やすため，応援隊の話を直接聞く機会をつくる その他，公園で体操を体験できる「お試し体操広場」を月2回実施し，体操の普及に努める．	○体操の習得を重視するため，体操の正しい方法や意義を解剖学的な視点から解説する ○参加者だけで体操を行う経験をする ○応援隊の活動事例を写真，動画を交えて紹介する ○住民同士の活動による効果(アンケート結果)を伝える ○自主グループ発足後，行政が行うサポート内容を明確に伝える ○自主グループの発足は，あくまでも住民の意志であり，実施主体は住民である事を徹底する	○発足直後はフォロー予定表を渡し，いつまで行政が関わるのかを初めに提示する ○グループの担当保健師を決め，運営上の悩みや不安等の相談に応じる ○発足2年目以降のグループには，理学療法士による体操確認，体力測定，保健師訪問を年1回ずつ行う ○体操の質を維持する目的で，応援隊を対象とした研修会を年2回，開催する ○応援隊同士の交流や情報交換の機会として地区会を年1回，開催する ○体操関連の取り組み報告や次年度以降の取り組み予定等を応援隊と協議，共有する目的で全体会を年1回，開催する

*1：げんき広場の屋外版としてH27年度より開始． *2：男性対象の体操教室としてH25年度より開始．

d. 事業効果

①応援隊登録者数が増加した．

②応援隊による自主グループが増加した．

③自主グループ参加者の心身機能や地域交流等の良好な変化があった（**図4，表4**）．

3 取り組みのポイント

a. 理学療法士の関わり

現在，本事業には2名の理学療法士が携わっており，体操の作成・指導，体力測定結果の解説，個別相談への対応等が主な役割である．留意点としては，下記のとおりである．

①様々な身体機能の高齢者が一緒に体操を行えるように，内容や肢位を考慮して体操を作成する．

②体力測定結果の返却時や自主グループ毎の交流会等で個別相談に応じている．その際，「この症状にはどんな体操が必要なのか教えてほしい」という要望が多いが，普段行っている体操の中にその方に必要な体操が入っていることが多い．そのため，体操の意味を解説し，普段の体操を見直すように促すとともに，個別相談の内容は可能な限り他の参加者にも伝え，グループ内で共有するように助言する．

③年2回実施する応援隊を対象とした研修会では体操の復習を行う．その際，研修会で伝えた内容は応援隊からグループの参加者に伝達するよう声かけし，「参加者への伝え方」も紹介する．

b. 悩んだ時期，住民の声が打開策に

養成講座を開始して今年で10年目となるが，**図1**のとおり，これまでの歩みは決して順調なものではなかった．

養成講座を開始した頃は，長寿会や地区社会福祉協議会，自治会などの地域団体に出向き，事業説明と体操紹介を行い，関心を持った団体から依頼を受け養成講座を実施していた．ま

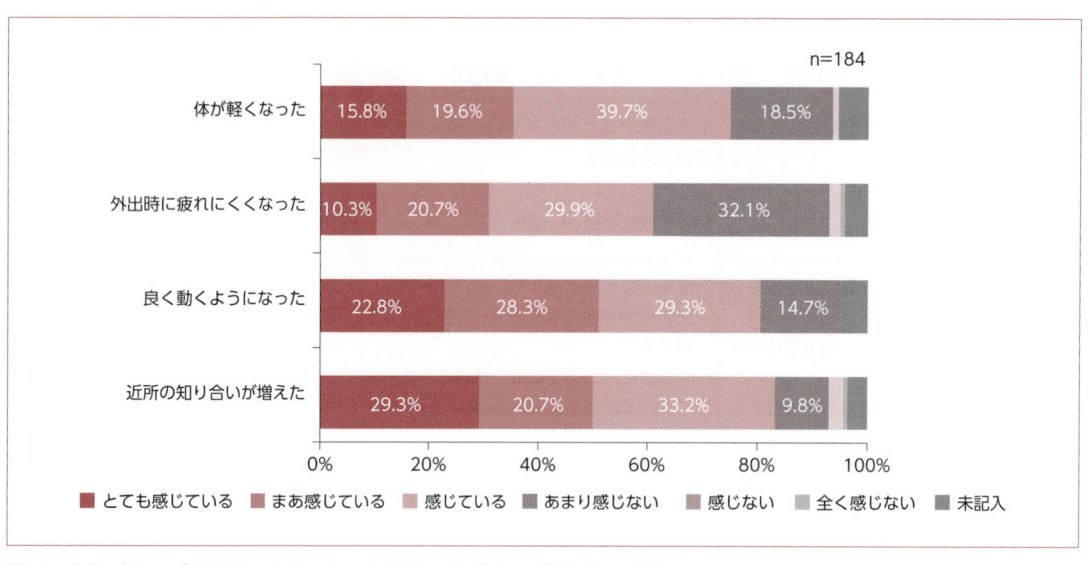

第 2 章　実践事例（個別地域ケア会議における事例）

図4：自主グループ参加者へのアンケート調査　①グループ参加後の変化について
（H23年6～7月調査）

		n=184
体が軽くなった	15.8% / 19.6% / 39.7% / 18.5%	
外出時に疲れにくくなった	10.3% / 20.7% / 29.9% / 32.1%	
良く動くようになった	22.8% / 28.3% / 29.3% / 14.7%	
近所の知り合いが増えた	29.3% / 20.7% / 33.2% / 9.8%	

凡例：とても感じている／まあ感じている／感じている／あまり感じない／感じない／全く感じない／未記入

表4：自主グループ参加者へのアンケート調査
　　②グループに参加することで感じられた気持ちや体，行動の変化についてのまとめ（自由記載）
（H23年6～7月調査）

体の変化	体が軽くなった．つまづかなくなった．すり足で歩かなくなった．肩，膝，腰の痛みが和らいだ．冷えにくくなった．庭木の刈り込みの際に必ず出ていた腕の痛みが，最近は感じなくなった．
行動の変化	気がつくと良く体を動かすようになっている．歩く量が増えた．外出が増えた．家の中でゴロゴロすることが減った．電車では意識的に立つようになった．他の運動サークルにも参加するようになった．
交流の変化	近所の友人が増えた．同じ趣味仲間が新たに増えた．人と話すことの楽しさを感じている．世間が広がった．地域の情報が入りやすくなった．
気持ちの変化	一人暮らしで引きこもりやすく暗かったが，明るくなった．気持ちがすっきりする．楽しい気分が続き，夫に優しく接するようになった．積極的になった．

た，発足間もない自主グループに対する支援体制は整っておらず，随時対応する状況だった．

　初めは養成講座の受講者数も多く，2つの自主グループが発足したが，2年目からは事業が進展しない状態が続いていたため，何が問題なのか住民の声を聴いて検討した．

　住民の声としては「運動の大切さはわかったが，新しい体操を覚えてまでやらないといけないのは面倒」，「養成講座は受けたが，実際に自分達だけで行う自信がない」という内容だった．つまり住民の「やりたい！　続けたい！」を全く引き出すことができていないことに気づかされた．

　そこで，「地域団体への働きかけ」から「人材の発掘」に方向転換し，市主催の体操教室に参加した住民の中から応援隊になり得る人材を発掘することとした．

　前述したステップ1の体操教室に参加し，体操の効果やみんなで行う楽しさを実感できた住民からは，自然と「教室が終了した後も体操を続けたい！」という声が挙がるようになった．その声を聞いてステップ2の養成講座の受講を

促し，ステップ3の自主グループ活動が始まるようになった．

c. 行政の支援体制は，初めに明確に伝える

現在，自主グループの発足直後は理学療法士または保健師が交代で体操と運営状況の確認を行うためグループ訪問を行い，2年目以降のグループは年1回の体操確認日等を設け支援している．

しかし，この体制が整っていなかった頃は発足直後のフォロー期間や回数を明確に伝えずに進めていたため，「グループに全く来なくなった．もっと顔を出して」とお叱りを受けたこともある．

これを受けて行政の支援体制を明確にし，その内容を養成講座の段階で明確に伝え，自主グループ発足時に「フォロースケジュール表」を渡すようにした．その結果，「この日からは一人立ちだから皆で協力しよう」という声を聞くこともあり，住民の自主性を高めるきっかけになったと感じている．

4 展望と課題

試行錯誤しながらも，住民同士が支え合いながら健康づくりに取り組む地域が増えつつある．そして，多くのグループは発足後すぐに定員を超え，新規参加者の受け入れが難しい状況である．今後は地域団体への働きかけを強化し，屋内・屋外グループともに，効率的に自主グループを増やしていきたい．そのため，この事業の医療費や要介護等認定率への影響を明らかにし，住民の「やりたい！　続けたい！」を上手に引き出せるよう努めていきたい．

また，現在は虚弱高齢者等が参加するグループが少なく，比較的元気な高齢者を中心としたグループが多い．一方でグループ内の高齢化が進み，今後の活動に不安を抱くグループも出てきている．今後，介護予防においては個へのアプローチだけではなく，年齢や心身状況に関わらず，地域住民との繋がりを通じて活動性を維持向上していける地域づくりが求められている．元気高齢者だけではなく虚弱高齢者も参加しやすいグループづくり，体力が低下してきても参加したいと思えるグループづくりについて応援隊とともに模索しながら，このような住民主体の活動が地域の見守りネットワークとして機能していくことを目指していきたい．

第2章
15 住民主体の介護予防への取り組み 3
~住民主導型介護予防事業鬼石モデル~

浅川康吉

1 自治体の概要

　鬼石（おにし）モデルは，平成13年12月に群馬県多野郡鬼石町で始まった介護予防事業である．当時の鬼石町は人口約7,500人，高齢化率25.9%の山あいの町であった．その後，平成17年1月に鬼石町は藤岡市と合併し，藤岡市の事業として引き継がれた．

　藤岡市の行政区数は約80地区であり，平成28年4月現在，総人口67,001人，65歳以上人口19,186人（高齢化率23.7%）である．鬼石モデルの様子は同市のホームページでみることができる（**図1**）[1]．

　鬼石モデルの普及は，群馬県地域リハビリテーション支援センター（群馬県から群馬リハビリテーションネットワークへの委託事業）や群馬大学の地域貢献事業などの支援を得て各地で進められている．平成26年度までに，群馬県内を中心におよそ15地域で鬼石モデルが導入されている．

2 事業内容

　鬼石モデルは，地域に介護予防に取り組む自主活動グループを多数作り出す事業方法の名称である．

図1：鬼石モデル
「群馬県藤岡市オフィシャルサイト 介護高齢課「筋力トレーニング教室」[internet], http://www.city.fujioka.gunma.jp/kakuka/f_kaigo/kintore.html [accessed 2016-04-27]」より引用

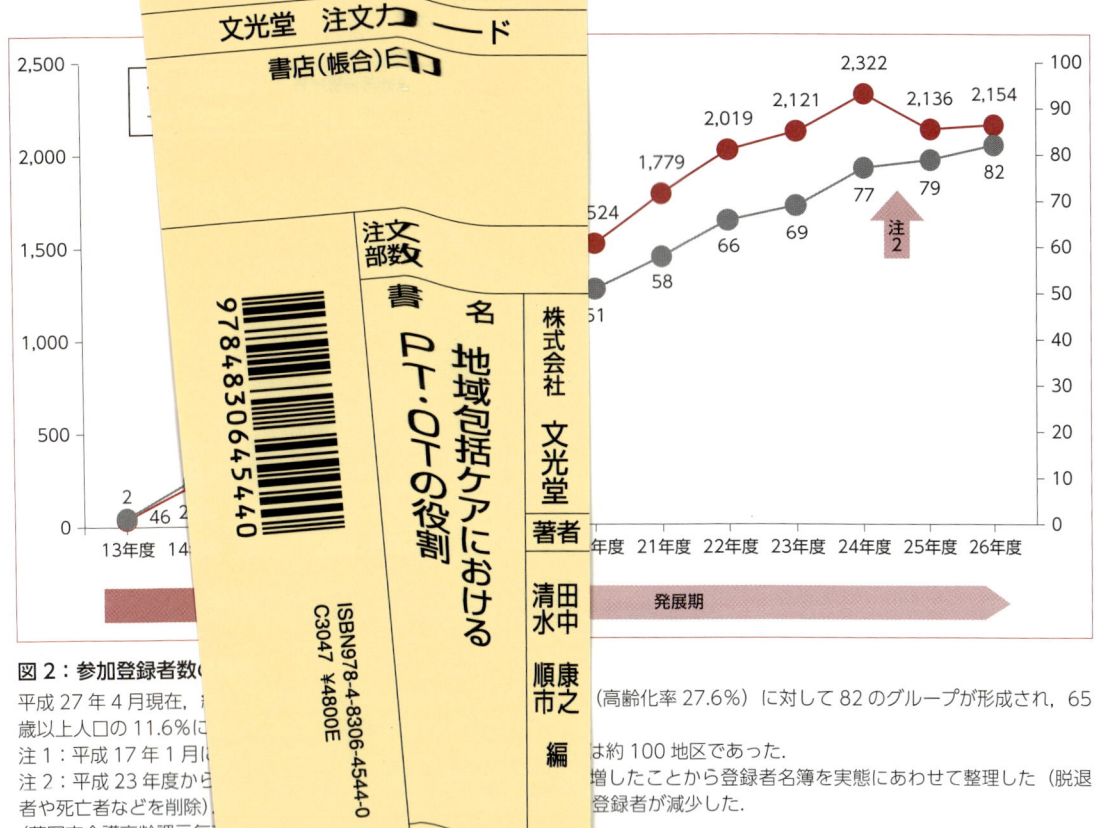

15. 住民主体の介護予防への取り組み 3

図2：参加登録者数
平成27年4月現在、（高齢化率27.6％）に対して82のグループが形成され、65歳以上人口の11.6％に
注1：平成17年1月に
注2：平成23年度から 増したことから登録者名簿を実態にあわせて整理した（脱退者や死亡者などを削除）、登録者が減少した。
（藤岡市介護高齢課元気　　

　自主活動グループ 民館などで1時間に 組みながら、適宜、保健センターなどで行われる「合同筋トレ」に参加して専門家からトレーニングの指導を受ける．

　事業全体を時系列でみた場合，鬼石モデルには普及期と発展期がある．普及期は自主活動グループの誕生から活動の定着までを住民組織，行政，専門職が連携して支える時期であり，住民への周知（参加の呼びかけ），関係者・団体（区長，健康推進員など）への説明なども重要な活動となる．鬼石町の場合は，事業開始後およそ2年間が普及期で，おおむね月に1度の「合同筋トレ」を行いながら，町内23の行政区に自主活動グループが誕生した．

　発展期は，先発のグループが後発のグループを支援することによってグループ数と参加者数が増えていく時期である．「合同筋トレ」でトレーニングを学び，「地区筋トレ」で自主活動

のノウハウを得たベテラン参加者が，別の地区に出向いてトレーニングを指導したり自主活動のノウハウを伝えたりする，といったことがみられ始めたら発展期に移行したとみなす．鬼石町の場合は，藤岡市との合併前後から発展期へと移行し，事業全体としてのグループ数は順調に増加している（**図2**）．

　トレーニングプログラムには，「暮らしを拡げる10の筋力トレーニング」を用いている（**図3**）．このトレーニングで推奨している頻度は初，中，上級とも週1回で，量はそれぞれの体操を8回1セットとして，初級では2～3セット，中級と上級は2セットである．「合同筋トレ」の場では，重錘バンドの使用を含めて運動強度を「ややきつい」から「きつい」の間に設定することを推奨する．また，安全管理については自己責任であることも強調している．

　「地区筋トレ」は，原則として初級から始めて半年から1年かけて上級へと進み，以後は上級

101

第 2 章　実践事例（個別地域ケア会議における事例）

初級コース
（トレーニング1〜トレーニング4）

トレーニング1
①**開始肢位**　坐位。膝を90度以上曲げる。
②**運動**　片膝をゆっくりと伸ばします。膝が伸びたところで、つま先をしっかりと起こします。つま先をできるだけ起こして躰の方に持ってきます。つま先を伸ばして（戻して）から膝を曲げ開始肢位へと戻ります。左右交互に行います。（**号令**　膝を1、2、3、4で伸ばします。膝を伸ばしたところでつま先を1、2、3と起こし、4、5、6、でつま先を伸ばす運動を加えて、5、6、7、8で膝を曲げ開始位置に戻ります。）
③**ポイント**　膝の動く範囲が、立ったり座ったりする動作と同じだけ曲がったり伸びたりしていることが大きなポイントです。膝を頑張って伸ばしたり、伸ばした足を持ち上げたりしないでください。腰や膝を痛めます。

トレーニング2
①**開始肢位**　坐位。背もたれから背中を離し、あごを引き、胸を張って、良い姿勢をつくります。手を肩の横、耳たぶがつかめるくらいの位置に持っていきます。
②**運動**　顔は前を向いたまま、姿勢を崩さないように両手を真上に伸ばします。肘が伸びきって両手が軽く触れたら開始肢位へと戻ります。（**号令**　1、2、3、4で腕を伸ばし、5、6、7、8で腕を曲げて開始位置に戻ります。）
③**ポイント**　腕はできるだけ真上にむかってまっすぐに、滑らかに動くように心がけてください。腕が前方に傾いていないか、側方に拡がっていないか、また肘が曲がっていないか、チェックしましょう。

トレーニング3
①**開始肢位**　立位。安全のために椅子の背もたれに手を添えて行います。あごを引き、胸をはって、背筋をしっかり伸ばします。
②**運動**　宙に吊り上げられるようにスーッと伸び上がってつま先立ちになり、そのままスーッと降りて戻ります。（**号令**　1、2、3、4で伸び上がり、5、6、7、8で開始位置に戻ります。）
③**ポイント**　良い姿勢を保ったまま背伸びをします。つま先はできるだけ正面に向け、足は平行に構えます。
伸び上がると不安定になるので、うまくバランスを取る練習をしてください。

トレーニング4
①**開始肢位**　立位。安全のために椅子の背もたれに手を添えて行います。
②**運動**　片足を躰に対して真横にゆっくりと開きます。姿勢が乱れない程度まで足を開いたら開始肢位へと戻ります。左右交互に行います。（**号令**　1、2、3、4で足を開き、5、6、7、8で開始位置に戻ります。）
③**ポイント**　足を大きく開く体操ではありません。足を斜め前に出すのではなく、つま先を正面に向けたまま真横に開きます。このとき躰は真っ直ぐに保ちます。右足から左足（あるいは左足から右足へと）運動を移していく時には出来るだけ躰を揺らさないようにします。

図3：「高齢者の暮らしを拡げる10の筋力トレーニング」のパンフレット（初級）
（群馬県地域リハビリテーション支援センターの許可を得て掲載）

102

を継続するが，メンバー構成によっては最初から上級に取り組むグループもある．

3 取り組みのポイント

a. 住民主導の意義

鬼石モデルには「住民主導型」という冠がついている．その理由は発展期にある．

発展期の特徴は，先輩（ベテラン）が後輩（新人）を育てる形であることと，それによって参加者数（グループ数）が増えても行政側の負担（予算，担当者数など）は増えないことである．前者は住民が住民を勧誘，指導，支援していく活動が地域に生まれることを意味している．後者は，事業規模拡大に伴い相対的に行政の支援が減り，住民の担う活動が増えることを意味している．住民主導の冠にはこれらの意味が込められている．

住民主導によって，「地区筋トレ」の場は参加者にとってトレーニングの場としてだけでなく，役割を持って通っていく場になる．「地区筋トレ」を行うためには，会場（近所の公民館など）まで出かけなければならない．一緒に行く人を誘う，早めに来て会場の鍵をあけておく，休憩のときにお茶をいれる，といった役割を担う参加者が生まれる．トレーニングは，基本的には「合同筋トレ」の場で指導を受けるが，実際にはメンバーの大半が来場するグループもあれば，数名が参加し，後で他のメンバーに伝達指導を行うグループもある．いずれにしても，「地区筋トレ」の場には専門家がいないため，自然発生的に世話役や指導者役の担い手が生まれる．こうして，「地区筋トレ」は参加者に居場所と出番を提供する場になっていく．

「地区筋トレ」が各地で行われるようになると，経験を積んだベテランが誕生する．彼らには，他の地区の住民から筋トレに関する問い合わせがあり，新規立ち上げを含めて自主グループ活動を指導，支援する役割が生まれる．行政や専門家はこうした動きをエンパワーメントの視座から支援する．

住民主導では，参加者（地区筋トレのグループ数）の増加と行政職員や指導者の負担の増加は比例しない．地区筋トレのグループ数が増えても，各地区に毎回職員が張りつくわけではないし，指導は「合同筋トレ」で行うため，地区筋トレのグループ数が増えても「合同筋トレ」の規模が大きくなるだけで指導回数が増えるわけではない．事業規模が拡大しても，予算も人員もほとんど増やすことなく対応できる点は自治体にとってメリットと思える．

b.「暮らしを拡げる10の筋力トレーニング」

このトレーニングは，高齢者が不自由や困難を感じやすい生活動作を対象に，その動作能力の改善，維持を狙ってつくられた．1番から10番まで10種類の体操で構成されており，このうち1〜4番が初級（**図3**），1〜8番を行うのが中級，10種類全部を行うのが上級である．

例えば，1番は「椅子から立ち上がる」，2番と3番は「高いところの物を取る」とか「床にある物を拾う」といった動作に，4番は転倒予防や「浴槽を跨ぐ」などの動作に関連する体操である．そのトレーニング効果は，「階段を降りるのが楽になった」，「洗濯物が干せるようになった」，「お風呂の出入りが楽になった」といった生活場面そのものとして表現されるため口コミにのりやすい．口コミは，新規の参加希望者を増やすのに大きく役立っているようである．

生活動作の運動学的分析は，理学療法士・作業療法士の得意とするところであるが，住民主導を実現するためにはさらにいくつかの条件を満たさねばならない．すなわち，①週1回程度の実施で効果が得られること，②専用の機材がない公民館などでも容易に実施できること，③参加者間で教えたり教えられたりできるシンプルな運動であること（専門家の直接指導・監督

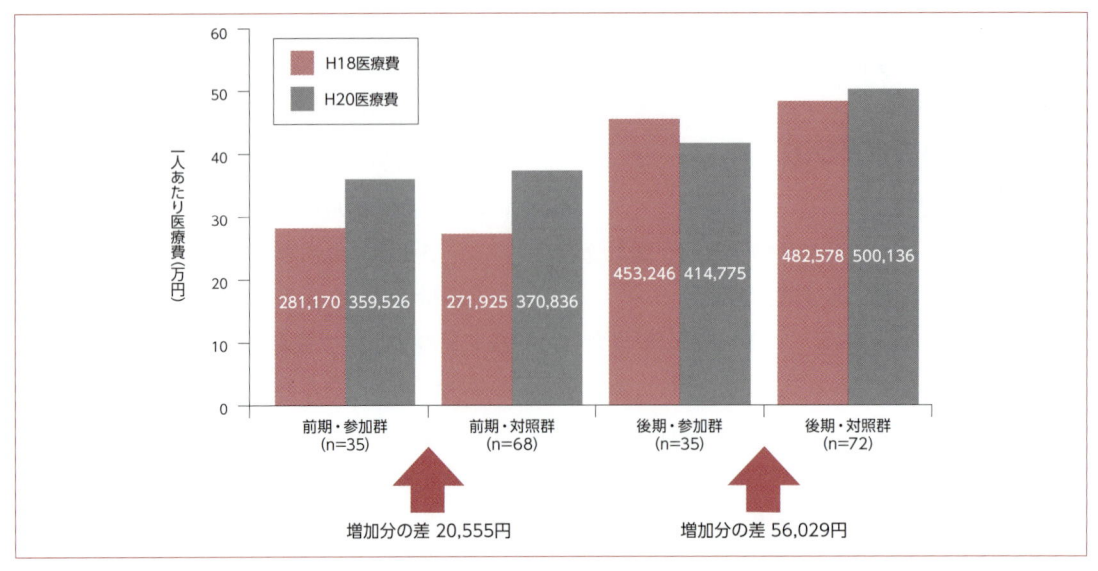

図4：同一地区内における「地区筋トレ」参加者と非参加者（対照群）の医療費の変化
（藤岡市介護高齢課元気高齢者係の協力を得て作成）

が不要であること）が求められる．「暮らしを拡げる10の筋力トレーニング」は，これらの条件も考慮して考案したトレーニングである．③は検証が難しいが，「地区筋トレ」で経験を重ねながら，「合同筋トレ」などで学び直しを図る仕組みと，群馬県地域リハビリテーション支援センターによるパンフレットやDVD・CDによる資料提供とがかみ合って，これまで問題なく経過していると考えている．

4 展望と課題

鬼石モデルは10年を超えて継続されており，参加者（地区筋トレグループ数）も着々と増加していることから，現状の運営に大きな問題はないと考えている．現在の参加者数（地区筋トレグループ数）の増加は，住民主導で事業を推進するのに適したペースと考えられる．このペースを越える拡充を行おうとすると，様々な綻びが生じるかもしれない．また，参加者に男性の後期高齢者が少ないという傾向がみられるが，同様の傾向は他の保健事業でもみられる．この問題は鬼石モデルの改変ではなく，別の介護予防事業の立ち上げにより解決すべき問題なのかもしれない．これらは悩ましい問題となっている．

重要な課題となっているのは効果（アウトカム）の検証である．一部の地区のデータから，医療費の伸びを抑制する効果が示唆されているが（**図4**），参加者全体として医療費の伸びの抑制，要介護認定率の減少，参加者のQOL向上といった効果が得られたのか，学術的検証には至っていない．鬼石モデルは「住民主導型」であるため，ランダム化比較試験の実施などについては難しい部分があるが，エビデンスに基づく地域リハビリテーション事業として確立するためには効果検証が必要である．

文献

1) 群馬県藤岡市オフィシャルサイト 介護高齢課「筋力トレーニング教室」［internet］，http://www.city.fujioka.gunma.jp/kakuka/f_kaigo/kintore.html［accessed 2016-04-27］

第2章
16 住民主体の介護予防への取り組み 4
～シルバーリハビリ体操指導士養成事業～

秋山泰蔵

1 自治体の概要

　茨城県は関東地方の北東に位置し，東は太平洋に面し，北は福島県，西は栃木県，南は千葉県と埼玉県に接している．人口は291万人，44市町村から構成され，県庁所在地の水戸市に茨城県立健康プラザ（以下，健康プラザ）がある．産業は，農業と製造業に特化しているのが特徴である．県全体の高齢化率は26.5％（平成27年）であり，高齢化率が最も低い自治体は県南地域のつくば市で18.7％，最も高い自治体は県北地域の大子町で40.2％である．医療資源については，人口当たりの医師，看護師，リハビリテーション専門職（以下、リハ専門職）数などは全国の中で低位状態にある．

2 事業内容

　茨城県では，超高齢社会は専門家のみでは乗り切れないという認識のもと，住民参加型の介護予防事業としてシルバーリハビリ体操指導士養成事業を開始した．シルバーリハビリ体操は，健康プラザの管理者である大田仁史が考案し，茨城県が介護予防体操として取り入れた体操である[1]．シルバーリハビリ体操（図1）は道具を使わず，関節可動域の維持のためのストレッチや，筋力維持のための等尺性収縮を利用した運動から構成される．等尺性収縮を利用するため，血圧・脈拍変動について受講生を対象に調査したが，血圧・脈拍変動において安全である[2]との結果を得た．

　茨城県健康科学センター（平成17年4月茨城県立健康プラザに改称）において，平成16年にモデル事業，平成17年に本格的に養成事業を開始した．シルバーリハビリ体操を地域での介護予防事業に生かすために，シルバーリハビリ体操指導士（以下，指導士）が行政と連携をとり，住民同士で介護予防のための教室を立ち上げ，運営している（図2）．指導士によるボランティア活動は，要支援1・2および要介護1認定者数の増加抑制効果があるとされている[3]．指導士は，3級指導士，2級指導士，1級指導士と地域での役割の違いにより区分されており，3級指導士は体操の普及活動実践者，2級指導士は普及活動のリーダー，1級指導士は3級指導士および2級指導士の養成を担う．養成

シルバーリハビリ体操

いきいきヘルス体操	いきいきヘルスいっぱつ体操	その他の体操
生活動作を楽にする体操 ※元々は片マヒ者のために考えられた体操．『寝て』・『床』・『椅子』・『起立』のどの姿勢でも行うことができる．各姿勢2種類で計8種類の体操から構成されている．	筋力をつける体操 からだの柔軟性を高める体操	嚥下体操 発声練習 顔面体操 　　　　　　　　　　など

図1：シルバーリハビリ体操の仕組み

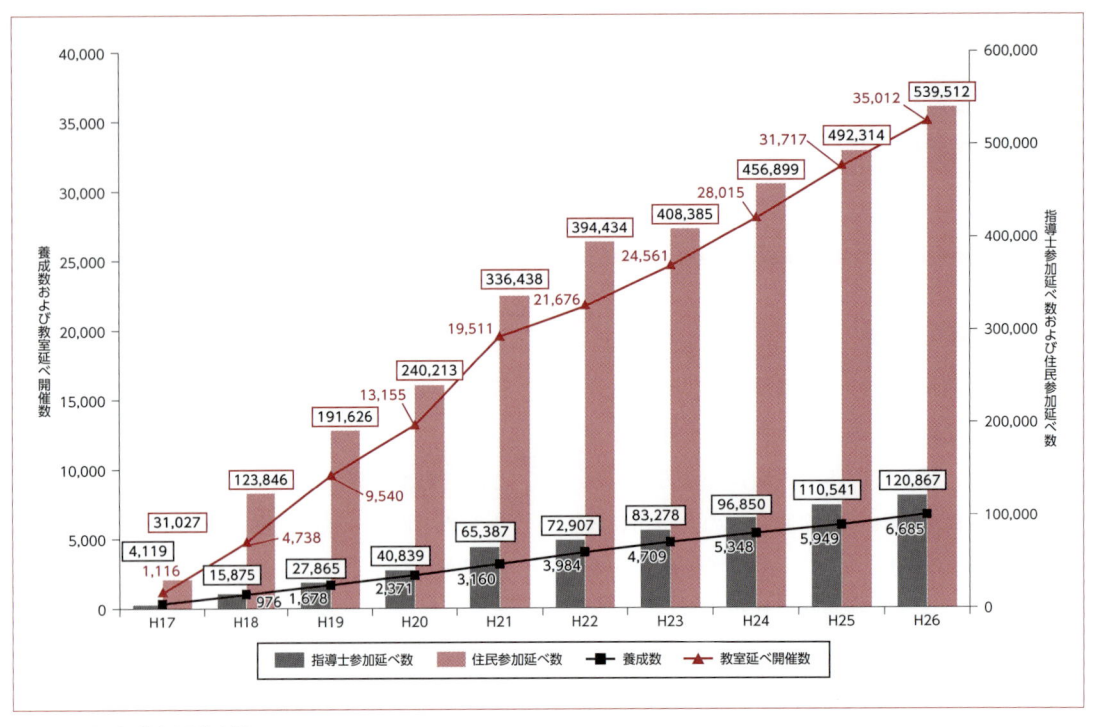

第2章 実践事例（個別地域ケア会議における事例）

図2：体操指導士活動実績

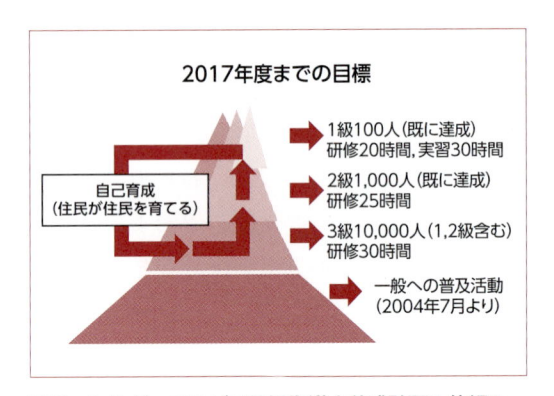

図3：シルバーリハビリ体操指導士養成計画と仕組み

講習会の受講資格はおおむね60歳以上で，受講後に地域でボランティア活動ができ，常勤の職についていない茨城県在住の住民であることが条件となる．受講生の平均年齢は，毎年64歳前後で推移している．受講生は3級指導士養成講習会の修了後，地域での活動を経て2級指導士講習会の受講資格を得る．1級指導士養成講習会の受講については，地域活動の実績の他に，行政（各市町村）からの推薦が必要となる．養成講習会の研修時間は，3級指導士30時間，2級指導士25時間，1級指導士研修20時間・実習30時間である（**図3**）．茨城県内すべての市町村に指導士が居住しており，1級指導士がいる市町村は現在30市町村である．平成28年2月24日現在，シルバーリハビリ体操指導士は総計7,243人養成されており，その内訳は3級指導士4,674人，2級指導士2,412人，1級指導士157人である（**図4**）．

県内全市町村に指導士会が組織されており，講習会を修了した者の多くは市町村の指導士会に所属し，市町村の体操教室に参加する[4]．各市町村の上位組織として，県内5地域にシルバーリハビリ体操指導士協議会が，さらに，その上に県のシルバーリハビリ体操指導士連合会が組織されている．平成27年3月31日時点で，シルバーリハビリ体操指導士会への加入者数は3,702人，加入率は55.4%である．

平成19年度に3級を養成することのできる1級指導士が誕生し，住民がシルバーリハビリ体操指導士（1・2・3級指導士）となって住民へ

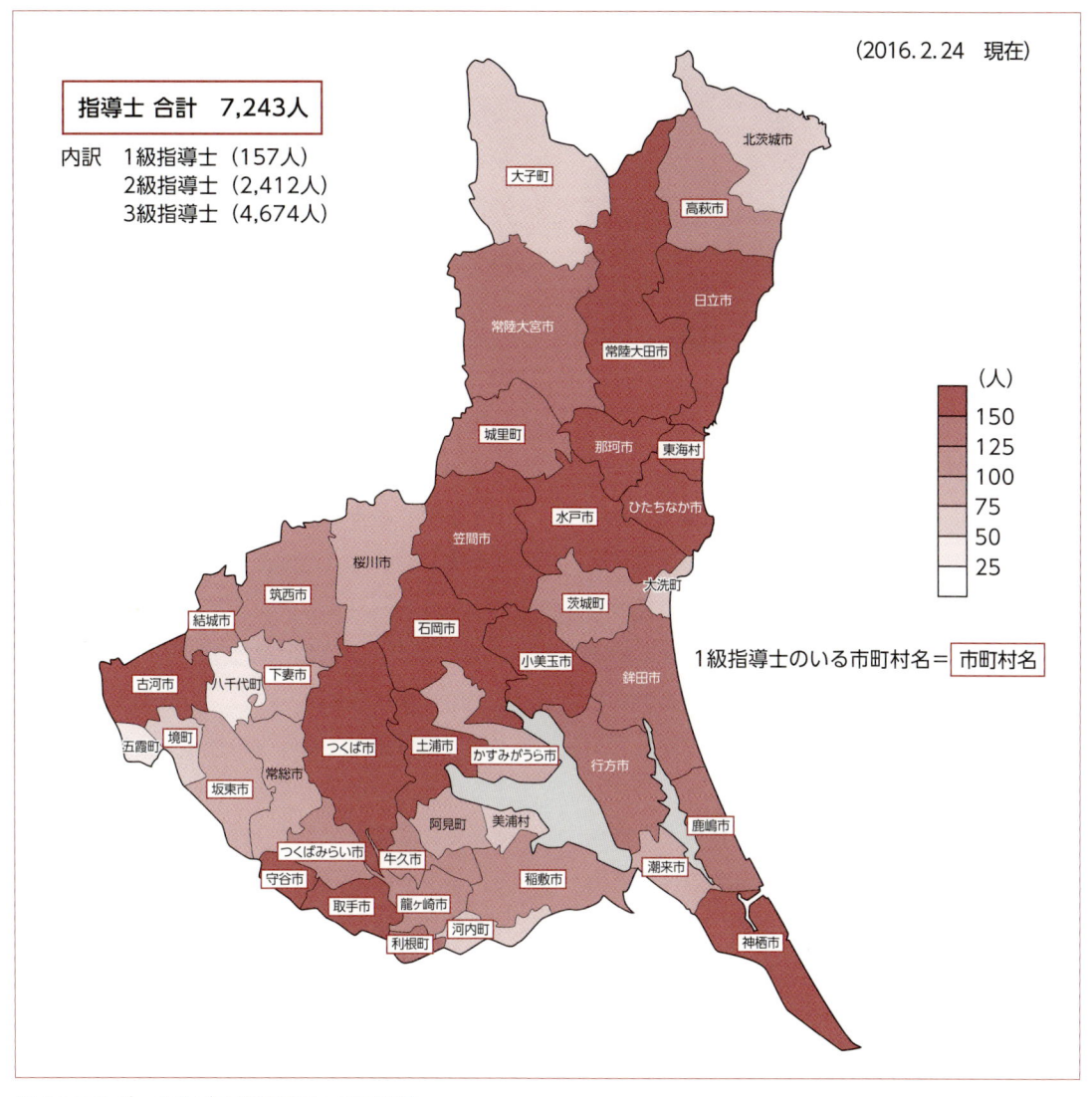

図4：シルバーリハビリ体操指導士分布状況

体操指導するだけでなく，住民（1級指導士）が講師となり住民（3級指導士）を育てる講習会が可能となっている[5]．市町村が開催する3級講習会は年々増加しており[6]，平成27年度は，開催主体が市町村である3級講習会を27回開催した．指導士認定後の学習支援体制も整備されており[7]，市町村の指導士会および指導士支部ごとに2～4名の研修委員が選任され，年1回，健康プラザにて研修委員に対する集合研修が行われている．指導士の質の確保のための学習支援については，県内5地域ごとに年に1回，フォローアップ研修も行われている．

3 取り組みのポイント

本事業に携わっている専門職スタッフ（以下，スタッフ）は，医師・保健師・理学療法士・作業療法士・トレーナーである．

a. 住民ボランティアの養成

健康プラザのスタッフは，1級・2級・3級それぞれの講習会の開催，養成カリキュラムの編成に携わっている．養成講習会に関わる業務には，講習会で使用するテキストなどの資料作成，健康プラザでの講習会に関しての受講生の募集，養成講習会の準備・運営，講習会中の講

図5：講習会風景

師，講義・体操内容についての質疑応答などを行っている．地域で開催される市町村主催の3級指導士養成講習会においては，どの市町村においても，講習会の講義・体操内容が同質のものを受講生に提供できるように，講習会開始前に行政担当者，講師となる1級指導士との打ち合わせを行っている．

1）講習会運営について

3級指導士養成講習会は講義と体操から構成されており，108の解剖運動学（体の部位と関節の名称，関節の運動，筋肉，骨，神経）の用語，92種類の体操の目的・実施方法・注意点を受講生は覚える．健康プラザでの講習会は，スタッフもしくは1級指導士が講師を担当し（**図5**），地域開催（市町村）の際は1級指導士が講師を担当する．このため，講義内容が均質のものとなるよう，年に1度，1級指導士に対する集合研修を健康プラザにて行っている．

2級指導士養成講習会は3級指導士養成講習会とは異なり，指導士が主体的に活動できるよう，ロールプレイ形式での体操実技やグループワークを中心として行われる．スタッフは，体操実技やグループワーク後の発表の際のコメントを担当する．コメント内容は褒めることのみとし，批判的な内容は一切コメントしない方法で行われる．活動時の留意点である実指導（技術面）・心（気配り）・安全（リスク管理）の3点が，活動時に意識できるようコメントを行っている．

1級指導士養成講習会は，講義内容の確認および講師の模擬体験などが行われ，講習会終了後の健康プラザ開催の3級指導士養成講習会を実習の場として担当する．スタッフは，受講生が間違えやすいところや，受講生に理解してもらいやすくするための講義の進め方などについて指導する．

2）講習会で使用する資料について

すべての講習会は，みちしるべ（シラバス）とテキストを使用して行われる．講習会で使用するすべての資料は，スタッフが健康プラザにて作成している．内容については，指導士からのフィードバックも活かし毎年改訂している．

b. ボランティア活動への支援

健康プラザのスタッフは，行政担当者に対する特別講習会，各市町村の指導士会代表者に対する代表者会議，指導士会の研修委員に対する研修委員研修会などの企画・運営に携わっている．本事業においては，住民に対する教育・啓発活動により，住民の自助・互助体制への構築が<u>重要</u>[8]となる．リハ専門職は，体操などを講習会において直接指導するだけでなく，住民自らが主体的に動けるように，指導士に対する研修会などの講義に関わる必要がある．

4 展望と課題

シルバーリハビリ体操指導士養成について，予定していたシステムは整った（**図6**）．今後の課題は，指導士の高齢化対策，教室を増やす活動，参加者を増やす活動に加え，訪問指導から見守り生活支援を視野[9]に入れての活動への展開である．これらの課題の解決策の1つとして，リハ専門職のプロボノ活動との協働が必要と考えられ[10]，茨城県リハビリテーション専門職協会および市町村と具体的手法を模索検討している．

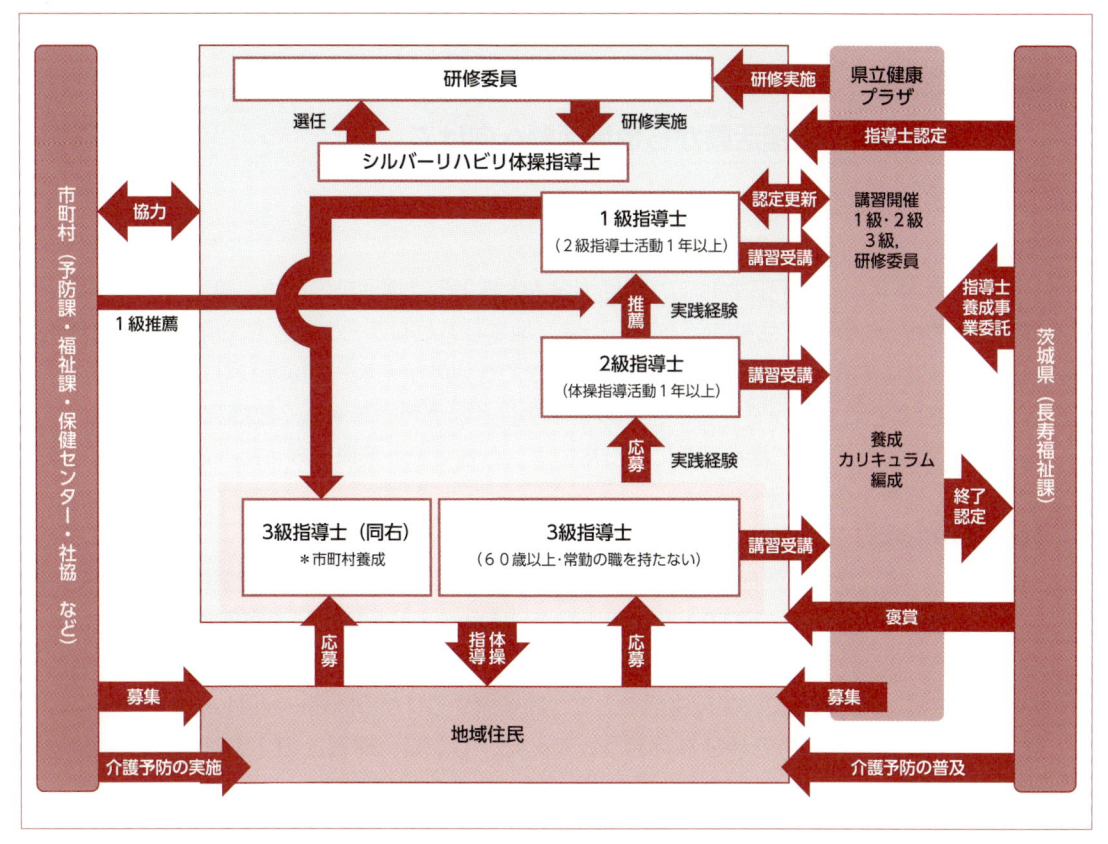

図6：シルバーリハビリ体操指導士養成システム

文献

1) 中嶋美和, 鈴木恵子, 有賀裕記, 他：シルバーリハビリ体操指導士養成事業の概要. 地域リハ. 4（10）：870-874, 2009
2) 鈴木恵子, 木村亜紗子, 有賀裕記, 他：シルバーリハビリ体操実施時の血圧変動の有無について. 介護保険情報. 10（9）：36-40, 2009
3) 小澤多賀子, 田中喜代次, 清野 諭, 他：地域在住高齢者による介護予防ボランティア活動と地域の要介護認定状況との関連. 健康支援. 16（1）：7-13, 2014
4) 有賀裕記, 中嶋美和, 鈴木恵子, 他：茨城県における介護予防事業（運動）の取り組み（第2回） 市町村における体操教室の展開. 地域リハ. 4（11）：956-960, 2009
5) 小貫葉子, 中嶋美和, 有賀裕記, 他：茨城県における介護予防事業（運動）の取り組み（第3回） 1級指導士の活躍と今後の展開―3級養成講習会地域開催. 地域リハ. 4（12）：1044-1049, 2009
6) 内田智子, 皆川花野, 有賀裕記, 他：茨城県のシルバーリハビリ体操指導士養成事業と現状. 介護保険. 9(211)：52-57, 2013
7) 鈴木恵子, 中嶋美和, 有賀裕記, 他：茨城県における介護予防事業（運動）の取り組み（最終回） シルバーリハビリ体操指導士の学習支援体制の整備に向けた取り組み. 地域リハ. 5（1）：62-66, 2010
8) 有賀裕記, 内田智子, 椎名真希, 他：高齢者に対する自助・互助支援体制構築における理学療法士の活動. PTジャーナル. 48（3）：195-202, 2014
9) 大田仁史, 小室明子：介護予防・スーパーシステムいばらき～進化を続けるシルバーリハビリ体操指導士養成事業～. 介護保険情報. 16（3）：30-33, 2015
10) 大田仁史：住民のボランティア活動とリハビリテーション専門職のプロボノ活動の協働―地域リハ活動の枠組みの中で介護予防活動を深化できるか―. Jpn J Rehabil Med. 52（4/5）：243-245, 2015

COLUMN
東日本大震災の支援活動から地域活動へ向けて

清山真琴

〈はじめに〉

　2011年4月から5月にかけて，私は東日本大震災の支援活動のために福島県と宮城県の避難所でボランティア活動を行った．当時，地域リハビリテーションにも疎かった自分が，被災地で作業療法士（以下，OT）として何ができるのかイメージは湧かなかった．しかし，「些細なことでも何かできることはあるはず」という想いを胸に，故郷宮崎を発った．両県での活動は，「地域で働くOTになりたい！」と強く思う契機となった．このコラムでは，自分の経験を紹介する．

〈避難所での活動〉

　避難所は，乳児から高齢者，障害を持った方々でごった返しており，無我夢中で自分ができることは何でも行った．「OTとして」というよりも，「人として」できることを必死に行ったように思う．臨床現場と違い，避難所では「作業療法処方」が出るわけではない．何の枠組みもない．避難所での集団生活をみて，問題点やこれから問題に発展しそうな事例に気づき，優先順位を決めて活動を行おうと考えた．しかし，患者との1対1のリハビリテーションの方法が染み付いている自分には非常に慣れない活動であり，「これで良いのだろうか，きっと見落としも多くてこの避難所内のことを網羅できている自信もない」という不安を常に持っていた．だが，同時にOTは対象者の現状を評価する力や本音を見抜く力があることが「強み」だとも感じた．「相談室」を設けて待っていても来訪者はほとんどなかった．被災者の方と一緒に炊き出しを行い，子供達が避難所から登校するのを毎朝見送るなどの同じ作業をすることで，被災者はポツリポツリと心情を吐露してくださった．

〈避難所でのOT力の発揮どころ〉

　また，避難所にて衣食住にこと足りる毎日が数ヵ月続くと，「このまま居続けてもダメだとわかっているけど，何もしなくて生活できるから出たくない」という方も少数ながらいた．そこで，郷土料理を作るサロンを開催した．毎食支給される弁当（ほぼ同じメニューで濃い味付け，プラスチックの弁当箱，割りばし使用）を数ヵ月食べていた方々は，「もう包丁の使い方を忘れたわ〜」など口々に言われるもスムーズに野菜を切り，もうもうと上がる湯気や出汁の香りに包まれながら手際よく調理を進めた．家族と一緒にズシリと重いどんぶりや漆塗りの箸で食べ，参加者は「陶器の重みが懐かしい！母ちゃんの味も久しぶりだ！」と喜んでいた．調理した方も，「自分は何がしたいかを思い出してきました」と語った．OT視点で評価すると，数ヵ月ぶりの調理であっても手続き記憶でスムーズに行うことができたのだと思う．家族でテーブルを囲み，陶器の重みを固有覚で，漆塗りの箸の滑らかさを手指と口腔周辺の触覚で，食事の香りや味を嗅覚・味覚などの感覚入力が契機となり，震災前の生活を思い出すことができたのだと思う．さらに，「母ちゃんの味だ！」と喜ばれ，「自分にしかできない役割があった」と気づいたのだと思う．震災後の集団生活で「自立」を目指して，どのタイミングで，その人を対象にどのような作業を行うかを考えるのは，やはりOTの出番だと強く感じた．

しかし，避難所というイレギュラーな場所での非日常的な多職種との連携となると，どんな職種がいて何が得意なのかわからず，自分がどう行動するのがベストなのかわからないことも多かった．また，他職種から「片麻痺の患者さんから『風船バレーが得意なOTさんが避難所に来て何ができるの？』と聞かれた」と言われ，OTの認知度の低さにも絶句した．しかし，「今の自分にできること」は，避難所の変化点に気づいて報告することだと思い，保健師や避難所の責任者とは毎日ミーティングを行い，「あのフロアの高齢者の認知面が気になる」，「〇階の△△さんの悲嘆反応が強いようだ」など，情報共有に努めた．

OTによる幼稚園での親子体操

〈震災の支援活動から地域活動へ〉

2012年2月からは，ふくしま心のケアセンターの職員として福島県内で被災者を対象に生活不活発病予防目的でサロン活動，遺族や高齢者，精神疾患の方々の個別訪問や乳幼児健診，保育園・幼稚園発達相談巡回などに携わった．仮設住宅や借上住宅，長年住んでいたコミュニティとは異なり，近隣が震災前と同じ自治体とは限らない．また，同一自治体の出身だとしても，被災状況（津波被害だけなのか，自宅は福島第一原子力発電所の事故現場から何キロ圏内なのか，帰還可能なエリアなのか否か，など）は異なり，ストレスは蓄積される傾向にあると感じていた．集会所のサロンでも，背景が異なると吐露しづらそうな印象を受けた．そこで，同じ背景の方々が集まるサロンを地元の保健師が開催したところ，再会を喜び合ったり，重い内容を一気に吐露したりする場面が見られた．このような事業が必要なことが分かったが，震災後に増えた業務をこなしながら新しい事業の計画を立て，予算も取り実施し，被災者でもある職員が長期継続することはかなりの労力を要する．限られたマンパワーでは提供できるものに限界があるので，住民の方々を巻き込んだ活動が必要なのだと痛感した．筆者は2014年8月にセンターを退職したが，現在，このサロンはその運営を職員から住民に徐々にバトンタッチしながら存続しているようだ．

2014年9月からは南相馬市の母子保健係に応援職員として配属され，現在は市内在住の未就学児対象の業務に携わっている．保育園・幼稚園の発達相談巡回では市内14園を1学期に1回訪問し，個々に合った身体を使った遊びを紹介したり，保育士・保護者らに向けて発達に関する研修などを行ったりしている．OTも加わっての巡回も丸4年を過ぎ，保育参観での親子体操教室の依頼が増え，健診会場では保護者から気軽に相談を受けるようになった．園長や保育士，保護者らに，「OTって子供を見ることも得意なんだ」と理解していただけたと解釈している．また，市内の介護施設職員から介護所向けの実技講習の依頼も来た．被災地での支援活動を4年続けた結果，ようやく他職種や市民に「作業療法士」という職種が認知され始めたのだと思う．「地域包括ケア」と聞くと高齢者がメインなイメージが強いが，子供がもっと関わるような仕掛けも，より魅力的な街づくりの契機になるのではないだろうか．個人も集団もみることが得意なOTとして，この地でいろいろなことに挑戦し続けたいと思う．

PART 2
地域包括ケアシステムを
より理解するために

第3章

地域とは何か

第3章

1 地域の定義
~ Area と Community ~

清水順市

ここがポイント！

私たちは「地域」という単語を使用するが，その「地域」の説明を明確にできない．それは，日常用語として用いる場合と医療福祉領域で用いる場合との違いがあるためである．医療福祉領域ではその範囲を医療圏・福祉圏として区別していることが多い．

覚えておきたいKeyword
地域，コミュニティ，地域リハビリテーション，CBR，CBID

はじめに

第1章，第2章において「地域」という言葉が多数箇所で使用されている．「地域」について，ここで定義することは本書の目的ではないが，理解を深めるために整理をしておく．

私たちは，自分が住所を置く市町村（住民票所在地）で生活を営んでおり，自分の市町（村）に住みながら，「私が住む地域では，○○が行われます（があります）」という言葉を使っている．通常，「地域」は地方自治体の行政区画である県・市町村の単位を示している[1]]といわれる．

行政上では，人口の多い都市（政令指定都市）では「区」に細分されている．また，面積が大きい市町村は，町・区等に分割されている．さらに，近年は人口減少による過疎化や市町村合併により，1つの行政機関が管轄する範囲が逆に拡がっている．一方，医療・福祉の領域においては，圏・圏域という区分け法を用いている．医療では，都道府県が設定する1次（市町村）・2次（複数市町村）・3次医療圏（都道府県）が存在し，福祉においては，福祉事務所や保健所等の都道府県の行政機関の管轄区域を勘案しながら設定されている（**図1**）[2]．東京都は，かつて2次医療圏と老人福祉圏域とが異なっていたが，現在は一致している．

厚労省は地域医療構想に関する規定[3]を作成し，2025年の病床数の必要量は病床の機能区分ごとに推計し，都道府県においてその合計数を超えることはできないと定めた．また施行に当たっては地域医療構想の策定に関する規定の項において，「1. 構想区域の設定に関しては2次医療圏を原則として，（中略）一体の区域として地域における病床の機能分化および連携を推進することが相当であると認められる区域を単位として設定するものとすること（医政発0331第9号平成27年3月31日）」[2]，さらに厚生労働省は地域包括支援センターの設置区域については，「センターの設置に係る具体的な担当圏域設定に当たっては，市町村の人口規模，業務量，運営財源や専門職の人材確保の状況，地域における保健福祉圏域（生活圏域）との整合性に配慮し，最も効果的・効率的に業務が行えるよう，市町村の判断により担当圏域を設定するものとする」[4]としている．ここでは，「保健福祉圏域」と「生活圏域」が同じ単位であることを示している．

1. 地域の定義

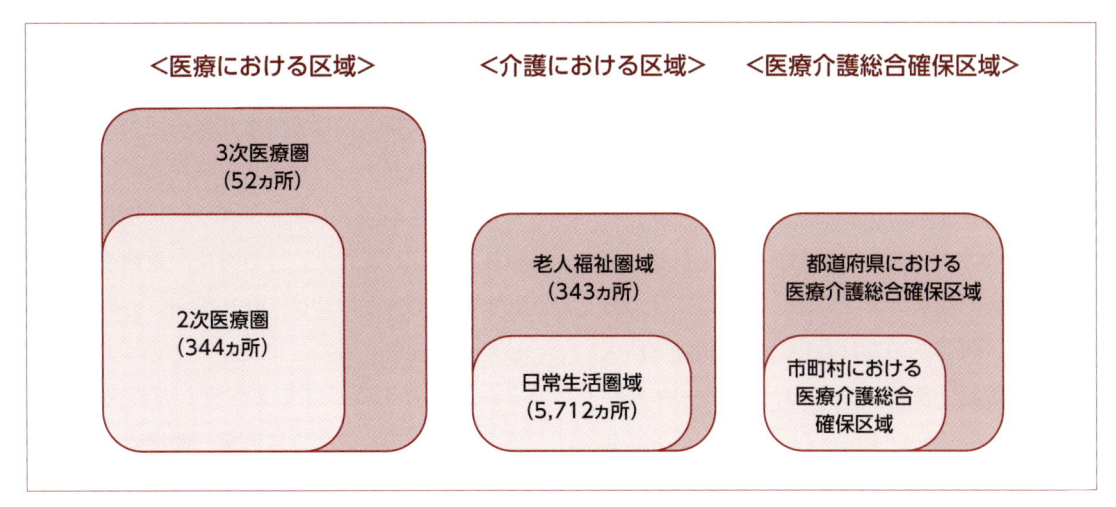

図1：総合確保方針に関連する区域のイメージ
「田中　滋，森田　朗，ほか：第3回医療介護総合確保促進会議　参考資料2　総合確保方針に関連する区域のイメージ [internet]，http://www.mhlw.go.jp/file/05-Shingikai-12401000-Hokenkyoku-Soumuka/0000056874.pdf [accessed 2015-11-12]，厚生労働省，2015」より抜粋

表1：医療および福祉の圏域

	二次医療圏	地域医療構想区域	医療介護総合確保区域	老人福祉圏域
根拠法令	○ 医療法 第30条の4第2項第9号 ○ 医療法施行規則 第30条の29第1号	○ 改正医療法 第30条の4第2項第7号	○ 医療介護総合確保促進法 第4条第2項第1号	○ 老人福祉法 第20条の9第2項 ○ 介護保険法 第118条第2項
設定に関する基準（法令の規定）	地理的条件等の自然的条件及び日常生活の需要の充足状況，交通事情等の社会的条件を考慮して，一体の区域として病院及び診療所における入院に係る医療を提供する体制の確保を図ることが相当であると認められる区域	地域における病床の機能の分化及び連携を推進するための基準として厚生労働省令で定める基準に従い定める区域	地理的条件，人口，交通事情その他の社会的条件，医療機関の施設及び設備並びに公的介護施設等及び特定民間施設の整備の状況その他の条件からみて医療及び介護の総合的な確保の促進を図るべき区域	都道府県介護保険事業支援計画においては，当該都道府県が定める区域ごとに当該区域における各年度の・・・介護給付等対象サービスの量の見込みを定めるものとする
設定の考え方	一般的な入院医療を提供する体制の確保を図るための区域として設定		・医療及び介護の総合的な確保の促進を図るための区域として設定 ・医療介護総合確保区域は，二次医療圏及び老人福祉圏域を念頭に置いて設定	介護給付等対象サービスの種類ごとの見込みを定める区域として設定

「遠藤久夫，尾形裕也，ほか：第1回地域医療構想策定ガイドライン等に関する検討会　資料6　構想区域の設定の考え方について（案）[internet]，http://www.mhlw.go.jp/file/05-Shingikai-10801000-Iseikyoku-Soumuka/0000058291.pdf [accessed 2015-11-12]，厚生労働省，2014」より引用

　以上のように，「地域」は土地と密接に関係していることが理解できる．しかし，医療保健福祉領域で使用している「地域医療・地域保健・地域包括ケアシステム・地域リハビリテーション等」（**表1**）[5] の言葉は，前述のように土地で区分されたものとは質的に異なるものであると考える．ある特定の土地に限定したものではなく，その範囲を明確にしない，どこにでも当てはまる共通の修飾語であり，その運営に当たってはその土地に応じて区分されている．

115

1 地域で行われていること

a. 区・自治会

地域には「区・自治会等」が存在している．その組織は区長（自治会長）を中心に，副，会計，監事などの役員と各種委員会（委員長・委員）などから構成されている．そして，区の行事として，災害時の助け合い，避難訓練（防火訓練），防犯，清掃，お祭り，スポーツ大会（運動会）などが挙げられる．近年，少子高齢化に伴い自治会内では高齢者世帯が多くなり，役員を引き受けてもらえる人材が不足し，自治機能の存続が危ぶまれているところも出てきている．また，核家族化により若者世帯は自治会の存在や役割を理解できていないこともあるため，各地で伝統的な行事が継続できないことや，自治会への入会を拒否するなどの多岐にわたる問題が生じている．

一方，自治会役員とは異なるが，住民の生活状況を把握するために民生委員が配置されている．民生委員は，民生委員法（昭和23年法律第198号）に規定されている区域に配置されている．役割には，住民の生活状態の把握，援助を必要とする者がその能力に応じ自立した日常生活を営むことができるように，生活に関する相談や助言，援助を行うことなどがある．

このような活動を含めて，各自治体では公助の活動の仕組みができているが，個人情報保護法の施行により，独居高齢者を含めて住民の生活実態が把握できないことも問題となっている．

b. 地域活性化と地域づくりへの取り組み

地域活性化という言葉は，政策的には2通りの意味で使用されている．1つは，雇用創出や所得の向上といった地域経済の活性化である．もう1つは，地域おこしやコミュニティビジネスなどの地域住民の活動の活性化である[6]．少子高齢化の加速による人口減少の状況が進行している現代社会の中で，核家族化やライフスタイルの多様化があり，日本で行ってきた「家族によるケア」の機能は消失しつつある．

東日本大震災後は，地区住民の活動を活性化する取り組みや，行政と地区住民との協同作業による防災地図（ハザードマップ）作りなどが積極的に行われている．さらに，地域を守ろうとする考え方と同時に，住民の団結力の存在が必要になってくることによりコミュニティが生まれると考える．コミュニティの捉え方として，①コミュニティには直接・間接のコミュニケーションが存在する，②自生的なものであると同時に，ある契機が設定されないと生まれない，③一定のルールを自発的に共有するコミュニケーションのプロセスである，の3つが挙げられる[7]．コミュニティは，社会の変化に応じてその機能は解体と再構築を繰り返すものである．現代社会では，独居高齢者や子供の見守り活動が求められ，一例として，団塊世代の男性が小学生の登下校時に主要交差点において，見守りをしている活動が挙げられる．また，過疎地においては高齢者の買い物や通院に移動手段として，乗合自動車での送迎などが行われている．このように，地域においての相互扶助の関係が出現することが，コミュニティの一つとしての機能であると言える．

2 地域リハビリテーション

1963年に理学療法士・作業療法士法が施行されたが，リハ専門職の人数が少ないために医療施設内での業務が中心であった．1970年代になり，脳血管障害による片麻痺者や脊髄損傷者が自宅で生活することができることを目的に，保健師（当時は保健婦）を中心とした訪問看護が行われていた．（筆者自身の経験から，）この活動が円滑にできるように，各地の，医療機関に所属する理学療法士と作業療法士が保健師に対して集中的なリハビリテーション教育を行った．その後，行政に所属する保健師と医療機関

に所属するリハ専門職がチームを組んで在宅を訪問する活動へ発展してきた．これらの活動は老人保健法が施行（1983年）される以前から実施されていたが，その活動は自治体やその地域の医療機関により大きな違いがあった．中でも長崎県においては，島嶼部を中心に医療チームと行政が一体となった地域リハビリテーションが1970年代から始まり，現在の体系に至っている．

a. 日本における地域リハビリテーションの定義

日本リハビリテーション病院・施設協会は，1991年に地域リハビリテーションの定義を作成し[8]，一部の修正を経て，現在は次のようになっている．

「地域リハビリテーションとは，障害のある人々や高齢者およびその家族が住み慣れたところで，そこに住む人々とともに，一生安全に，いきいきとした生活が送れるよう，医療や保健，福祉及び生活にかかわるあらゆる人々や機関・組織がリハビリテーションの立場から協力し合って行う活動のすべてを言う」．

さらに，活動指針として障害発生の予防，ライフステージに応じた継続的な支援システムを地域に構築する，社会参加への地域住民を含めた総合的な支援を掲げている．また，特筆されることは，加齢現象は他人事ではなく自分自身の問題として捉えるよう啓発されることが必要であると述べている点である．誰にでも生じる疾病や障害に対して健康な年代から意識させていく取り組みは予防を含めた最重要項目であり，これからのリハビリテーションのあり方に示唆を与えている．

b. 海外における地域リハビリテーションの定義

地域リハビリテーション（community based rehabilitation：CBR）とは，「障害のあるすべての人々のリハビリテーション，機会均等，そして社会への統合を地域の中において進めるための戦略である．そして，地域リハビリテーションは障害のある人々とその家族，そして地域，更に適切な保健，教育，職業及び社会サービスが統合された努力により実施される」[8]．海外においては，日本の地域リハビリテーションと異なり，社会的な問題を包含した内容で活動されることとしている．特に，途上国といわれる国では医療保健体制作りから関わることになり，中でも，途上国の農村に住む障害のある人と家族の生活向上のためにWHOが開発して取り組んできた．2006年の国際障害者権利条約制定により，2010年にCBRガイドラインが発表され，その中ではCBRの目的はCBID（community based inclusive development：地域に根ざした包括的な開発）としている[9]．

c. 地域に根ざしたインクルーシブ開発（CBID）の広がり〜地域に根ざした共生社会の実現

日本の地域リハビリテーションは，疾患や障害を持った人たちが健康なときに住んでいた住居で生活するためのアプローチに始まった活動であり，当初は対個人であった．その後，障害者が施設で暮らすことから脱却し，社会へ参加できる環境づくり（ノーマライゼーション）が浸透してきた．しかし，発祥の地である北欧において，このノーマライゼーションは，一般の人たちには当然の理念として受け止められているために今や使われていないという[10]．

CBIDは，障害者権利条約の制定によりCBRが進化したもので，コミュニティや社会が障害のある人をはじめとする，すべての脆弱な人々やグループを含めて，インクルーシブなものに変わることを意味している[9]．それを包括的に示したものがCBRマトリックス（図2）[11]である．このマトリックスを用いて，地域づくりに関わる活動全体を包括的に捉えることができる．すなわち，実施している活動がどこのレベルまで達成しているかを確認できるツールであり，個人の人生の充実度，団体や事業所の活動診断，地域の診断にも使うことができる[12]．

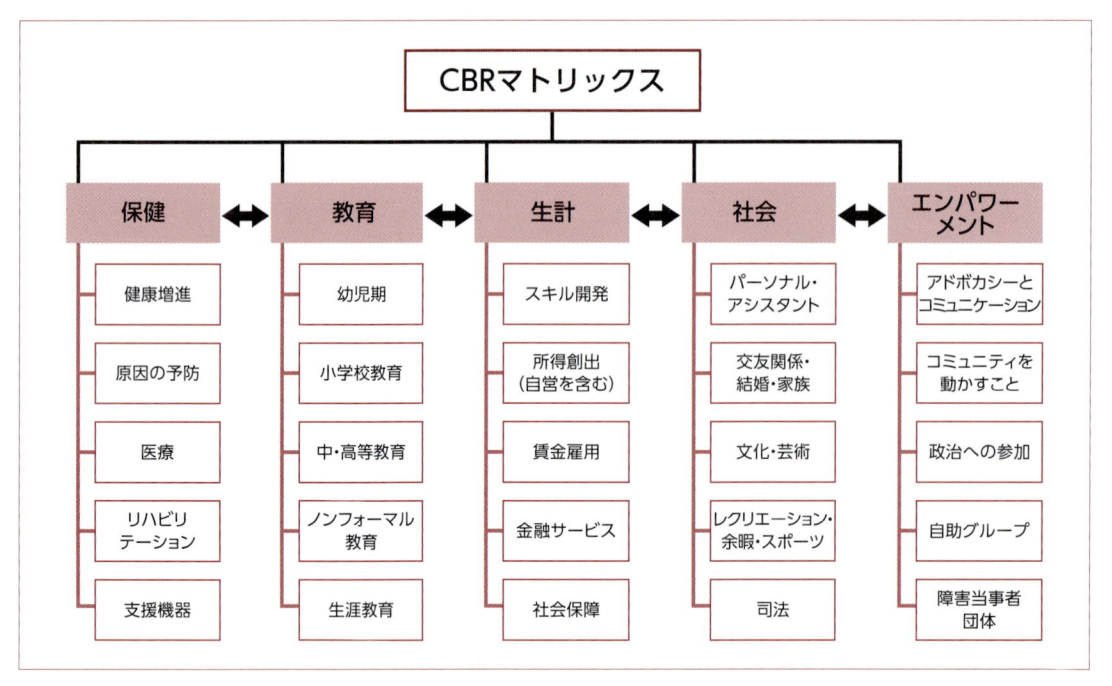

図2：CBR マトリックスの包括的表示

「日本障害者リハビリテーション協会（訳）：CBR ガイドライン日本語訳，CBR ガイドライン・導入 導入 [internet]，http://www.dinf.ne.jp/doc/japanese/intl/un/CBR_guide/cbr01_04.html [accessed 2016-03-11]，高嶺 豊（監修），世界保健機関（WHO），2010」より引用

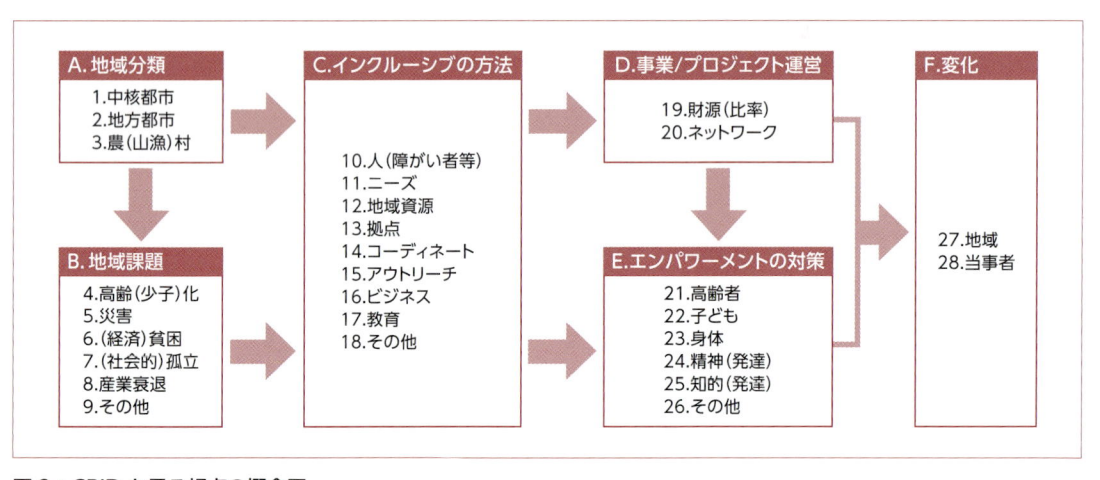

図3：CBID を見る視点の概念図

「鈴木直也，高嶺 豊，他：地域に根ざした共生社会の実現 CBID 事例集―総括 [internet]，http://www.dinf.ne.jp/doc/japanese/intl/cbr/cbr_jirei_2015/soukatu.html [accessed 2015-11-12]，日本障害者リハビリテーション協会，2015」より引用

事例をまとめるに当たって，CBID を見る視点の概念図が作成されている（**図3**）[12]．この地域分類では最初に個人がどこに存在するかの診断があり，地域課題として高齢者問題や災害などによる地域の孤立など複雑に関連することがある．インクルーシブの方法は，対象のニーズに応えるものであることやアウトリーチとともに進めていくことなど多岐にわたる．エンパ

118

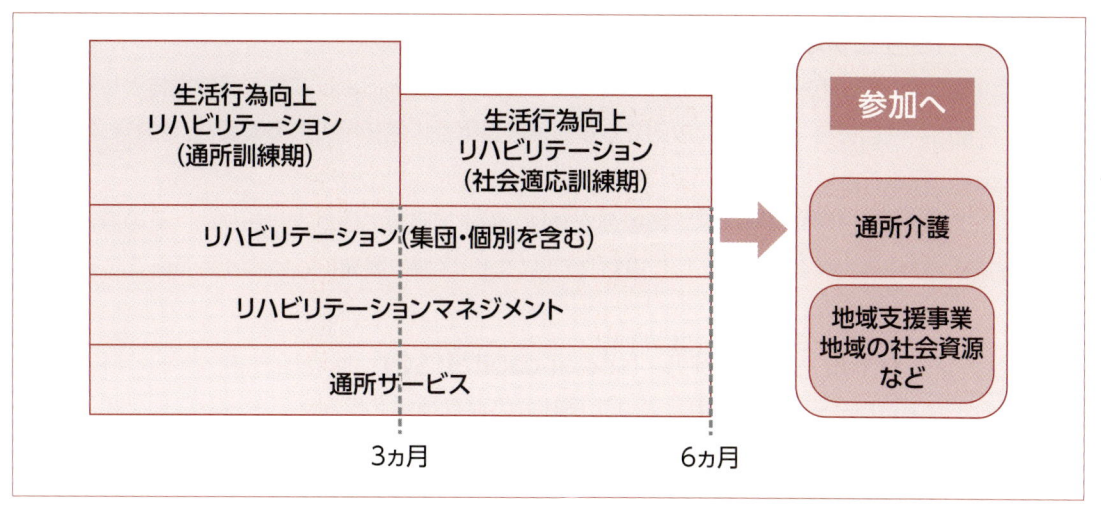

図4：リハビリテーション機能の特性を活かしたプログラムの充実（生活機能を向上するためのモデル）
「大森　彌，栗原正紀，他　高齢者の地域におけるリハビリテーションの新たな在り方検討会：高齢者の地域におけるリハビリテーションの新たな在り方検討会報告書 [internet]，http://www.mhlw.go.jp/file/05-Shingikai-12301000-Roukenkyoku-Soumuka/0000081900.pdf [accessed 2015-11-12]，p45，厚生労働省，2015」より改変して引用

ワーメントの対象者がインクルーシブ的な介入によりどのよう変化が生じたかを示して行くことが可能である．多くの障害者団体やNPO・NGOなどが行っている活動で，上記のCBRマトリックスやCBID概念図を基に計画立案や実施活動を分析することにより問題点が明確にされ，反省・改善点につなげることが期待できる．

3　今後の取り組み

少子高齢者現象が進む中で，わが国は団塊世代が75歳になる2025年問題が大きくのしかかってきている．「高齢者の地域における新たなリハビリテーションの在り方検討会」では，高齢者は多様なニーズを持っているものの，従来行われてきたサービスの内容は身体機能に偏ったリハビリテーションの実施であると述べている．その改善策の1つとして，「生活機能を向上するためのモデル」を提示している（**図4**）[13]．高齢者は在宅生活を送りながら，必要に応じて通所介護や地域の社会的資源を利用することで，社会参加を促し，その人が生活してきた地域においてその人らしい生活ができるように，保健・医療・福祉の関係者が連携を取りながら支援することである．

確認事項
① 「地域」について理解しよう
② 「コミュニティ」について理解しよう
③ 「地域リハビリテーション」について理解しよう
④ 「CBID」について理解しよう

MEMO　コミュニティの定義

　生活の場において，市民としての自主性と責任を自覚した個人および家庭を構成主体として，地域性と各種の共通目標をもった，開放的でしかも構成員相互に信頼感のある集団を，われわれはコミュニティと呼ぶことにしよう[14]．

　日常生活の場で，日常的に身近な地域社会であり，通常市町村の区域よりも狭い．その意味で地方自治制度上は制度的なまとまりとして扱われていない，区域に展開している社会関係である[15]．

MEMO　ソーシャル・キャピタル（social capital: SC）

　米国の政治学者ロバート・パットナムは市民社会の存立基盤を形成するネットワークを，ソーシャル・キャピタルという概念によって捉えた（Putnam 1993）．SC とは，「協調的行動を容易にすることにより社会の効率を改善しうる信頼，規範（互酬性），ネットワークのような社会的組織の特徴」を意味する．これには，同質的な人々やグループの結束を強める「結束型（bonding）」と異質な人々やグループの間を結びつける「橋渡し型（bridging）」がある．結束型は集団内の強固な結束力を高める一方で，その傾向が強まると閉鎖的で排他的になるという側面もある[16]．

文献

1) 伊藤喜栄：「地域」とは何か [internet], http://www.systemken.org/geturei/33.html [accessed 2016-04-19], 第 33 回定例研究会，NPO 参加型システム研究所，2004
2) 田中　滋，森田　朗，ほか：第3回医療介護総合確保促進会議　参考資料 2　総合確保方針に関連する区域のイメージ [internet], http://www.mhlw.go.jp/file/05-Shingikai-12401000-Hokenkyoku-Soumuka/0000056874.pdf [accessed 2015-11-12], 厚生労働省，2015
3) 厚生労働省医政局長：「地域における医療及び介護の総合的な確保を推進するための関係法律の整備等に関する法律」の一部の施行について [internet], http://www.mhlw.go.jp/file/06-Seisakujouhou-10800000-Iseikyoku/0000088509.pdf [accessed 2015-11-12]
4) 厚生労働省老健局計画課長，振興課長，老人保健課長：地域包括支援センターの設置運営について（通知）[internet], http://www.mhlw.go.jp/topics/2007/03/dl/tp0313-1a-03.pdf [accessed 2015-11-12], 2007
5) 遠藤久夫，尾形裕也，ほか：第 1 回地域医療構想策定ガイドライン等に関する検討会　資料 6 構想区域の設定の考え方について（案）[internet], http://www.mhlw.go.jp/file/05-Shingikai-10801000-Iseikyoku-Soumuka/0000058291.pdf [accessed 2015-11-12], 厚生労働省，2014
6) 中西穂高：序章，どの自治体でも実践できる地域活性化モデル，pp13-14，彩流社，2011
7) 宮垣　元：理論的背景と位置づけ，コミュニティ科学，金子郁容，玉村雅敏，宮垣　元（編），pp38-39，勁草書房，2009
8) 大田仁史：地域リハビリテーションの考え方，地域リハビリテーション学，大田仁史（編），pp8-10，三輪書店，2000
9) 障害保健福祉研究情報システム（DINF）：CBR（地域に根ざしたリハビリテーション）・CBID（地域に根ざしたインクルーシブ開発）[internet], http://www.dinf.ne.jp/doc/japanese/intl/cbr.html [accessed 2015-11-12], 日本障害者リハビリテーション協会
10) 澤村誠志：地域リハビリテーションとは何でしょう，実践地域リハビリテーション私論，pp71-72，三輪書店，2005
11) 日本障害者リハビリテーション協会（訳）：CBR ガイドライン日本語訳，CBR ガイドライン・導入　導入 [internet], http://www.dinf.ne.jp/doc/japanese/intl/un/CBR_guide/cbr01_04.html [accessed 2016-03-11], 高嶺　豊（監修），世界保健機関（WHO），2010
12) 鈴木直也，高嶺　豊：地域に根ざした共生社会の実現　CBID 事例集―総括 [internet], http://www.dinf.ne.jp/doc/japanese/intl/cbr/cbr_jirei_2015/soukatu.html [accessed 2015-11-12], 日本障害者リハビリテーション協会，2015
13) 大森　彌，栗原正紀，他 高齢者の地域におけるリハビリテーションの新たな在り方検討会：高齢者の地域におけるリハビリテーションの新たな在り方検討会報告書 [internet], http://www.mhlw.go.jp/file/05-Shingikai-12301000-Roukenkyoku-Soumuka/0000081900.pdf [accessed 2015-11-12], 厚生労働省，2015
14) 清水馨八郎，他 国民生活審議会調査部会コミュニティ問題小委員会：コミュニティ―生活の場における人間性の回復―[internet], http://www.ipss.go.jp/publication/j/shiryou/no.13/data/shiryou/syakaifukushi/32.pdf [accessed 2016-05-09], pp155-156, 1969
15) 名和田是彦：現代コミュニティ制度論の視角，コミュニティの自治，名和田是彦（編），p2，日本評論社，東京，2009
16) 西山志保：ボランティアと市民社会，Column ⑬，都市型社会学・入門，松本　康（編），p269，有斐閣，東京，2014

第3章

2 地域づくりの意味

小森昌彦

ここがポイント！

地域包括ケアシステムでは，社会保障の仕組みに「自助」，「互助」を組み入れることを強調している印象を受ける．しかし，地域包括ケアシステムの構築には住民の理解が必要であり，住民の意識と乖離があれば，それは受け入れられないこととなる．

住民が，身近な地域でどんなことに問題意識を持っているのか知り，それを解決するために「地域包括ケアシステム」をどのように機能させるのかを考えることが，本当の意味で地域包括ケアシステムにおける「地域づくり」になる．

○→ 覚えておきたいKeyword
地域包括ケアシステム，地域づくり，住民

1 「地域」と「地域づくり」

「地域包括ケアシステムとは，地域づくりである」という言葉を聞くことがある．しかし，地域包括ケアシステムにおける「地域」という言葉と，地域づくりの「地域」という言葉はそのとらえ方が違う．

「地域包括ケアシステム」における「地域」とは，その定義に「おおむね30分以内に駆けつけられる圏域を理想的な圏域として定義し，具体的には，中学校区を基本とする」[1)]とあるように，「包括的なサービスが提供される範囲」，「ケアシステムが編成される範囲」，つまり「エリア」を意味する．

一方，「地域づくり」という言葉に使われている「地域」とはエリアのことではなく，「エリアを構成する行政，介護保険事業所，病院，民間企業，地域住民などすべての社会資源と人材」のことをいうのではないか．そして，「地域づくり」とはその社会資源，人材の「ネットワークづくり」のことをいうのではないかと考える．

地域包括ケアシステムにおける地域づくりとは，「中学校区程度の生活圏域にあるすべての社会資源，人材のネットワークを構築すること」であり，医療・介護・生活支援などのサービスがそれぞれ無駄なく効率的に調整されて，適切に提供できる地域完結型の体制づくりが，地域包括ケアシステムということになるのではないだろうか．

2 なぜ，「地域づくり」がクローズアップされるのか

今，「地域づくり」がクローズアップされる理由は，「地域包括ケアシステム」が国策として位置付けられているからに他ならない．他にも超高齢社会の問題や働き手不足の問題などの社会的な背景により，防犯，防災，教育，経済などあらゆる分野で「地域づくり」が推進されているが，保健・医療・福祉分野においても他分野と同様である．

3 「医療」,「介護」分野からみた地域づくり

超高齢社会の到来が医療や介護の分野に及ぼす影響については、2013（平成25）年の「社会保障制度改革国民会議報告書」にも、「国民皆保険制度が制定された当時は、平均寿命60歳代の社会で、治療の対象は主に青壮年期の患者であった。医療は、救命・延命、治癒、社会復帰を前提とした『病院完結型』であり、治って退院する流れが一般的だった。しかし現在では、男女ともに平均寿命が80歳を超え、女性は90歳に近づこうとしている。このような社会では医療の中心は後期高齢者であり、慢性疾患による受療が多く、複数の疾病を抱えるなどの特徴を持つ。つまり、地域全体で治し、支え、病気と共存しながらQOL（Quality of Life）の維持・向上を目指す『地域完結型』にならざるを得ない」[2]と記載されている。

医療分野の変化はそのまま介護分野に変化をもたらすことになる。これまでは入院して治療を受けていたが、これからは急性期の治療が終了すると地域へ戻ることになり、地域では「医療と介護」の両面の支援が必要な要介護者が増えることになる。当然、その延長線上に「在宅での看取り」も見据えることになる。

このように、今後さらに増えるであろう医療と介護の両方が必要な要介護者を支えるためには、「医療と介護の連携（医療機関と介護事業所）」という「地域づくり」が必要となる。

次に、働き手の不足から「地域づくり」をみてみる。まず専門職の人材不足が深刻となることが予測される。例えば、「医師不足」、「看護師不足」、「介護職不足」、「リハビリテーション専門職（以下、リハ専門職）不足」がある。これらは、医療機関や入所施設よりも在宅医療・介護で顕著になる。現在でも、地方では「募集しても応募がない」、「専門職全体の高齢化」といった問題が顕著になりつつあり、何とかしのいでいるのが現状である。

専門職の不足を補うためには、専門職にはより専門性の高い業務に当たってもらい、専門性の低い業務については、他の職種や民間企業・NPO（以下、民間）、住民に託すといった工夫が必要となる。平成27年度の介護保険制度の改正において、要支援者の訪問介護サービスが介護保険から市町村における総合事業に移行した背景には、ホームヘルパーにはより専門性の高い身体介護に従事してもらい、家事支援などについては民間や住民などの力を活用しようという考えが反映されていると考える（図1）[3]。

したがって、今まで以上に「医療と介護の連携」が密接でなければサービスの切れ目ができてしまう。また、フォーマルサービスのみならずインフォーマルサービスとの連携がなければ、これから増え続ける要介護者を支えるためのサービス量が担保できないことになる。

今までの連携は「情報の共有と役割分担の明確化」であったと思うが、これからの連携は「情報の共有」とともに「技術の共有」が必要であり、今まで一つの専門職が担っていた仕事を他の職種や民間・住民とシェアすることも必要になってくるのではないかと考える。具体的には、今まで「医師が行っていた仕事の一部を看護師が、看護師が行っていた仕事の一部を介護職が、介護職が行っていた仕事の一部を住民や民間企業が」ということも考えられ、専門職はそれぞれの専門性に特化した役割を担うことになるのではないだろうか。働き手不足に対応するには、限りある専門職を効果的に効率的に活用する必要がある。そのためには、医療と介護といったフォーマルサービスと民間や住民といったインフォーマルサービスにおける「情報と技術の共有」と、「専門性の明確化と役割のシェア」という「地域づくり」が必要となると考える。

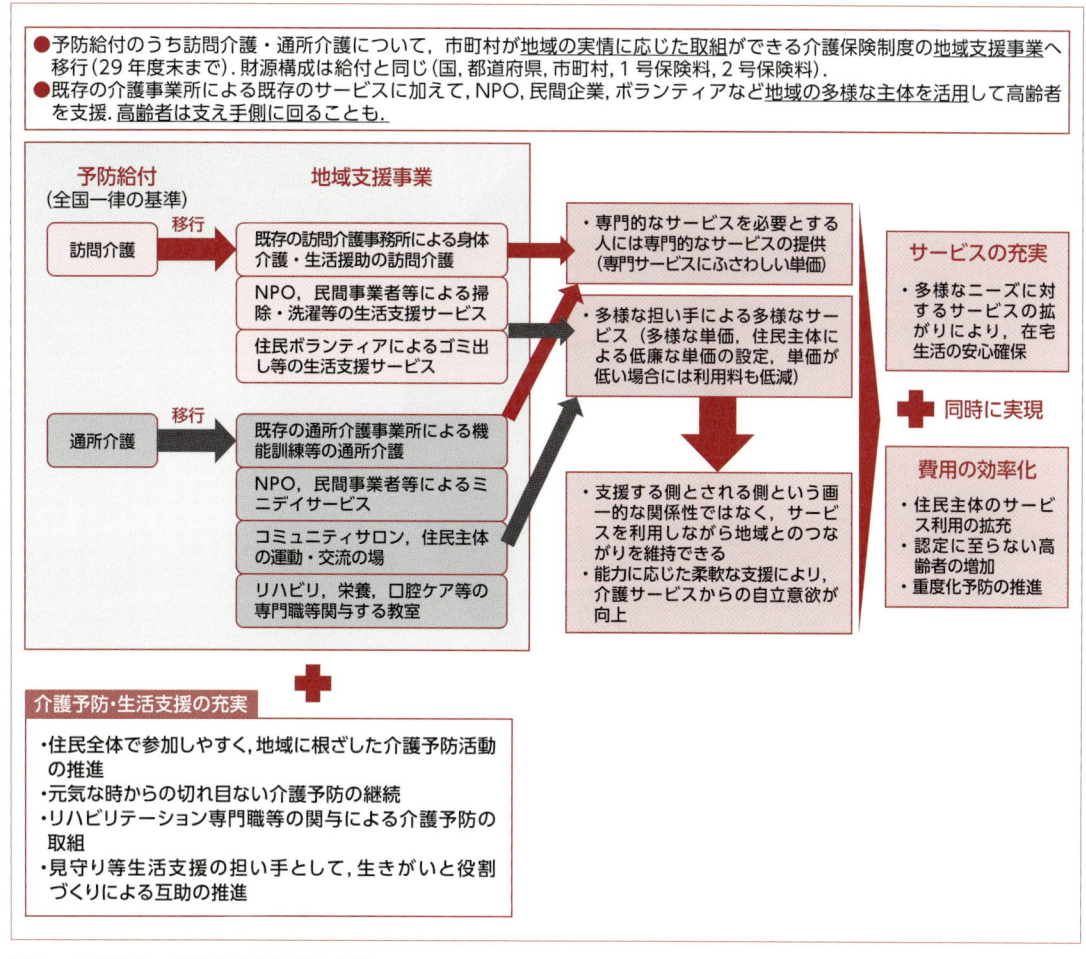

- 予防給付のうち訪問介護・通所介護について，市町村が地域の実情に応じた取組ができる介護保険制度の地域支援事業へ移行（29年度末まで）．財源構成は給付と同じ（国，都道府県，市町村，1号保険料，2号保険料）．
- 既存の介護事業所による既存のサービスに加えて，NPO，民間企業，ボランティアなど地域の多様な主体を活用して高齢者を支援．高齢者は支え手側に回ることも．

図1：介護予防・日常生活支援総合事業

「厚生労働省老健局振興課：介護予防・日常生活支援総合事業 ガイドライン案（概要）[internet], http://www.mhlw.go.jp/file/05-Shingikai-12301000-Roukenkyoku-Soumuka/0000052668.pdf [accessed 2015-10-05], p4, 厚生労働省, 2014」より引用

4 住民からみた地域づくり

　一般住民は，地域包括ケアシステムにおける「地域づくり」をどのように感じるだろうか．本来，「地域づくり」とは住民による「自助」，「互助」機能の強化のことをいい，大きな災害や凶悪な犯罪があるたびに住民同士の助け合いや見守りといった「地域の力」が強調される．実際に，「地域の力」が発揮されて被害を防ぐことができたという事例がマスコミを通じて報告され，地域づくりの必要性を説いている．
　しかし，先に述べたように，地域包括ケアシステムでは社会保障の仕組みに「自助」，「互助」を組み入れることを強調している印象を受ける．住民の立場であれば，「社会保障で対応できなくなったので，その分を住民が肩代わりするのか」といった印象を受けかねない．
　地域包括ケアシステムも地域づくりも本来は「住民のため」である．しかし，超高齢社会の到来，働き手の不足，高齢者世帯の増加といった社会的背景から論を進めると，「社会保障で対応できなくなったので，住民が肩代わりせざるを得ない」といった論旨展開になりかねない．
　社会的背景を知ることは，社会保障の中で働く専門職としては重要なことの1つである．しかし，主役である住民がどのように考えてい

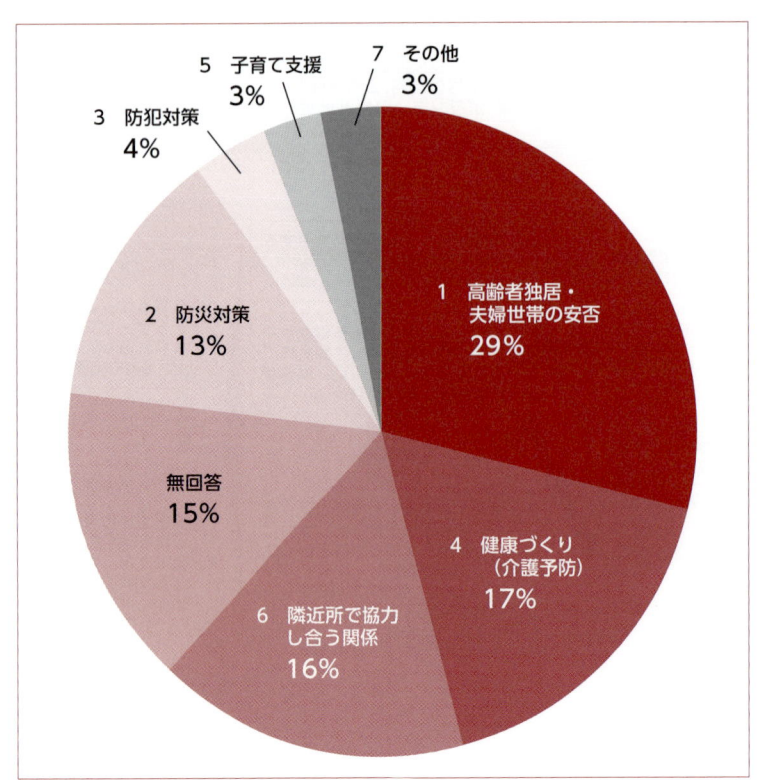

図2：特に地域で取り組む必要がある課題

「兵庫県但馬県民局但馬長寿の郷：平成19年老人保健事業推進費等補助金（老人保健健康増進等事業）「高齢者の健康づくりのための地域ボランティアの養成に関する調査研究報告書」, p7, 2007」より引用

- 1 高齢者独居・夫婦世帯の安否 29%
- 4 健康づくり（介護予防） 17%
- 6 隣近所で協力し合う関係 16%
- 無回答 15%
- 2 防災対策 13%
- 3 防犯対策 4%
- 5 子育て支援 3%
- 7 その他 3%

るのか，何を問題と感じているのかを知ることは，専門職にはさらに重要なことである．社会保障の進む方向が妥当なものであっても，住民の意識と乖離があれば，住民には受け入れられないこととなる．

住民が身近な地域でどんなことに問題意識を持っているのか知り，それを解決するために「地域包括ケアシステム」をどのように機能させるかを考えることが，本当の意味で地域包括ケアシステムにおける「地域づくり」になるのではないかと考える．

筆者が勤務する兵庫県但馬県民局但馬長寿の郷では，2007（平成19）年に住民の地域課題に関する意識調査を行い，そのデータを基に「地域包括ケアシステム」における地域づくりを行った．

調査対象は，兵庫県北部にある但馬地域の単位老人クラブ会長，民生委員・児童委員，高齢者大学学生1,172名であった．なお但馬地域は兵庫県下でも過疎と高齢化の進む地域で，都市部とはその特徴が異なることが推測される．

この調査では，「現在，特に地域で取り組む必要がある課題」について質問した．それによると，「高齢者独居，夫婦世帯の安否」との回答が最も多く29％であった．次に多かったのは，「健康づくり（介護予防）」，次いで「隣近所で協力し合う関係」の順であった（**図2**）[4]．

この回答をみると，超高齢社会を迎えた地域の住民が実生活の中で「高齢者世帯」の増加を問題と捉え，地域の課題として取り組むことの必要性を実感していることがわかった．さらに，高齢化した住民の健康づくりと，近隣の住民同士の関係性が希薄になったことへの問題意識を持っていることがわかった．

つまり，この地域の住民にとって，「地域づくり」は「高齢者世帯の見守りと支援」，「地域で取り組む介護予防活動」，「近隣との協力関係の再構築」のために必要なことであり，この3つの課題を解決するための「地域づくり」の戦略を具体的に立て，住民に説明して住民による

地域活動を促すことが，住民のための「地域づくり」になるのではないだろうか．そして，それは間違いなくその地域における地域包括ケアシステムの構築につなげることができる．

5 地域包括ケアシステムにおける「地域づくり」

地域包括ケアシステムとは，「生活圏域（中学校区）」といった小さなエリアでの仕組みづくりである．つまり，同じ都道府県であっても同じ市内であっても，生活圏域の状況が異なれば当然その仕組みも変わってくる．

制度による「地域づくり」の枠組みと，住民が実生活の中で抱いている地域課題を解決するための「住民主体の地域づくり」を組み合わせて初めて，「地域包括ケアシステムにおける地域づくり」ができるのでないかと考える．特に，住民の意見や視点を「地域づくり」の中心に置くことができるかどうかが重要であり，それによって「地域づくり」の成否が決まる．

「地域づくり」とは，そこに住む人たちのためにあるべきである．制度で決まっているから「地域づくり」が必要というストーリーは住民には受け入れられない．しかし，「あなたのことを気遣っている人がまわりにいますか」，「困った時に相談したり助けてくれる人がいますか」，「そんな友人をたくさん持ちましょう」，「これからの地域づくりは，気兼ねなく相談したり，助け合ったりできる友人を地域ぐるみでつくれるような環境づくりのことをいいます」と言えばどうだろうか．

近所の付き合いは煩わしいと感じるかもしれないし，見守りが見張るになると窮屈でもある．しかし，友人や信頼できる人が身近にたくさんいる生活は楽しいし，張り合いがある．緩やかな信頼関係によってつながった個人と個人のネットワークは，個人のセーフティーネットとして機能し，その個人のネットワークが地域にたくさんあれば，地域全体のセーフティーネットとして機能する．

超高齢化はこれからも進み，専門職も不足するが，少しでも社会保障に頼らないで問題を解決できる力を地域が持つことができれば，専門職の負担を軽減でき，本当に必要な時に介護保険や医療保険が使える．一方で地域づくりがうまくいかなければ，医療や介護のニーズは一気に高まり供給量を上回る．そうなれば，相対的にサービス量が低下し必要な時に医療や介護のサービスが使えないことになるかもしれない．

このような仕組みが本当に可能なのかわからないが，まずは個人によるネットワークを育める機会（同じ価値観を共有する人たちが集まれる場所）を提供することから始めてはどうだろうか．

地域包括ケアシステムにおける「地域づくり」には，行政の戦略とビジョン，地域の資源と人材をつなぐコーディネーター，住民の理解など，いくつかの条件と時間が必要である．

我々リハビリテーション専門職（以下，リハ専門職）も「地域づくり」に関与する職種として期待されており，どのように関与するかを考えなければならない時代に入っている．例えば，行政のビジョンづくりやその戦略として関与するのか，サービスを提供する地域資源・人材として関与するのか，住民に対する理解を促すことに関与するのか，選択肢はいくつもある．法人として，個人として，住民として，その立場によっても関与の仕方は異なる．いずれにしても，他人事ではなく自分のこととして考える必要がある．なぜなら，他人事だと考える人が多い地域と自分のこととして積極的に活動する人が多い地域では，そこに暮らす人々の生活に差が出て来ると予測されるからである．地域の格差が明らかになるのも，地域包括ケアシステムの特徴であろう．

住民の健康と自立支援に寄与するリハ専門職

は，数ある専門職の中でも「地域づくり」に最も寄与できる専門職種の1つであると考える．今後は，どのような関与ができるかをそれぞれの立場で考え実践してもらいたい．

> **確認事項**
> ①地域包括ケアシステムにおける「地域づくり」の意味を理解しよう
> ②「地域づくり」は住民のためにあることを理解しよう
> ③あなたは「地域づくり」にどんなカタチで関われますか

文献

1) 田中 滋，前田雅英，他（地域包括ケア研究会）：平成21年度 老人保健健康増進等事業による研究報告書 地域包括ケア研究会 報告書［internet］，http://www.murc.jp/uploads/2012/07/report_1_55.pdf［accessed 2015-10-05］，三菱UFJリサーチ＆コンサルティング，2010
2) 清家 篤，遠藤久夫，他（社会保障制度改革国民会議）：社会保障制度改革国民会議 報告書［internet］，https://www.kantei.go.jp/jp/singi/kokuminkaigi/pdf/houkokusyo.pdf［accessed 2015-10-05］，2013
3) 厚生労働省老健局振興課：介護予防・日常生活支援総合事業 ガイドライン案（概要）［internet］，http://www.mhlw.go.jp/file/05-Shingikai-12301000-Roukenkyoku-Soumuka/0000052668.pdf［accessed 2015-10-05］，厚生労働省，2014
4) 兵庫県但馬県民局但馬長寿の郷：平成19年老人保健事業推進費等補助金（老人保健健康増進等事業）「高齢者の健康づくりのための地域ボランティアの養成に関する調査研究報告書」，2007

第3章
3 地域の力
～地域資源について～

後藤美枝

ここがポイント！

地域包括ケアシステムが提唱され，地域の力が注目されている．地域といっても様々な捉え方があるが，身近な日常生活圏といわれる小学校区，地域包括支援センターの活動圏域といわれる中学校区には，様々な地域活動がある．この章では，これらの地域活動の歴史的背景と役割・活動について説明する．

覚えておきたいKeyword

町内会，民生委員，児童委員，市区町村社会福祉協議会

はじめに

わが国の高齢化率は，他の国に類を見ない速さで高くなっている．そのため，厚生労働省は2050年には「1人の若者が1人の高齢者を支える肩車型社会」になると予想している．それらの解決策として地域包括ケアシステムを提唱し，「地域包括ケアシステムは保険者である市町村や都道府県が地域の自主性や主体性に基づき，地域の特性に応じて作り上げていくことが必要である」としている[1]．

平成25年3月の地域包括ケア研究会の報告では，「地域包括ケアシステムは，元来，高齢者に限定されるものではなく，障害者や子供を含む，地域のすべての住民のための仕組みであり，すべての住民の関わりにより実現する．市町村が，地域住民の意識付けや個人の意欲の組織化を施策として積極的に取り組み，社会全体の運動につなげていくことが重要である」としている．また，「異業種も含め，地域の事業者も地域包括ケアシステムの重要な主体として活動に参加してもらうこと（NPO，社協，老人クラブ，自治会，民生委員に加え，商店，コンビニ，郵便局，銀行なども）である」とまとめている[2]．

地域の特性に応じたシステムをつくるためには，それぞれの地域の活動を知ることが必要である．地域には，従来から様々な活動組織がある．その中心をなす町内会，民生委員，児童委員，市区町村社会福祉協議会等については，長期にわたり地域に根づく様々な活動実績がある．

近年，認知症高齢者，ひきこもり，子供の貧困とその連鎖等，多様な生活課題が地域にはある．地域だからこそわかる情報があり，これらを住民主体で解決できるように，住民と行政や地域の機関が協働することが重要となっている．この章では，地域で活動している町内会，民生委員，児童委員，市区町村社会福祉協議会が，地域の力として果たしてきた歴史的背景と現在の役割・活動について説明し，今後これまで以上に地域資源となりうるNPO法人について，最後に地域における行政の役割について述べる．

1 町内会

町内会は，一定の地域に住む人々が地域に共通する様々な課題をみんなで協力して解決し，

快適な街づくりを目指して自主的に活動している住民による自治組織である．

歴史的には，昭和15（1940）年，内務省が「部落会町内会等整備要綱」を訓令し，「町内会」を行政の補助団体として全国に整備した．戦時中には，国民を戦争に動員するための組織としての性格を強めた．そのため，戦後の一時期は町内会が廃止されたこともあったが，それぞれの地域に相互扶助の活動は継続し，昭和27（1952）年のサンフランシスコ講和条約の発効に伴い，各地で現在の町内会等が再結成されることとなった[3]．

a. 具体的活動・役割

各町内会の活動は，地域ごとの特徴があるので，以下代表的な活動とその役割について述べる[4]．

①防災活動では，災害に備えて自主防災組織を結成し，防災訓練などを実施．

②交通安全活動では，子供や高齢者の安全を守るための交通安全活動や，交通ルールとマナーの啓発等の実施．

③行政機関からの生活情報や町内会（自治会）からの地域情報を，回覧板・掲示板等を使って知らせる．

④美化活動では，ゴミ集積所の維持管理，資源回収，公園の清掃などの実施．

⑤防犯活動では，犯罪のない安全な街づくりを目指し，地域を巡回する防犯パトロールや街灯の設置・維持管理などを実施．

⑥地域の交流活動では，お祭りや盆踊り，運動会などの行事を実施．

これ以外にも，介護予防に関する福祉活動等も積極的に実施されている．東日本大震災以降は，被災地等を中心に災害に強い街づくりを目指し，地域ごとに避難マニュアル等を整備し，町内会，行政と地域の関係機関とより強い結びつきを持つようになっている．

これらの運営資金は，町内会費，行政からの補助金，資源回収，その他事業からの収益などから成り立っている．

町内会は，住民が地域で住み続けたいと願う地域の最小単位であるといえる．地域で活動するものにとって，町内会との連携は重要である．

2 民生委員・児童委員

「民生委員」は，民生委員法に基づいて厚生労働大臣から委嘱された非常勤の地方公務員である．地域住民の立場から，生活や福祉全般に関する相談・援助活動を行っている．また，すべての民生委員は児童福祉法によって「児童委員」も兼ねており，子育ての不安に関する様々な相談，支援にも応じている．

歴史的には，今から約100年前，1917（大正6）年に岡山県に設置された「済世顧問制度」や，その翌年に創設された大阪府の「方面委員制度」などが始まりとなっている．これらの活動実績等を踏まえ，1936（昭和11）年には方面委員令公布により全国統一的な運用が始まり，1948（昭和23）年には民生委員法が制定され，現在に至っている．平成25年度3月末現在，民生委員・児童委員は約23万人が活動している[5]．

a. 具体的活動と役割

具体的な活動は，福祉事務所等の行政機関と協力しながら行う．その内容は生活保護受給者などの生活困窮者の相談・援助活動等，行政協力機関的な活動，そして市区町村社会福祉協議会と協力して行う子育てサロン，安全・安心パトロール，ふれあいサロンなどの活動を通じ，児童虐待防止，家庭内暴力への対応，一人暮らし世帯の見守り等の支援を行うボランティア的活動がある．また，町内会，社会福祉協議会とともに，地域の活動に還元できる共同募金の運動推進協力者として大きな役割を果たしている．平成25年6月には災害対策基本法が改正され，市町村長に自ら避難することが困難な「避難行

動要支援者」については名簿の作成が義務づけされ，本人の承諾があれば名簿を民生委員，市区町村社協等に提供することができるようになった．そのため，町内会や区市町村社会福祉協議会等と協力し，災害時要援護者マップづくり，災害時の安否確認などを通じて，地域の防災力を高める活動等にも力を入れている．

3 社会福祉協議会

　社会福祉協議会（以下社協）は，「地域社会において民間の自主的な福祉活動の中核となり，住民の参加する福祉活動を推進し，保険福祉上の諸問題を地域社会の計画的・協働的努力によって解決しようとする公共性，公益性の高い民間非営利団体で住民が安心して暮らせる福祉コミュニティづくりと地域福祉の推進を使命とする組織である．社会福祉法では，「地域福祉の推進を図ることを目的とする団体」と規定されている[6]．

　社協の構成は全国社協，都道府県社協，政令指定都市社協，市区町村社協とされ，それぞれ独立して活動をしているが，同時に，社協というネットワークの中でも活動をしている．2000（平成12）年には，社会福祉法（第109条）において，市区町村社協が「地域福祉の推進」を図ることを目的とする団体であることが明記されている．ここでは，地域で活動する市区町村社協の活動について述べる．

a. 市区町村社協の事業について

　市区町村社協には，事業を実施するために①法人運営部門，②地域福祉活動推進部門，③福祉サービス利用支援部門，④在宅福祉サービス部門の4つの部門を設けている．

　地域福祉活動推進部門の主要な事業として小地域ネットワーク活動（見守り・支援活動）があり，高齢者や障害者など見守りの必要な住民に，近隣住民やボランティア等が継続的に実施する．

ふれあい・いきいきサロンでは，住民とボランティアが協働で企画・運営する仲間づくりの活動を実施する．活動の内容も地域ごとに介護者のサロン，子育てサロン，青少年の居場所づくりなど，多種多様である．

　食事サービスとして配食や会食などを行い，食事を地域住民，ボランティアによって提供し，同時に安否確認や話し相手になるなど，食事を届ける以外の意義も大きい．

　地域住民や地域の関係機関とのネットワークづくりにおいては，長年にわたり町内会や，民生委員，老人クラブなどの福祉活動を行う人々との組織づくりを進めてきた．現在では町内会，自治会などに多くの福祉委員や福祉部を設け，住民参加による福祉活動の推進に努めている．

　地域福祉の財源として共同募金の共同募金委員会等の事務局を担い，地域福祉活動を行うボランティア団体，NPO団体等への配分機能を果たしている．その他，生活福祉資金貸付事業，成年後見制度，在宅福祉サービスの実施主体など様々な事業を展開している[6]．

　今後，介護保険制度における総合事業により市町村が生活支援コーディネーターを配置することなども踏まえ，地域に存在する多様な生活課題を解決するための，地域住民，行政，地域の関係機関等の協議体づくりにおいて，市区町村社協がその役割を担うところも大きい．

4 地域資源（NPO法人，ボランティア）

a. NPO法人（特定非営利活動法人）

　「NPO」とは，「Non-Profit Organization」または「Not-for-Profit Organization」の略称で，様々な社会貢献活動を行い，団体の構成員に対し収益を分配することを目的としない団体の総称[7]である．特定非営利活動促進法に基づき法人格を取得した法人を，「特定非営利活動法人（NPO法人）」という．NPOは法人格の有無を問わず，特定非営利活動と呼ばれる20の分

野（福祉，教育・文化，まちづくり，環境，国際協力など）で，社会の多様化したニーズに応える重要な役割を果たすことが期待されている．地域包括ケアシステムの中でも，特定の目的を持って活動するNPO法人は重要な地域資源である．

5　地域における市区町村の役割

市町村は，地域包括ケアシステムの構築において中心的な役割を担うべき立場にあり，法律上もその責務が明記されている．また，市町村は介護保険の「保険者」であると同時に，住民に身近な「基礎的自治体」でもある．したがって，介護保険給付における保険者機能を果たすと同時に，介護保険だけではカバーしきれない部分（「自助」の活用や「互助」の組織化，「公助」による支援など）について，一般財源を含めた様々な財源，方法によって問題解決を図っていくことが重要な役割である[8]．

文献

1) 厚生労働省：地域包括ケアシステムの実現へ向けて今後の高齢者人口の見通しについて［internet］，http://www.mhlw.go.jp/seisakunitsuite/bunya/hukushi_kaigo/kaigo_koureisha/chiiki-houkatsu/dl/link1-1.pdf［accessed 2015-11-12］

2) 田中 滋，池田省三，他（地域包括ケア研究会）：地域包括ケアシステムの構築における【今後の検討のための論点整理】－概要版－［internet］，http://www.murc.jp/uploads/2013/04/koukai130423_gaiyou.pdf［accessed 2015-11-12］，厚生労働省，三菱UFJリサーチ＆コンサルティング，2013

3) 愛知県：Ⅱ．地域コミュニティの歴史的経緯　1．地域コミュニティの歴史［internet］，http://www.pref.aichi.jp/cmsfiles/contents/0000024/24554/1syou-2（p.17-25）.pdf［accessed 2015-11-12］

4) 仙台市ホームページ：町内会 町内会とは［internet］，http://www.city.sendai.jp/manabu/chiiki/chonai/1264.html［accessed 2015-09-06］

5) 全国民生委員児童委員連合会（編）：2013年版 新任 民生委員・児童委員の活動の手引き，p6，p43，全国社会福祉協議会，2014

6) 和田敏明，渋谷篤男（編）：概説　社会福祉協議会，p2，p57，pp59-71，全国社会福祉協議会，2015

7) 内閣府政策統括官（経済社会システム担当）付参事官（共助社会づくり推進担当）：NPOのイロハ［internet］，https://www.npo-homepage.go.jp/about/npo-kisochishiki/npoiroha［accessed 2015-11-12］，内閣府NPOホームページ

8) 田中 滋，池田省三，他（地域包括ケア研究会）：平成24年度 厚生労働省老人保健事業推進費等補助金（老人保健健康増進等事業分）持続可能な介護保険制度及び地域包括ケアシステムのあり方に関する調査研究事業 報告書 地域包括ケアシステム構築における今後の検討のための論点［internet］，http://www.murc.jp/uploads/2013/04/koukai130423_01.pdf［accessed 2015-11-12］，p10，三菱UFJリサーチ＆コンサルティング，2013

COLUMN

千葉県柏市の在宅リハビリテーション連絡会の試み

渡辺良明

はじめに

　千葉県柏市では，高齢化が進んだ状態でも「いつまでも在宅で安心して生活できるまち」づくりのために，平成21年6月に柏市，東京大学，UR都市機構の3者での研究会が発足し，在宅医療推進のための検討が始まった．

　平成22年7月には第1回在宅医療懇談会が発足し，柏市・市医師会・市歯科医師会・市薬剤師会・市看護協会・市介護支援専門員協議会・市介護サービス事業者連絡会等の責任者が一堂に会して協議する場ができた．その時にリハビリテーション専門職（以下，リハ専門職）については市を単位とした団体はなく，参加することができない状況であった．

連絡会の成り立ち

　第5期（平成24～26年度）柏市高齢者いきいきプラン21（介護保険事業計画）策定時のケアマネ調査より，「在宅リハビリテーションの潜在的ニーズがあるものの，十分に供給がされていない」という課題が浮き彫りとなった．柏市ではその対応策として，医療機関でなくても介護保険の訪問リハビリテーションが実施できるよう，特区申請を行うことになった．現場では，特区構想の検討会議に参画できるように，平成24年6月に市内の訪問リハビリテーションの勉強会のメンバーを中心として「柏市在宅リハビリテーション連絡会」を立ち上げた．その後，柏市・市医師会との検討会議を重ね，平成25年6月より特区1号店が開設され，現在5事業所が稼働している．

連絡会の活動について

　連絡会設立後には，医療介護連携のための諸会議参加や介護予防への協力依頼を，柏市担当課より連絡会にいただけるようになった．後日行政担当者に聴いたところ，「リハ専門職が集まる団体がないために声をかけることができなかったが，設立後はとても連携がとりやすくなり助かった」とのことだった．以下に現在の取り組みについて紹介する．

連携強化（リハリハ連携）	国立がん研究センター東病院との共同研究
	リハ職対象の交流会（1回／年）
（多職種連携）	リハビリテーションに関する研修会開催（2回／年）
	柏市主催「顔の見える関係会議」参加
市民への啓発	かしわ祭り等の機会を利用した体力測定
介護予防	ロコモフィットかしわ事業への協力（体力測定等）
	サロン等での講義
リハ職の質の担保	症例検討会（1回／月）・専門的研修会（1回／年）
特区事業の効果検証	効果の検証のための柏市・東大との共同研究

課題

現在下記の課題があり，解決に向けて検討中である．

○病院所属の会員が少ない 　　○資金不足　　○役員の負担が大きい
○啓発活動や介護予防事業への協力者が限定されており，個人の負担が大きい

終わりに

今まで暗中模索の状態で運営してきたが，まだまだ多くの課題があり，今後の地域包括ケアシステムの構築へ向けて解決が急がれる．

平成28年1月に，千葉県では3士会が協力して「千葉県理学療法士・作業療法士・言語聴覚士連携推進会議」が発足した．今後はこの組織の設立により各地域での取り組みが促進され，市民への効果的なリハビリテーションサービスが提供できることと期待する．

第3章 4 既存の地域保健・福祉活動 ～高齢者福祉の歴史～

小森昌彦

ここがポイント！

時代とともに住民ニーズは変化し，制度も変化している．我々リハビリテーション専門職（以下，リハ専門職）が医療機関を離れて地域で活躍するようになったきっかけは「老人保健事業」であるが，それも時代のニーズを背景として始まったものである．しかし，リハ専門職が時代の背景を察知し積極的に地域で活動したかと問われれば，そうではなかった．病院・施設中心の時代から地域・在宅中心の時代に大きく変わろうとしている今，住民ニーズの変化と制度の歴史を知ることで，これからの方向性も理解してほしい．

覚えておきたいKeyword
介護の歴史，制度の歴史，リハビリテーション専門職

1 介護の歴史 ―昔から介護は家族が担っていた？―

高齢者保健福祉政策について年代ごとの流れを**表1**[1]に示すが，それまでの介護の歴史にも触れ，高齢者福祉の歴史全体を示したい．

介護保険制度が根づいた現在はあまり聞かなくなったが，介護保険制度が誕生する前は「介護は家で」，「年寄りの世話は家族の仕事」という認識が一般的であり，介護保険施行当初は，同居家族がいるのに「介護保険サービスを利用する」ということをためらう介護者が少なくなかったことを記憶している．例えば，ヘルパーを利用していることが近所に知られないように，車を遠くに止めてそこからヘルパーが歩いて訪問するといったこともあった．

「介護は家の問題」，「年寄りの世話は家族の仕事」という一般的な認識が介護サービスの普及の足かせになった時期もあったが，本当に昔から「家族が介護」していたのだろうか．介護の歴史を紐解いてみると，そのような一般的な認識が必ずしも正しくはなかったことがわかる．

1961（昭和36）年に国民皆保険制度が確立されるが，それ以前は，結核や脳卒中といった命にかかわるような病気であっても病院に入院することはほとんどなく，数日から数週間で自宅で亡くなっていたと言われている．当時から「最期を看取る介護」はあったが，今のように何年も床につくということはなく，重い障害を持った高齢者を何年も介護することはなかった[2]．つまり，昔と今では介護の状況は大きく変わっているにもかかわらず，「介護は家族が」といった「カタチ」だけが一般的な認識として定着していた．

その当時のリハビリテーションは，ポリオ（急性灰白髄炎）の後遺症などの肢体不自由児や，第二次世界大戦等で負傷した傷痍軍人を主たる対象としていた．米国から新しいリハビリテーションの思想や技術も導入され，その対象は障害者一般に拡大され，専門的に深く取り組み始めてはいたが，まだ一般的なサービスとは言えず，制度上もリハ専門職としての位置づけはなかった．1965（昭和40）年に「理学療法士

表1：高齢者保健福祉政策の流れ

年代	高齢化率		主な政策
1960年代 高齢者福祉政策の始まり	5.7% (1960)	1963年	老人福祉法制定 ◇特別養護老人ホーム創設 ◇老人家庭奉仕員（ホームヘルパー）法制化
1970年代 老人医療費の増大	7.1% (1970)	1973年	老人医療費無料化
1980年代 社会的入院や寝たきり老人の社会的問題化	9.1% (1980)	1982年 1989年	老人保健法の制定 ◇老人医療費の一定額負担の導入等 ゴールドプラン（高齢者保健福祉推進十か年戦略）の策定 ◇施設緊急整備と在宅福祉の推進
1990年代 ゴールドプランの推進	12.0% (1990)	1994年	新ゴールドプラン（新・高齢者保健福祉推進十か年戦略）策定 ◇在宅介護の充実
介護保険制度の導入準備	14.5% (1995)	1996年 1997年	連立与党3党政策合意 介護保険制度創設に関する「与党合意事項」 介護保険法成立
2000年代 介護保険制度の実施	17.3% (2000)	2000年	介護保険施行

「厚生労働省老健局総務課：公的介護保険制度の現状と今後の役割 [internet], http://www.mhlw.go.jp/seisakunitsuite/bunya/hukushi_kaigo/kaigo_koureisha/gaiyo/dl/hoken.pdf [accessed 2015-10-10], p3, 厚生労働省, 2013」より引用

及び作業療法士法」が施行されて，法律上「理学療法士・作業療法士」という専門職が生まれることとなった[3]．

2 日本の高齢者福祉の始まり
－老人福祉法の制定－

高齢者の保健福祉政策が本格的に始まったのは1960年代で，当時の高齢化率は5.7％だった．この頃になると日本も豊かになり，栄養状態も改善し労働の機械化により身体的な負担が軽減し始めた．さらに，1961（昭和36）年に「国民皆保険制度」が確立，医療機関への受診が身近なものとなり，誰もが医療を受けることができるようになった．そして，さらなる医療技術の向上で，病気やけがが治癒するようになり，日本人の平均寿命は70歳代へと延伸した．

このような医療制度の整備と医療の発展により「病気・けがの治癒」，「救命」，「延命」といった医療ニーズに応えられるようになり，人は「死亡」しなくなった．その一方で，命は取り留めたものの「後遺症」として心身障害を抱えて暮らす高齢者が増えることとなり，高齢者介護が社会的な問題として顕在化し始めることとなった[3]．

しかし，高齢者介護の問題が顕在化しても「介護は家の問題」という認識に変わりはなく，高齢者介護は家族に任された．そして，家族介護が期待できない高齢者を救済するために，1963（昭和38）年に「老人福祉法」が施行された．

介護を「家族のお世話」に頼らざるを得なかった時代に生まれたのが老人福祉法である．

主な政策として，家族介護ができない障害高齢者が入所する「特別養護老人ホーム」の創設と，利用者および家族の所得制限が設定される等，派遣は限定的であったが，貧困高齢者の在宅での家事や入浴を介助する「老人家庭奉仕員」が法制化された．

高齢障害者に対してリハビリテーションが行

われることになったのもこの頃で，1960年代初頭に一部の医療機関で脳卒中患者に対して実施され，その取り組みはリハビリテーション関係学会・協会や医師会などを通じて次第に全国に拡がっていった[4]．

3 老人保健法の制定

1980年代に入り，障害をもつ高齢者がさらに増え，家に閉じ込められていた高齢者介護の問題が表に現れ始めた．特に，「老人医療無料化」に伴う老人医療費の増大や社会的入院，そして，在宅における「寝たきり老人問題」など，新しく生まれた「介護ニーズ」を満たすための方策が検討され始めることとなった．

そして，1983（昭和58）年に老人保健法が施行された．これは，1973（昭和48）年から続いていた老人医療費無料化制度の見直しを図ることと，予防から治療，リハビリテーションまで，総合的な保健医療サービスを提供することを目指した[5]．このときに創設された保健事業（以下，老人保健事業）では，壮年期（40歳）からを対象として健康教育，健康診査，機能訓練事業および訪問指導事業などの体系的な予防サービスが市町村で提供されることとなった．特に，機能訓練や訪問指導において，リハ専門職によるリハビリテーションが医療機関ではなく地域で提供されることとなった．例えば，老人クラブなど地域の高齢者が集う場で「転倒予防」の健康教育を行ったり，医療機関でのリハビリテーションを受けることができない在宅障害者が定期的に集うリハビリテーション教室で機能訓練の指導を行ったり，在宅で療養している障害者に生活上のアドバイスや家族に介護方法などを提案するなど，リハ専門職が医療機関を出て地域で活躍するきっかけとなった．「地域リハビリテーション」という言葉が使われ始めるようになったのもこの頃であった．

1985（昭和60）年8月には，「中間施設に関する懇談会」中間報告において，①入院治療後に家庭・社会復帰のためのリハビリテーション・生活訓練などを行う，②病院に入院して治療するほどではないが家庭では十分なケアのできない要介護老人に対し医学的な管理と看護を中心としたサービスを行う，という役割を担う施設の必要性が指摘された．これを受け，1986（昭和61）年に医療と福祉とが連携した総合的なサービスを提供する施設として老人保健施設が創設され，モデル事業を経て全国的な整備が図られてきた．

4 ゴールドプラン・新ゴールドプランの策定

さらに，日本における在宅介護の方向を探る戦略として，1989（平成元）年に「ゴールドプラン」が策定された．ゴールドプランは，介護は「個人の家の問題」ではなく「社会の問題」と認識されたわが国初めての政策で，10年間の長期ビジョンで必要な介護サービス量を測り，目標数値（施設数やホームヘルパー数）を明確にして，戦略的に高齢者介護の問題に手がつけられることとなった．

今までは家族介護を前提とした制度しかなく，家族介護以外の受け皿としては，病院（老人病院）と特別養護老人ホームの他にあまり選択肢がない状況であった．しかし，ゴールドプランでは「在宅介護」と「施設介護」の両方の強化を図るために全国の市町村にニーズを調査させ，具体的な数値目標を盛り込んだ計画を作成させた．例えば，在宅サービス強化のために「在宅福祉推進十か年事業」でホームヘルパー，ショートステイ，デイサービスなどの具体的な目標値を設定させ，施設サービス強化のために「施設対策推進十か年計画」で特別養護老人ホーム，老人保健施設，ケアハウスなどの具体的な目標値を設定させた．

ゴールドプランにより，ホームヘルプサービ

表2：寝たきりゼロへの10か条

第1条	脳卒中と骨折　予防寝たきりゼロへの第一歩	
第2条	寝たきりは　寝かせきりから作られる　過度の安静　逆効果	
第3条	リハビリは　早期開始が効果的　始めよう　ベッドの上から訓練を	
第4条	くらしの中でのリハビリは　食事と排泄　着替えから	
第5条	朝おきて　先ずは着替えて身だしなみ　寝・食分けて生活にメリとハリ	
第6条	「手は出しすぎず　目は離さず」が介護の基本　自立の気持ちを大切に	
第7条	ベッドから　移ろう移そう車椅子　行動広げる機器の活用	
第8条	手すりつけ　段差をなくし住みやすく　アイデア生かした住まいの改善	
第9条	家庭(うち)でも社会(そと)でも　よろこび見つけ　みんなで防ごう　閉じこもり	
第10条	進んで利用　機能訓練　デイ・サービス　寝たきりなくす　人の和　地域の輪	

「折茂　肇, 竹中浩治, 外山　義, 他（寝たきりゼロへの10か条策定委員会）：「寝たきりゼロへの10か条」の普及について,「寝たきりゼロへの10か条」策定委員会報告書 [internet], http://www.ipss.go.jp/publication/j/shiryou/no.13/data/shiryou/syakaifukushi/412.pdf [accessed 2015-10-10], 国立社会保障・人口問題研究所, 厚生省, 1991」より引用

表3：障害老人の日常生活自立度（寝たきり度）判定基準

生活自立	ランクJ	何らかの障害等を有するが, 日常生活はほぼ自立しており独力で外出する 1　交通機関等を利用して外出する 2　隣近所へなら外出する
準寝たきり	ランクA	屋内での生活は概ね自立しているが, 介助なしには外出しない 1　介助により外出し, 日中はほとんどベッドから離れて生活する 2　外出の頻度が少なく, 日中も寝たり起きたりの生活をしている
寝たきり	ランクB	屋内での生活は何らかの介助を要し, 日中もベッド上での生活が主体であるが座位を保つ 1　車椅子に移乗し, 食事, 排泄はベッドから離れて行う 2　介助により車椅子に移乗する
	ランクC	1日中ベッド上で過ごし, 排泄, 食事, 着替において介助を要する 1　自力で寝返りをうつ 2　自力では寝返りもうたない

「鎌田ケイ子, 竹中浩治, 対馬徳昭, 他（「障害老人の日常生活自立度（寝たきり度）判定基準」作成検討会）：「障害老人の日常生活自立度（寝たきり度）判定基準」作成検討会報告 [internet], http://www.ipss.go.jp/publication/j/shiryou/no.13/data/shiryou/syakaifukushi/429.pdf [accessed 2015-10-10], 国立社会保障・人口問題研究所, 厚生省, 1991」より引用

ス, デイサービス, ショートステイという, いわゆる「在宅福祉三本柱」が, 高齢障害者への在宅生活支援サービスとして初めて本格的に登場するようになる. これ以外にゴールドプランの中で推進されたのが,「寝たきり老人ゼロ作戦」である.

諸外国に比べ, わが国の長期ケア施設入所者には寝たきり状態が多く, これは過度の安静によりつくられたものであるという指摘を踏まえて策定された[6].

また, 併せて寝たきりを予防するための標語（寝たきりゼロへの10か条）（**表2**）[7]や, 障害老人の日常生活自立度（寝たきり）判定基準（**表3**）[8]が作成された. この標語や判定基準は, 保健・医療・福祉の各分野において共通の尺度として活用され, 高齢者の保健医療福祉サービス提供者の意識の変革を促し, いわゆる「つくられた寝たきり」の予防につながった. そして, 1992（平成4）年には老人訪問看護制度が創設され, 訪問看護ステーションから看護師, 理学療法士, 作業療法士などによる在宅での看護・リハビリテーションが実施されること

になった．

　ゴールドプランによって全国の市町村から計画が提出されると，当初の想定を大幅に上回るサービスの必要性が明らかとなり，1994（平成6）年に新ゴールドプランが策定された．この新ゴールドプランで新たに追加された項目の中に「理学療法士・作業療法士15,000人の担い手の確保」があり，老人保健法やゴールドプランによる「寝たきりゼロ作戦」を契機にして，リハ専門職の必要性がさらに認識され，医療機関から地域へとその活動の場を拡げていくこととなった．

5　介護保険制度の導入

　そして，2000年に生まれたのが介護保険制度である．介護保険制度は従来の老人福祉のような利用者の権利性を認めない「措置型の制度」ではなく，医療保険と同じように保険料を国民が負担することにより利用者の権利性を担保する，いわゆる「反対給付」の形をとる公的社会保険制度とした．

　これによって，国民の「お世話になる」という意識から「自分で選ぶ」という権利者意識が高まり，当初は介護保険サービスの利用に消極的だった介護者・要介護者もいたが一気に介護の社会化が進み，今では高齢者介護は介護保険サービスを利用することが当然のこととして国民に受け入れられるようになった．介護保険制度によって，高齢者介護は「家族が担うもの」ではなく「社会が担うもの」であるとの認識が一般的なものになっていった．

　介護保険制度施行に併せて介護予防事業が創設され，要介護状態にならないための介護予防の取り組みや，同時期に「健康日本21」が開始され，国民的な生活習慣病予防対策の強化が図られた．このように，これまでわが国においては予防，医療，介護において一体となった高齢者施策が展開されてきており，その中でリハビリテーション提供体制の整備も図られてきている．そして，介護保険誕生と同じく2000（平成12）年に地域リハビリテーション支援体制整備推進事業が始まった．

　地域リハビリテーション支援体制整備事業とは，設置要綱の趣旨によると「高齢者が寝たきり状態になることを予防するためには，急性期，回復期，維持期というように，状態に応じた適切なリハビリテーションが提供されることが必要である．さらに，障害を持つ者や高齢者が寝たきり状態となることを予防し，住み慣れた地域において，生涯にわたっていきいきとした生活を送ることが出来るよう，保健・医療・福祉の関係者のみならず，ボランティアなどの地域における住民が参画して行う，地域リハビリテーションが適切に行われることも重要である．高齢者の様々な状況に応じた地域リハビリテーション事業が，適切かつ円滑に提供される体制の整備を図る」[9]とされている．

　具体的には，全国に都道府県リハビリテーション支援センターと約300の地域リハビリテーション広域支援センターが指定され，地域リハビリテーションの拠点施設として現地指導や研修会の開催，介護予防事業の支援など，様々な活動に取り組んだ．

　平成17年度からは，国の補助事業から各都道府県における事業へと移行し，各都道府県の自主性に基づいて事業が行われることとなった[10]．

　現在は，都道府県によって取り組みは異なっているが，実地指導や研修会開催にとどまらず，医療と介護の中心的役割を果たしたり，地域ケア会議に参画するセラピストを養成したり，行政との関わりを深めて政策的な支援を行ったりと，地域リハビリテーション広域支援センターの果たす役割はより広い視野に立った取り組みになっている．

　今後の高齢者のリハビリテーションには，住み慣れた地域において本人を中心に予防・医

療・介護サービスが切れ目なく流れる体制の構築が必要であり，それぞれの地域特性に合わせた，より積極的な取り組みが期待されている．

まとめ

今現在，地域におけるリハ専門職は「医療保険」，「介護保険（地域支援事業）」など，多くの制度的な背景の下で活動している．しかし，その歴史を紐解いてみると，わが国の情勢の変化に合わせて制度が変わり，それに伴い我々リハ専門職の役割や活躍の場も変化していることがわかる．大切なことは，このような変化に合わせた役割を意識して活動することである．2025年を見据えた地域包括ケアシステムの構築も，今まで繰り返してきた制度改革の流れであり，今後も変化し続けることになる．

報酬改定や制度改正を単に「収入の問題」と捉えず，その背景にあるメッセージを読み取る努力が必要である．それは，我々にゆだねられた役割を理解すると同時に，時代のニーズに応える専門職として，国民に知識や技術を還元できると考えるからである．そのようなリハ専門職が増えることを期待する．

確認事項

①住民のニーズがどのように変わったのか理解しよう
②介護保険に至るまでの制度の変遷を理解しよう
③リハビリテーションの役割が変化していることを理解しよう

文献

1) 厚生労働省老健局総務課：公的介護保険制度の現状と今後の役割［intenet］，http://www.mhlw.go.jp/seisakunitsuite/bunya/hukushi_kaigo/kaigo_koureisha/gaiyo/dl/hoken.pdf［accessed2015-10-10］，厚生労働省，2013
2) 岡本祐三：家族介護の「神話」，高齢者医療と福祉，pp29-38，岩波書店，1996
3) 相澤譲治：現代社会と高齢者福祉，高齢者福祉史と現状課題，井村圭壯，相澤譲治（編），p1，学文社，2010
4) 上田 敏，青井禮子，石神重信，他（高齢者リハビリテーション研究会）：高齢者リハビリテーションの現状，高齢者リハビリテーションのあるべき方向（2014年9月 第1回高齢者の地域におけるリハビリテーションの新たな在り方検討会資料4-2）［intenet］，http://www.mhlw.go.jp/file/05-Shingikai-12301000-RoukenkyokuSoumuka/0000059451.pdf［accessed 2015-10-13］，p3，厚生労働省，2004
5) 高齢者の医療の確保に関する法律（旧：老人保健法）［internet］，http://law.e-gov.go.jp/htmldata/S57/S57HO080.html［accessed 2015-10-13］，電子政府の総合窓口e-Gov
6) 厚生省大臣官房老人保健福祉部老人保健課：昭和63年度厚生科学研究特別研究事業 寝たきり老人の現状分析並びに諸外国との比較に関する研究・研究報告書［internet］http://www.ipss.go.jp/publication/j/shiryou/no.13/data/shiryou/syakaifukushi/388.pdf［accessed 2015-10-10］，厚生省，1988
7) 折茂 肇，竹中浩治，外山 義，他（寝たきりゼロへの10か条策定委員会）：「寝たきりゼロへの10か条」の普及について［internet］http://www.ipss.go.jp/publication/j/shiryou/no.13/data/shiryou/syakaifukushi/412.pdf［accessed 2015-10-10］，国立社会保障・人口問題研究所，厚生省，1991
8) 鎌田ケイ子，竹中浩治，対馬徳昭，他（「障害老人の日常生活自立度（寝たきり度）判定基準」作成検討会）：「障害老人の日常生活自立度（寝たきり度）判定基準」作成検討会報告書［internet］，http://www.ipss.go.jp/publication/j/shiryou/no.13/data/shiryou/syakaifukushi/429.pdf［accessed 2015-10-10］，国立社会保障・人口問題研究所，厚生省，1991
9) 厚生労働省老健局老人保健課長：「地域リハビリテーション推進のための指針」の策定について［internet］，http://www.mhlw.go.jp/topics/kaigo/kaigi/060609/dl/11.pdf［accessed 2015-10-10］，厚生労働省，2006
10) 全国地域リハビリテーション支援事業連絡協議会 組織概要［internet］，http://rehasien.com/organization.html［accessed 2015-10-10］

COLUMN

リハビリテーション専門職に期待したいこと

中村信子

なぜ，「地域包括支援センター」にリハビリテーション専門職がいないのだろうか．

　ごみ屋敷の住民に対する安全な移動動作の助言，果敢にも自主トレにハードな負荷をかけたがる80代の女性への適正な運動の指導，介護予防教室のプログラムの作成や体操教室の実施，自立支援のためのケアプランの作成やチェック等はリハビリテーション専門職（以下，リハ専門職）の活躍できる分野だと思う．

　「地域包括支援センター」の職員は現行の3職種だけではなく，主任ケアマネジャー，社会福祉士，保健師もしくは看護職以外に，リハ専門職の4職種配置が理想だ．残念ながら現状では叶わない望みなので，身近にいるリハ専門職を捕まえて日常業務に協力を仰ぎ，「多職種連携会議」※等でもネットワークを構築している．

最近の問題　その1「認知症」

　平成27年1月，団塊の世代が75歳以上となる平成37年には認知症の人の数が700万人との推計値が出された[1]．

　若年性認知症は3.78万人と言われており[2]，高齢者だけの問題ではない．急性期～回復期～生活期の利用者（患者）において認知症があたり前の状況が考えられる．

　実際，認知症の人が一般病院に入院したが，数時間後に退院せざるを得ないケースがあった．服薬時に暴れ，病院職員に噛みついたという理由だった．認知症にどのような対応が必要なのか，認知症を理解し，対応することが必須になってくる．多職種が連携を図り，院内での連携はもとより一般診療科から精神科病院，介護施設，在宅等の連携も重要と考える．入院に限ったことではないが，生活背景を理解し，各専門職が連携して本人にとって「より良い生活」を支援するためにも，リハ専門職の協力がほしい．

最近の問題　その2「在留外国人」

　地域により，在留外国人の増加及び高齢化がみられる．全国の在留外国人数は217万人で，前年度に比べ5万1千人の増加である[3]．

　言語によるコミュニケーションが困難で，生活習慣の違いなどもあり，地域住民とのトラブルが発生している．また，健康や予防に対する意識の違いもみられ，治療や介護・福祉の支援に支障がある．特に，在留外国人が精神疾患や認知症になった時の支援も非常に難しい．

　日本語の理解が困難で，精神疾患の疑いがある人にリハビリテーションが必要になった時，リハ専門職としてどのような対応を考えるのか．

　地域包括支援センターで在留外国人のケースが問題になった時は「多職種連携会議」※の議題とし，意見交換を行った．その中で，国際交流協会の通訳システムやスマートフォンの通訳アプリの利用等，情報を得た．利用者の母国語での説明ができることで支援が円滑になった．

在留外国人が高齢になる前に，健康教室や介護予防教室に参加してもらうことも必要だと思う．在留外国人支援のための新しいネットワークの構築も何かできないだろうか．このようなことにもリハ専門職の力を借りたい．

最近の問題　その3「閉じこもり」

地域での関わりを持たない高齢者も多い．気力の低下，加齢による身体機能の低下，今まで元気に飛び回っていても，入院がきっかけで退院後に閉じこもる人もいる．また，最近では若年時からの引きこもり者が高齢化している．

リハ専門職の介入により，短期間で閉じこもり高齢者の生活意欲の向上がみられたケースがある．千葉県では千葉県千葉リハビリテーションセンターによる「地域包括支援センターサポート事業」がある．これは e-mail や同行訪問などにより，リハ専門職から身体機能の評価や助言を受けられる事業である．

数年閉じこもりの状態だった高齢者．生活全般に楽しみを見いだせず，「どうせもう死ぬんだから」と投げやりな生活を送っていたが，この事業によるリハ専門職の訪問後，デイサービスの利用につながった．今では「一番の楽しみがデイサービスだよ」と言っている．

また，医療不信があり十数年閉じこもっていたケースも，リハ専門職が1対1で身上を聴いてくれたことが1つのきっかけで訪問サービスにつながった．

地域での課題は多く，特に，高齢化に伴い地域全体に関わる問題が増えている．

利用者は単なる個人ではなく，地域に暮らす生活者の一人でもある．住環境の問題は家屋だけでなく，地域の環境や地域特有の課題も非常に多い．

エレベーターのない団地，スーパーやコンビニエンスストアがなく，買い物難民が多発する地域．このような問題に対する環境整備や資源開発にも，リハ専門職の「評価」，「予後予測能力」は効果があると思う．

今後，多種多様な問題に対する職場に勤務しているリハ専門職も，「地域ケア会議」に参加する機会は増えると思われる．

リハ専門職への期待は非常に大きい．利用者自身の生活および生活歴を十分把握し，地域の特性を踏まえた視点で参加してほしい．

※多職種連携会議＝千葉市で行っている多職種が集まる会議

文献

1) 厚生労働省：認知症施策推進総合戦略（新オレンジプラン）～認知症高齢者等にやさしい地域づくりに向けて～（概要）［internet］，http://www.mhlw.go.jp/file/06-Seisakujouhou-12300000-Roukenkyoku/nop101.pdf［accessed 2016-04-25］，p1，2015
2) 厚生労働省：若年性認知症の実態等に関する調査結果の概要及び厚生労働省の若年性認知症対策について［internet］，http://www.mhlw.go.jp/houdou/2009/03/h0319-2.html［accessed 2016-04-25］，2009
3) 法務省：平成27年6月末現在における在留外国人数について（確定値）［internet］，http://www.moj.go.jp/content/ 001160917.pdf［accessed 2016-04-25］，2015

COLUMN

リハビリテーション専門職に期待したいこと

安藤智子

リハビリテーション専門職から学んだこと

　私が大学を卒業後，A市に保健師として就職したのは1981年（昭和56年）だった．当時は「小児の発達保障」という考え方が進められており，発達チェック手技を用い，健診や健康相談で発達の遅れがみられる子供を早期発見して，早期療育につなぐことに取り組んでいた．つないだ子供の保護者に許可を得て療育機関に同行させてもらい，リハビリテーション専門職（以下，リハ専門職）から抱き方やコミュニケーションの取り方を学び，保護者が自宅でうまく対応できているかを確認したりしていた．育児の困難さや将来への不安，家族間の問題など，新米保健師には手に余る課題がたくさんあったが，リハ専門職から指導された具体的な関わり方を保護者と一緒に試行錯誤する中で，信頼関係が生まれ，課題を乗り越える保護者に伴走できたように思う．臨床経験のない私にとって，リハ専門職から学んだ技術は大きな力となった．

　1983年（昭和58年）に老人保健法が施行され，機能訓練事業や寝たきり老人訪問指導でリハ専門職とチームを組むことが増えた．地方都市のB市に転職した1988年（昭和63年），市内の医療機関にいる理学療法士はわずか1名だった．脳血管疾患を発症した場合は，遠い県外のリハビリテーション温泉病院に転院するか，マッサージ師にリハビリテーションを受ける患者が多く，住民にとってリハビリテーションとはマッサージのことだった．機能訓練事業に参加する住民は，発症後5年以上を経過して在宅生活は自立している維持期の患者が多かったが，自己流の歩き方や運動により新たな障害が発生している場合もあり，理学療法士の指導を受けると，「もっと早く専門的な指導を受けたかった」と悔しがった．リハビリテーションに対する住民の認識の低さやリハビリテーション資源の少なさ等，地域格差に驚き，行政の責任を感じた．

　失語症の患者に対する言語訓練の機会はほとんどなかったため，Cリハビリテーションセンターから言語聴覚士を派遣してもらった．言語聴覚士は個別の言語訓練はせず，「自宅から出ること，しゃべれなくても人と交流して楽しい時間を過ごすことを目標にしよう」と集団の教室を開催した．ほとんど会話ができなかった60歳代の男性が，とても流暢に「赤とんぼ」を歌い，みんなから喝采を受けたときの笑顔は忘れられない．月1回の機能訓練事業は，脳卒中後遺症者の生きがいと仲間づくりの場になっていた．今でこそICFの「参加」や「活動」の概念が周知されてきているが，その当時，リハビリテーション＝機能向上と考えていた私は，リハビリテーションの目標は「参加」，「活動」による生活の質の向上であることを学んだ．

介護保険の始まりと同時に高齢者福祉課に異動した私は，毎日，認定調査訪問やケアプランチェックに明け暮れた．デイケアや訪問リハビリテーションなどのリハビリテーション資源も増えてきていたが，要介護者のセルフケアに対する指導はほとんど行われておらず，脳梗塞の再発作を起こしたり，徐々に機能低下したりして介護度が悪化していく要介護者の様子をみて何とかしたいと思った．ケアマネジャーは老人福祉施設出身の介護職員が多く，リハビリテーションの知識は少なく人脈もなかった．市内のリハ専門職同士の交流の場もなかったため，ケアマネジャーと市内の医療・介護施設で働くリハ専門職との連携会議を開催した．リハ職からの事例報告やケアマネジャーから提供された事例検討会は，ケアマネジャーに自立支援の理念を具体化するリハ専門職の役割の理解を助けた．リハ専門職は，ケアマネジャーから「生活を見る視点」を学んだ．ケアマネジャーが「どんな人にリハビリテーションを検討すればよいですか」という質問をしたとき，「予防から機能回復，維持，生活拡大まで，どの人にもリハビリテーションは有効です」と回答したリハ専門職の言葉に，リハビリテーションの機能を再認識させられた．

　その後，ケアプランにリハビリテーションサービスの活用が増加し，リハビリテーションに対する市民の認識も変化してきた．

リハ専門職への期待
　保健師は公衆衛生学と看護学を基盤に，地域で生活している住民の健康の保持・増進と安寧を目指すため，個人や家族を支援し，集団，地域，環境に働きかけ，しくみをつくる専門職である．30年前は簡易浴槽を担いで寝たきり老人の家庭を訪問し，関節可動域練習をし，買い物や食事づくり，経済的支援や住まいの確保など，その人に必要な支援の資源が見つからなければ何でも行った．今は多くの専門職が生まれ，病院でも地域でも多職種連携が当たり前の時代になっている．

　多職種連携は，各々が専門職として成熟していることを前提に，メンバーの相互信頼と尊重を基盤に成り立つと言われているが，現場のチームの状況は様々である．サービス利用者の立場からみて，効率的，効果的な支援を行うためには，各々の専門職の役割の重複や代行が必要な場合もあるし，互いの専門性を学ぶことで自分の専門性を高めることも重要である．

　リハ専門職の活躍する分野は今後さらに拡大すると思うが，利用者中心であること，他職種から学ぶことを忘れずに専門性を高めてほしいと思う．保健師も専門性を高め，リハ専門職の良きパートナーとして協働できるように頑張りたい．

PART 2
地域包括ケアシステムを
より理解するために

第4章

ヘルスプロモーションと ICF を理解する

第4章
1 トータルヘルスプロモーションの考え方

清水順市

ここがポイント！

「健康」は誰もが願うものである．身体的な健康，精神的な健康，そしで社会の健康など，人を囲むすべてが健康であることを願う．この章では，国が求める健康を説明し，身体的健康，精神的健康を脅かしている問題を説明する．

○→ 覚えておきたいKeyword

フィジカルヘルス，メンタルヘルス，トータルヘルスケア

はじめに

わが国の高齢化現象は延伸の一途であり，その結果，医療費，社会保障費等の急増が生じて，財政を大きく圧迫している．政府はこれを食い止める政策を講じているものの，その成果を発揮するまでは至っていない．このような中で，世帯構造は核家族化が増加し，三世代世帯は減少傾向である．一方，65歳以上の高齢者がいる世帯について，親と未婚の子のみの世帯と夫婦のみの世帯数が増加傾向にある[1]．三世代世帯生活を送っている人口は全人口の4.2%である[2]ことから，地域に居住している住民は核家族化現象の中で老老世帯も多いことが想像できる．

わが国には，地域住民の健康を維持，増進するために地域保健法（旧保健所法）が存在している．この法律の第2条には，「地域住民の健康の保持及び増進を目的として国及び地方公共団体が講ずる施策は，我が国における急速な高齢化の進展，保健医療を取り巻く環境の変化等に即応し，地域における公衆衛生の向上及び増進を図るとともに，地域住民の多様化し，かつ，高度化する保健，衛生，生活環境等に関する需要に適確に対応することができるように，地域の特性及び社会福祉等の関連施策との有機的な連携に配慮しつつ，総合的に推進されることを基本理念とする」と書かれている[3]．

厚生労働省は，国民が一体となって取り組む「健康日本21（正式名称：21世紀における国民健康づくり運動）」を掲げた．内容は，壮年期死亡の減少，健康寿命の延伸および生活の質の向上の実現を目指し，生活習慣の改善などに関する課題について，9分野（栄養・食生活，身体活動・運動，休養・こころの健康づくり，たばこ，アルコール，歯の健康，糖尿病，循環器病，がん）において80項目に及ぶ．平成22年に最終評価を行い，その結果から「目標値に達した」が16.9%，「目標値に達していないが改善傾向にある」が42.4%，「変わらない」が23.7%，「悪化している」が15.3%であった．変わらない項目は，自殺者の減少，多量に飲酒する人の減少，メタボリックシンドロームの該当者・予備群の減少，高脂血症の減少などであった．さらに，悪化している項目は，主なものとして日常生活における歩数，糖尿病合併症などであった．国民の健康に対する意識は高まり，マスコミも病気の早期発見や安全な食品についての健康特集を組み，各種事例を紹介して

表1：ヘルスプロモーションの取り組み

① 健康的な公共政策づくり
② 健康な生活習慣や保健行動の実践を容易にするような環境づくり
③ コミュニティ活動の強化
④ 個人技術の向上
⑤ ヘルスサービスの考え方の転換

「市町村保健活動の再構築に関する検討会：市町村保健活動の再構築に関する検討会報告書 [internet], http://www.mhlw.go.jp/shingi/2007/03/s0330-8.html [accessed 2015-06-26], 厚生労働省, 2007」より作表

| MEMO | ヘルスプロモーションとは？ |

『ヘルスプロモーションとは，WHO（世界保健機関）が1986年のオタワ憲章において提唱した新しい健康観に基づく21世紀の健康戦略で，「人々が自らの健康とその決定要因をコントロールし，改善することができるようにするプロセス」と定義されています．「すべての人びとがあらゆる生活舞台－労働・学習・余暇そして愛の場－で健康を享受することのできる公正な社会の創造」を健康づくり戦略の目標としています．』[8]

取り上げている．

国民は運動の重要性は理解しているが，長期にわたる定期的な運動に結びついていないと考えられた[4]．

1 ヘルスプロモーション

地域保健活動においては，ヘルスプロモーションの理念に基づいた活動を推進することが求められている．ヘルスプロモーションとは，人々が自らの健康とその決定要因をコントロールし，改善することができるようにするプロセスである．ヘルスプロモーションは，公衆衛生の中心的な機能を果たしており，感染症や非感染症，そしてその他健康を脅かすものに取り組むことに貢献するものである．具体的には，5つの取り組みが挙げられる（表1）[5]．

ヘルスプロモーションの推進において，島内[6]はヘルスプロモーションの概念図を作成した（図1）．この図では，1人の人間が真の自由と幸福に向かって坂道を「健康」という大きな球を押し上げている．そして，健康戦略には医学的視点から健康生活習慣づくりと社会科学的視点からの健康的な環境づくりの両者が必要であると説明している[7]．

近年では，勤労者に対して身体的健康（フィジカルヘルス）と精神的健康（メンタルヘルス）の両面から捉えてアプローチすることにより，全身管理をしていこうとする仕組みづくりを行い，トータルヘルス（プロモーション）という考え方が実践されている．さらに，人が生活を存続するためには，その本人が存在している地域環境や社会，職場環境など広範囲の環境を含めて対応していく必要がある．この章では，身体的健康（フィジカルヘルス）と精神的健康（メンタルヘルス）を説明し，最後にトータルヘルスケアについて基本的な考え方を述べる．

2 身体的健康（フィジカルヘルス）

身体的健康を説明するキーワードとして，食（食事・飲酒），運動，休息（休憩），睡眠，喫煙などが挙げられる．これらの身体的健康の項目は一時点ではなく，1ヵ月あるいは数ヵ月，半年などの一定期間の経過を追いながら，身体の変化として捉えることが必要である．

健康を維持するには，食物摂取量と運動量，そして，体重変動が基本的な目安になっている．日本の食生活や食形態は1950年代から大きく変化し，その中で米の消費量が減少し，牛乳・乳製品が急激に増加し，また，肉類も増加

第4章　ヘルスプロモーションとICFを理解する

〔健康生活の習慣づくり〕
Life long for health

アメリカ型
私　的

ライフスタイルづくり
＝
個人のパワー

〔健康生活の場づくり〕
Settings for health

ヨーロッパ(WHO)型
公　的

環境づくり
＝
坂道をゆるやかにする

医学的アプローチ

社会科学的アプローチ

真の自由と幸福

健康

ヘルスプロモーション活動

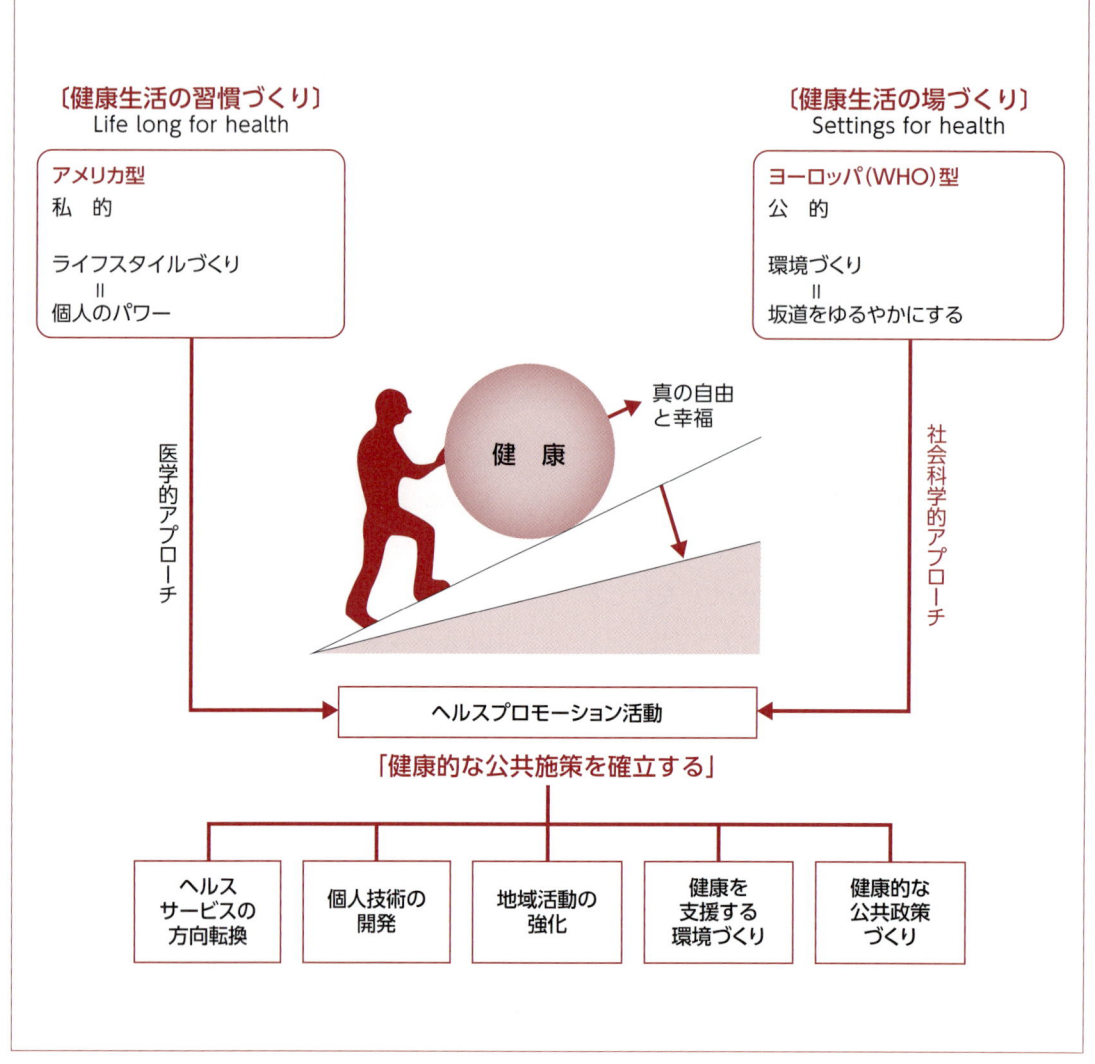

「健康的な公共施策を確立する」

- ヘルスサービスの方向転換
- 個人技術の開発
- 地域活動の強化
- 健康を支援する環境づくり
- 健康的な公共政策づくり

図1：ヘルスプロモーションの概念図
「島内憲夫 1987/ 島内憲夫・鈴木美奈子 2011(改変)：ヘルスプロモーションについて [internet], http://www.jshp.net/HP_kaisetu/kaisetu_head.html [accessed 2016-05-09], 日本ヘルスプロモーション学会」より許諾を得て転載

している[9]．日本人の成人1日あたりのカロリー摂取量は1,800〜2,200kcalであり，男性は女性より摂取量が多くなっている．摂取する栄養バランスを考慮しながら，高血圧を予防するために塩分量を1日10g以下に抑えることが勧められている．食物摂取量が多く，反対に労働や運動によるエネルギー消費が少ない場合は，体内にカロリーが蓄積され体重増加へとつながる．体重と身長を基礎に計算された健康指標として，ボディーマス指数（Body Mass Index：BMI）がある．BMIは30以上が肥満とされ，肥満は糖尿病，高脂血症（高コレステロール血症），高血圧，痛風，脳血管疾患など「生活習慣病」と呼ばれる病気と関係している[10, 11]．

身体を構成している骨，筋，神経，各種臓器等の発達は，男女ともに20歳前後でピークを迎える．しかし，骨・筋・神経等の機能はその後の運動（トレーニング）により変化し，特に骨格筋の持続的な運動は負荷量，頻度，強度を

明確に処方することにより，その結果として筋線維の肥大が生じることがわかってきた[12]．また，高齢者に転倒予防体操を実施することにより転倒発生率が低下したとの報告[13]や，運動介入が運動機能と健康関連QOLを向上させたとの報告[14]があることから，高齢者への運動介入は身体機能を向上することが示された．

喫煙者数は，近年徐々に減少傾向にあるが，20歳代から50歳代男性の喫煙率は36～44%である．60歳代で33.2%，70歳代では14.5%に急減する[15]．働き盛りの男性の喫煙率が高いことは，子育ての時期と重なるため，家庭内での子供たちの受動喫煙が危惧される．

3 精神的健康（メンタルヘルス）

精神疾患や精神障害者の治療は，これまでの施設収容型から地域在住型へ転換が進められている．地域精神保健では，積極的な啓発活動や健康教育活動を軸にして，個別性の高い健康づくりを目指す健康づくり・人づくりの精神活動をポジティブメンタルヘルスという．また，精神的健康を損ないつつある人や精神障害者を，一住民としてサポートする拠点づくりの精神活動をサポーティブメンタルヘルスという．さらに，トータルメンタルヘルスとは，ポジティブメンタルヘルスとサポーティブメンタルヘルスの統合を目指し，ノーマライゼーション（一般化），メインストリーミング（主流化），インテグレーション（統合化）を推進して生み出す地域づくり・ボランティアづくりの精神保健である[16]．

メンタルヘルスケアの対象となる疾患と障害は，年代層（児童期，思春・青年期，壮年・中年期，老年期）によって分類することができる．児童期，思春期・青年期の障害や出現する症状はチック，夜尿症，吃音（どもり），多動児（注意欠陥／多動性障害）であり，自閉症などの症状は脳の器質的疾患や精神科疾患が根底にあることもある．また，家族内の複雑な問題によって惹起される場合もある．思春期・成人・壮年・中年期の疾患や障害には，統合失調症，うつ病，神経症などが挙げられる．

a. 労働者の「心の病」

仕事での病気やケガなどにより仕事を中断する場合や，仕事のストレスによる「心の病」が労働者において問題になっている．特に，心の病から自殺や自殺未遂をした人数は年々増加し，「心の病」で労災認定を受けた人は497人，未遂を含む自殺者は99人となっている[17]．主な原因は，①悲惨な事故や災害を体験・目撃した，②嫌がらせ・いじめ・暴行，③月80時間以上の残業，となっている．さらに，家族や家庭内の問題もあり，複雑に絡みあっている．症状として，よく眠れない，食欲がない，会社へ行くのが辛いとなっている．対策として，企業は社外に「メンタルヘルスケア相談窓口」を設置し，カウンセラーによる対応，労働者への教育研修等を実施している．

b. 老年期の特性

老人の欲求には，経済欲求，身体欲求，関係欲求，価値欲求の4つが挙げられる．経済的欲求は，退職により収入がなくなるなど，生活費に対する不安感から経済的援助を求めることである．身体欲求は，いつまでも健康体であり続けたい，病気になったら安心できる医療施設で治療を受けたいという欲求である．さらには，近所に住んでいた話し相手が施設に入所したり，または亡くなったりして友人関係が徐々に少なくなる．その結果，孤独感などが少しずつ生じる場合には，地域のケアセンターなどの行事に参加し，情緒的なアプローチが行われる．加齢により身体的能力が低下するために自分から外出し，価値的な欲求を満たすことが少なくなる．この場合は，第三者による手助けにより，能力が発揮できるような環境設定が必要になる．

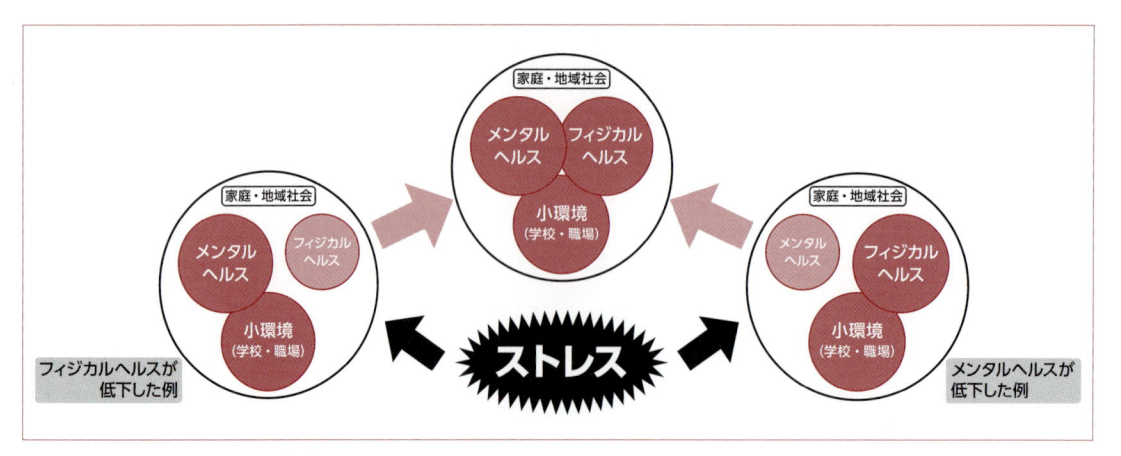

図2：トータルヘルスケアの構成図

1）老年期の障害

老年期の精神障害にはうつ状態，認知症，夜間せん妄，幻覚妄想状態，躁状態などが挙げられる．

a）うつ状態

便秘などの身体症状にこだわり，心気症的になることがある．老年期のストレスには，喪失体験や環境を含む社会の変化についていけないなど，様々な要因が挙げられる．さらに，うつ状態が重度化する例では認知症との鑑別が困難な場合もある．家庭内の人間関係（親子，嫁姑関係，介護に関わる問題）などが引き金になることもある．

b）認知症

アルツハイマー型認知症，脳血管性認知症，レビー小体型認知症などに分類される．認知機能の低下により，健忘，記銘力低下，迷子，徘徊，不潔行為，衝動行為，屎尿失禁などが現れる．レビー小体型認知症は物忘れの症状から始まり，「誰かが部屋に入って来る」「子供がいる」というような幻視の症状を訴える．

2012年時点で65歳以上の認知症有病率は15％，認知症高齢者数は462万人と推計され，予備群も400万人いるとされている[18]．認知症に対しては，早期発見，早期治療を目指し，認知症初期支援チームを構成して相談，対応をしている．

4 トータルヘルスケア

当事者が有する身体的な障害や精神的な問題は，個人レベルで解決されていても，その人を取り巻く環境や社会の問題を解決しなければ健康は維持できない．生活の基本である家庭（家）内で自立しても，家から一歩出ることにより，生活に支障を生じることがある場合は，その人にとって健康が阻害されることになる．すなわち，活動的にも心理的にも圧迫を生じる．この状態は健康ではない．個人が有する心理的および身体的問題に対して，社会全体がアプローチする考え方がトータルヘルスケアであると考える（図2）．すなわち，対人，対家庭，対職場，対地域というように限定しない方向が，健康を予防し，維持し，さらには社会の健康増進へつながることになる．

確認事項
① ヘルスプロモーションについて理解する
② ヘルスケアとは何か説明できる
③ フィジカルヘルスについて理解する
④ メンタルヘルスについて理解する

文献

1) 内閣府：平成26年版高齢社会白書（全体版）[internet]，第2節　高齢者の姿と取り巻く環境の現状と動向，1 高齢者の家族と世帯，htttp://www8.cao.go.jp/kourei/whitepaper/w-2014/zenbun/s1_2_1.html [accessed 2015-06-26]

2) 総務省：住民基本台帳に基づく人口，人口動態及び世帯数（平成25年3月31日現在）[internet]，http://www.soumu.go.jp/menu_news/s-news/01gyosei02_02000055.html [accessed 2015-06-26]

3) 野﨑和義（監修）：地域保健法，社会福祉六法 平成22年度版，ミネルヴァ書房編集部（編），p955，ミネルヴァ書房，2010

4) 健康日本21評価作業チーム：「健康日本21」最終評価 平成23年10月 [internet]，厚生労働省，http://www.mhlw.go.jp/stf/houdou/2r9852000001r5gc-att/2r9852000001r5np.pdf [accessed 2015-06-26]

5) 市町村保健活動の再構築に関する検討会：市町村保健活動の再構築に関する検討会報告書 [internet]，http://www.mhlw.go.jp/shingi/2007/03/s0330-8.html [accessed 2015-06-26]，厚生労働省，2007

6) 島内憲夫1987/島内憲夫・鈴木美奈子2011（改変）：ヘルスプロモーションについて [internet]，http://www.jshp.net/HP_kaisetu/kaisetu_head.html [accessed 2016-05-09]，日本ヘルスプロモーション学会

7) 鈴木美奈子：島内先生と健康社会学・ヘルスプロモーション～「愛」とともに歩まれた日々～，順天堂大スポーツ健科研 6（2）：112-114，2015

8) 日本ヘルスプロモーション学会：ヘルスプロモーションとは？ [internet]，http://www.jshp.net/HP_kaisetu/kaisetu_head.html [accessed 2015-06-26]

9) 総務省 統計局：平成25年度食料需給表　2013年度 [internet]，項目別累年表2，国民1人・1日当たり供給熱量 http://www.e-stat.go.jp/SG1/estat/List.do?lid=000001131797 [accessed 2015-06-26]

10) メタボリックシンドローム診断基準検討委員会：メタボリックシンドロームの定義と診断基準．日本内科学会雑誌 94（4）：188-203，2005

11) 井上修二 監修：1.肥満とメタボリックシンドローム [internet]，日本生活習慣予防協会 http://www.seikatsusyukanbyo.com/mt32/metabolicsyndrome/metabo01.php [accessed 2015-06-26]

12) 川上泰雄：トレーニングと骨格筋肥大．生化学，生理学からみた骨格筋に対するトレーニング効果 第2版，山田茂，福永哲夫（編），pp24-42，NAP，2003

13) 植木章三，河西敏幸，高戸仁郎，他：地域高齢者と共に転倒予防体操を作る活動の展開．日本公衛誌 53（2）：112-121，2006

14) 伊藤裕介，菅沼一男，芹田 透，他：介護予防事業の運動介入が運動機能及び健康関連QOLに及ぼす影響について．理学療法科学 25（5）：779-784，2010

15) 厚生労働省国民健康栄養調査：最新たばこ情報，成人喫煙率 [internet]，http://www.health-net.or.jp/tobacco/product/pd100000.html [accessed 2015-06-26]

16) 吉川武彦：地域の精神障害者福祉関連施設から．地域精神保健実践マニュアル，吉川武彦，竹島 正（編），pp144-148，金剛出版，1996

17) YOMIURI ONLINE：「心の病」労災自殺，最多の99人…14年度 [internet]，2015年06月26日09時30分，http://www.yomiuri.co.jp/national/20150626-OYT1T50008.html?from=ytop_main8 [accessed 2015-06-26]

18) 日本経済新聞（電子版）：認知症，高齢者4人に1人「予備軍」400万人含め 厚労省調査 [internet]，2015年06月01日19時49分，http://www.nikkei.com/article/DGXNASDG0102K_R00C13A6CR8000/ [accessed 2015-06-26]

第4章
2 ICF と生活行為向上リハビリテーション

大丸 幸

ここがポイント！

ICF の考え方の基本と，リハビリテーションの取り組みの経緯からみえてきた ICF を活用する上での課題により，生活行為向上リハビリテーションの進め方や認識しておきたい事項を解説する．

覚えておきたい Keyword
ICF で用いる因子，地域保健活動，生活行為向上リハビリテーション

1 国際生活機能分類（ICF）の考え方

わが国のリハビリテーションは，疾病の診断・治療学に基づいた医学的リハビリテーションの実践学から始まり，医師が疾病治療と管理，リハビリテーション専門職（以下，リハ専門職）は，疾病の結果としての障害や日常生活動作への対応に着目してきた．1976 年には，世界保健機関（以下，WHO）が国際障害分類（以下，ICIDH）を発表した．ICIDH において，障害の概念が<u>機能障害（impairment）</u>，<u>能力障害（disability）</u>，<u>社会的不利（handicap）</u>に分類されたことにより，リハビリテーションが疾病の結果としての障害対応や，医療から生活までのリハビリテーションを展開するようになった．ICIDH に基づいた障害論では，疾病による機能や形態の異常，生活遂行する能力の障害，社会参加に不利益な状態等が明確化されたことでリハビリテーションの必要性は示されたが，他方で，対象者の生活再建や社会参加を目指すポジティブな捉え方がない等の批判が出されるようになった．これには，各国の社会的・文化的な状況による違いや社会情勢の変化等の背景もあり，WHO は 2001 年に国際生活機能分類（以下，ICF）という新しい分類法を発表した．

ICF では，「ICIDH の障害の捉え方をより健康な側面から捉え直して，機能障害は<u>心身機能・構造</u>に，能力障害は<u>活動</u>に，社会的不利は<u>参加</u>にと肯定的な表現に変わり，生活機能（肯定的側面）と障害（否定的側面）という相互作用モデルで見る手法」となっている[1]．ICF は，「健康状況と健康関連状況を記述するための，統一的で標準的な言語と概念的枠組みを提供する」[2] ために，心身機能・構造，活動，参加の 3 因子だけでなく，人の背景因子である<u>環境因子</u>や<u>個人因子</u>も健康状態に影響する因子として加えているのが特徴である．また，「ICF の目的が，共通の用語による評価・計画・支援を実施し，その結果を統計・政策に反映させることにあったため，多職種間の意思疎通や改善を図り，連携の量的・質的改善を図る」[1] ために，多職種共通の評価様式[3] 等も積極的に取り入れられるようになった．

このように，ICIDH に取って代わられた ICF は，一般の住民が日常の暮らしの中で直接関係する基本的な保健医療活動であるプライマリヘルスケア[4] をさらに一歩進めて，積極的に，より一層の向上を目指すヘルスプロモーションに近づいた概念でもあると言えよう．

> **MEMO** ICF（国際生活機能分類：国際障害分類改訂版）で用いる因子とは？[2]

健康状態：病気（急性あるいは慢性の疾患），変調，障害，ケガ（外傷）の包括的用語である．さらには，妊娠，加齢，ストレス，先天異常，遺伝的要素のような状況も含んでいる．健康状態はICD-10を用いてコード化される．

生活機能：心身機能・身体構造，活動と参加の包括用語であり，これは（健康状態にある）個人とその人の背景因子（環境因子と個人因子）との相互作用のうち，肯定的な側面を表すものである（否定的な側面を表すものは：障害）．

心身機能：身体系の生理的機能（心理的機能を含む）

身体構造：器官・肢体とその構成部分などの身体の解剖学的部分

活動：課題や行為の個人による遂行のことである．それは生活機能の個人的な観点を表す．

活動制約：個人が活動を行うときに生じる難しさ

参加制約：個人が何らかの生活・人生場面に関わるときに経験する難しさ

背景因子：個人の生活・人生に関する背景全体を構成する因子のことで，健康状況の背景を表す．背景因子には環境因子と個人因子という2つの構成要素がある．

能力：活動と参加リストの領域において，人がある時点で達成できるであろう最高の生活機能レベルを評価点として示す構成概念．

実行状況：その人が現在の環境において行っていることを，評価点として示す構成概念．

> **MEMO** ヘルスプロモーションとは？
>
> 「人々が自らの健康をコントロールし，改善することができるようにするプロセスである」（WHO オタワ宣言）[4]

> **MEMO** 地域保健法（理念と指針）とは？
>
> 近年，疾病構造が大きく変化し，医療の場は病院などの施設中心から職場や家庭といった地域へと広がってきた．特に，人口の高齢化により，老人保健に対して新たな公的サービスの提供が必要になってきた．これらの背景から，平成6（1994）年に保健所法は抜本的に改正され，地域保健サービスにおける市町村の役割が重視されることになった．新たに成立した地域保健法によると，住民に身近で頻度の高い対人保健サービスは市町村が中心となって押し進め，保健所は市町村への援助を行うと同時に，保健・医療・福祉について地域全体を見渡した上で公衆衛生的な施策を推進することになった[6]．

2 ICFによる地域保健活動（ヘルスサービス）とリハビリテーションの協働

地域保健活動とリハビリテーションの協働には，ICFの因子である「活動」と「参加」をキーワードとして，地域保健活動とリハビリテーションとの共通概念が持てるようになったと考えられる．地域保健活動[5]とは，集団全体を視野に入れた組織的な活動が，重要な公的責任を背景（地域保健法）として住民と協働する行政活動である．地域保健活動とリハビリテーションの協働には，次のような取り組みと提言が報告されている．地域保健活動は，活動や社会参加，生活までも包括する健康づくりを目指すものであり，「地域リハビリテーションにかかわるものは，保健領域を含めた総合的な

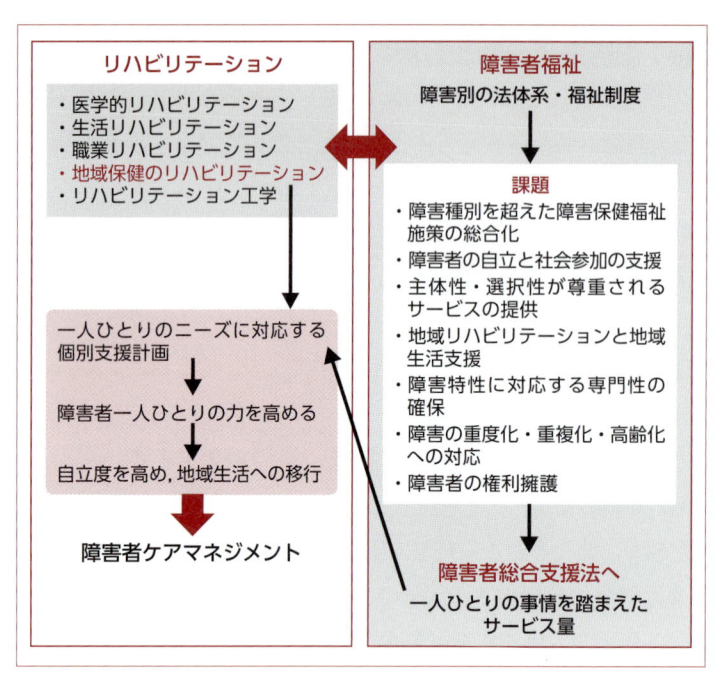

図1：障害者福祉制度とリハビリテーション

「成田すみれ：横浜市総合リハビリテーションセンター研修会資料，1991」より許諾を得て改変し転載

リハビリテーション
- 医学的リハビリテーション
- 生活リハビリテーション
- 職業リハビリテーション
- 地域保健のリハビリテーション
- リハビリテーション工学

↓
一人ひとりのニーズに対応する個別支援計画
↓
障害者一人ひとりの力を高める
↓
自立度を高め，地域生活への移行
↓
障害者ケアマネジメント

障害者福祉
障害別の法体系・福祉制度

課題
- 障害種別を超えた障害保健福祉施策の総合化
- 障害者の自立と社会参加の支援
- 主体性・選択性が尊重されるサービスの提供
- 地域リハビリテーションと地域生活支援
- 障害特性に対応する専門性の確保
- 障害の重度化・重複化・高齢化への対応
- 障害の権利擁護

↓
障害者総合支援法へ
一人ひとりの事情を踏まえたサービス量

地域リハビリテーションを想定し，その方策を示してきた．また，広域支援センターとして指定された医療機関と保健所とのパートナーシップがうまくいけば，①地域診断機能，②ネットワーク化，③情報収集と情報発信，④研修，⑤政策提言などに成果が上がる」[7]ものである．地域保健活動とリハビリテーションが協働できるためには，「予防（健康），治療，機能維持，ターミナルといったような病態，急性期／回復期／維持期といったステージ，病院／介護保険施設／自宅といった生活空間，そしてそれぞれのライフスタイルといったように，個々人の対象者が選択可能なリハビリテーション提供体制の構築が，その理念だけに終始してきたことも反省するべきではないだろうか」と述べている[8]．介護保険とリハビリテーション[5]では，介護予防や再発防止のための活動プログラムを事業化するなど，地域保健活動におけるリハビリテーションの試行は始まっており，「介護保険制度施行後見えてきた課題には，①死亡の原因疾患と生活機能低下の原因疾患とは異なる，②軽度の要介護者が急増している，③介護予防の効果が上がっていない，④高齢者の状態像に応じた適切なアプローチが必要」[9]が挙げられている．また，「ICIDH の分類の目的が，国際疾病分類（ICD）を補い，且つ WHO の障害者対策・高齢者対策にあった」[1]ことからして，地域保健における障害福祉分野との協働（**図

MEMO 地域保健活動（ヘルスサービスの構造）とは？

地域の住民が適切なヘルスサービスを受けることができるために，どのようなハードウエア（保健・医療施設）とマンパワーが用意されているか，また，その機能を高めるためにどのようなシステム（機能）が活動しているかを理解する．

医療という言葉は，医療技術の提供システムだけに限定されて使われることがあるので，ヘルスサービスという言葉により，国民の健康増進から治療，リハビリテーションまで含めた総合的な医療サービスを提供するための社会構造を理解する[6]．

2. ICFと生活行為向上リハビリテーション

```
                    健康状態
              病態像，生活像，その人らしさ

心身機能・身体構造          活動                 参加
機能障害，各種評価     活動制限, ADL・IADL評価      参加制約

・基礎疾患の病態と特性  ・介護, 支援の程度     ・生活満足度, 趣味活動の有無
・心身機能と身体構造    ・自立支援の方法       ・役割, 責任の有無
・身体/精神/発達/高齢/終末期  ・自助具, 福祉用具の活用  ・出かける場の有無
 の障害特性           ・家族, 周囲との折り合い   ・通院, 通所機関の参加状況
・廃用の有無          ・近所付き合いや交友関係   ・社会資源情報の有無

環境因子：促進因子・阻害因子        個人因子
    調整・支援の状況             生活・作業歴

・住宅改修              ・生活歴, 現病歴
・家族調整              ・教育歴
・ネットワークづくり      ・家族歴
・介護技術指導          ・職業歴           などの聴取
```

図2：ICFの観点からのリハビリテーション技術

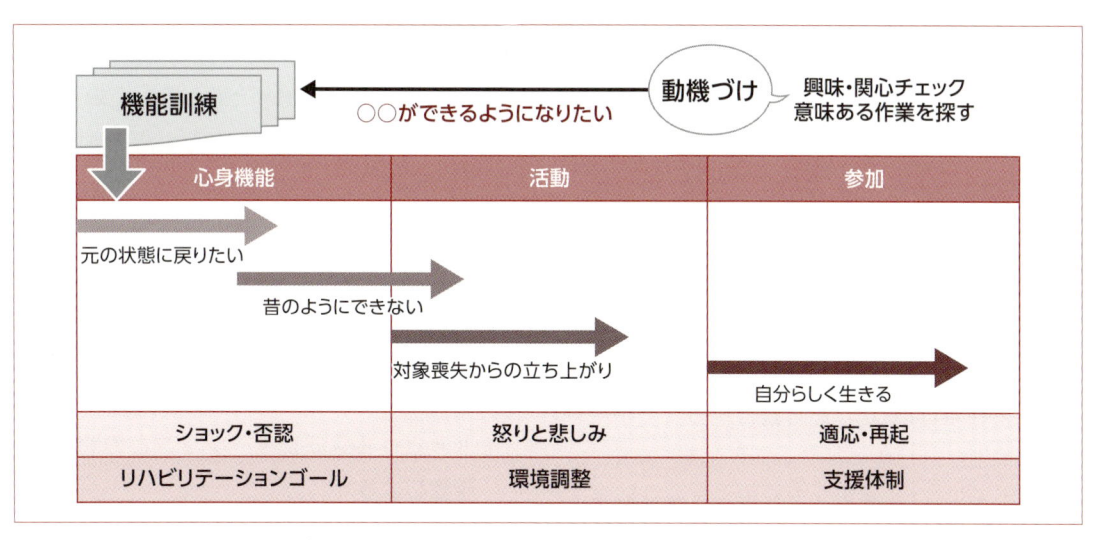

```
機能訓練 ← ○○ができるようになりたい ← 動機づけ  興味・関心チェック
                                              意味ある作業を探す

              心身機能        活動          参加

元の状態に戻りたい →
        昔のようにできない →
                対象喪失からの立ち上がり →
                                    自分らしく生きる →

         ショック・否認   怒りと悲しみ     適応・再起
        リハビリテーションゴール  環境調整    支援体制
```

図3：ICFと生活行為向上リハビリテーション

1)[10]もリハ専門職にとっては避けて通れない．地域保健活動における理学療法士，作業療法士について，「障害を持つ者の社会参加やノーマライゼーションをすすめるうえで理学療法士や作業療法士の役割は大きい．従来の医療サービスとしてのリハビリテーションだけでなく，地域における長期ケアや訪問看護と連携したサービスの提供も重視され，資質と量の両面から需要が高まっている」[6]と期待されている．

3 地域ケア会議や家庭訪問でのICFの活用

ICFの特性は，心身機能にとどまらずに活動や参加の視点に立って各因子を把握するようになって，対象者の健康な側面を引き出しながら，病気や障害があってもその人らしく生活するための病態像，生活像，その人らしさを統合できるようになったことである．そのため，ICFの生活機能の特性を把握することは，リハ専門職が地域ケア会議や家庭訪問において，リハビリテーションの役割機能を説明しやすく

153

なってきた（**図2**）.

4 ICFと生活行為向上リハビリテーション

　ICFは，生活機能（心身機能・身体構造，活動，参加）と背景因子（環境・個人）を軸に，対象者の統合概念を把握する分類法として優れているが，対象者の自立を促進するリハビリテーションを進める上では，「IADL」[11]，「動機づけ」[12]，「障害受容の過程」[13]の観点を認識することが重要と思われる（**図3**）．生活行為向上マネジメントは，「病気や老化，環境の変化などによって遂行できなくなった生活行為の遂行障害を作業聞き取りシートを用いて回復，向上させる支援方法」[14]であり，「高齢者はサービスの病期，サービス機関の違いに関わらず，これまで主な支援項目となっている心身機能やADLの改善のみならず，IADL，趣味，社会参加活動まで幅広い作業ニーズを持っている」[15]ことが確認されている．この作業ニーズ（動機づけ）を持って機能訓練（基礎訓練，基本訓練，応用訓練，社会適応訓練）を行うことで，意味ある作業（IADL）を再獲得することが生活行為向上リハビリテーションの意義とされている．しかし，「作業をすることで人は元気になれるという意味ある作業」の留意点は，病気や障害による喪失体験によっては，元気だった頃との比較，完全回復へのこだわり，現実否認といった表面化されにくい「障害受容」にも気配りが必要となる．対象者が「怒りや悲しみ」[13]や「困らされる言動（心理的問題患者）」[16]を向けてくるときこそ，対象者（家族）とリハ専門職との関係から，対象者の心を理解することが重要となる．興味や意味ある作業であったはずが，対象者にとっては周囲から励まされるほど「やってみると元気だったときと違う」「頑張りたいとあきらめたいとの2つの気持ちが揺れ動く」といったような，対象者が戸惑う気持ちを押し殺していたりすることに気づけるようになるからである．こうして，「意味ある作業」によって喪失体験（怒りと悲しみ）を乗り越えて元気になった人たち，ICFと生活行為向上リハビリテーションの実践事例[17,18]が数多く報告されるようになっている．

確認事項

① ICIDHとICFの違い（特性）を確認しよう
② ICFとヘルスプロモーションとの関連を確認しよう
③ 生活行為向上リハビリテーションの意義を理解しよう
④ 対象者のこころを理解することの重要性について知ろう

MEMO　IADLとは？

　ADLが日常生活における基本的な身辺動作を指すのに対して，家事や買い物，外出などは生活関連活動（activities parallel to daily living：APDL）と称される．中でも，道具や手段を使う動作・活動は手段的日常生活活動（instrumental activities of daily living：IADL）と言われ，地域社会で自立した生活をする上で必要なものである．IADLの実態を表すために，生活関連活動という訳語を実際には用いている[11]．

文献

1) 陣内大輔, 他：事例研究報告書 作成指針（ICFモデル）. 九州作業療法士学校連絡協議会（編），pp4-5, 2005
2) 熊添潤一：国際生活機能分類（ICF）について. 地域リハビリテーションケース会議ミニ講座, 北九州市保健福祉局講座資料, 2006
3) 大丸　幸：正しい公文書の作り方ABC. 作業療法のとらえかた, 古川　宏（編）, pp384-396, 文光堂, 2005
4) 清水忠彦：ヘルスプロモーションの展開. わかりやすい公衆衛生学 第3版, 清水忠彦・佐藤拓代（編）, pp6-7, ヌーヴェルヒロカワ, 2010
5) 大丸　幸：介護保険とリハビリテーション. 服部リハビリテーション技術全書 第3版, 蜂須賀研二（編），

pp671-672, 医学書院, 2014
6) 千代豪昭：地域保健活動（ヘルスサービスの構造）. わかりやすい公衆衛生学 第3版, 清水忠彦・佐藤拓代（編）, pp119-134, ヌーヴェルヒロカワ, 2010
7) 澤村誠志, 柳尚夫：地域保健とリハビリテーション, その連携. これからのリハビリテーションのあり方, 澤村誠志（監）, 日本リハビリテーション病院・施設協会（編）, p56, 青海社, 2004
8) 日下隆一, 吉尾雅春, 他：平成19年度 厚生労働省老人保健事業推進費補助金（老人保健健康増進等事業分）, リハビリテーションの効果的な実施に関する検討事業報告書, 日本リハビリテーション病院・施設協会（編）, p75, 2008
9) 青井禮子, 石神重信, 上田敏, 他：高齢者リハビリテーションのあるべき方向[internet] http://www.mhlw.go.jp/file/05-Shingikai-12301000-Roukenkyoku-Soumuka/0000059451.pdf[accessed2015-09-07] 高齢者リハビリテーション研究会, pp37-48, 2004
10) 成田すみれ：横浜市総合リハビリテーションセンター研究会資料, 1991
11) 大熊明：IADL能力の把握. 地域作業療法学 第2版, 小川恵子（編）, pp80-82, 医学書院, 2012
12) 大丸幸：IADL活動のへの取り組みについて. IADL訓練事業ガイドブック, 古川宏（監）, 兵庫県作業療法士会（編）, p81, 兵庫県作業療法士会, 2001
13) Drotar D, Baskiewicz A, Irvin N, et al：The adaptaion of parents to the birth of an infant with a congenital malformation :A hypothetical model. Pediatrics 56（5）：710-717, 1975
14) 村井千賀：生活行為向上マネジメント. "作業"の捉え方と評価・支援技術, 日本作業療法士協会（監）, 岩瀬義昭・大庭潤平・村井千賀, 他（編）, p31, 医歯薬出版, 2011
15) 中村春基：地域作業療法における作業の意義と適応. 地域作業療法学 第2版, 小川恵子（編）, pp30-34, 医学書院, 2012
16) 乾吉佑：患者のこころを理解するためのポイント. 医療心理学実践の手引き, p85, 金剛出版, 2007
17) 小川恵子（編）：作業療法（士）の活動の実際（佐藤亨 pp160-166, 野口弘之 pp169-171, 岡田洋一 pp175-178, 吉田慎一郎 pp184-185, 土井勝幸 pp189-191, 川本愛一郎 pp198-200, 田口誠 pp204-206, 本山悦子 pp211-214, 大越満 pp216-220, 河野めぐみ pp223-226, 酒井康年 pp236-240, 宮崎宏興 pp242-248, 野々垣睦美 pp252-257, 島崎寛将 pp262-263）, 地域作業療法学 第2版, 医学書院, 2012
18) 長谷川敬一, 渡邊基子, 榎森智恵, 宮永敬市, 長谷麻由, 平間麗香, 土井勝幸, 二木理恵：事例編. "作業"の捉え方と評価・支援技術, 日本作業療法士協会（監）, 岩瀬義昭・大庭潤平・村井千賀, 他（編）, pp76-121, 医歯薬出版, 2011

PART 2
地域包括ケアシステムを
より理解するために

第5章

多職種連携

第5章
1 連携とは？

田中康之

ここがポイント！

わが国の保健・医療・福祉の現場で、「連携」という言葉がここまで注目された時代があっただろうか。その背景に、地域包括ケアの推進があることに異論はないであろう。そこで、本章では改めて「連携」を再考したい。

覚えておきたいKeyword
連携，規範的統合，顔の見える関係

1 連携とは何か？

「連携」という言葉は，日常生活の中でも用いられる一般的な言葉である。では，保健・医療・福祉では，どのように「連携」という言葉を意味づけているのであろうか。

日本リハビリテーション連携科学学会でのプロジェクト研究[1]では，「連携とは，支援に関する目的や目標を含む情報を共有し，人やチームが信頼や協力に基づき適材適所に動けるよう，組織のつながりや仕組づくりを経て，目的や目標を達成する手段である」と定義づけをしている。

山中[2]は，欧米や日本の論者により提示された「連携」の定義について，連携には基本的な3つの要素として，①主体，②目的，③行動と活動に関わる内容が含まれていると整理している。その上で，「連携」とは「援助において，異なった分野，領域，職種に属する複数の援助者（専門職や非専門的な援助者を含む）が，単独では達成できない，共有された目標を達成するために，相互促進的な協力関係を通じて行為や活動を展開するプロセスである」と定義している。

保健・医療・福祉に関わる専門職の連携では，Interprofessional Work（IPW）の議論が進んでいる。埼玉県立大学[3]ではIPWを「専門職連携」と位置づけ，「複数の領域の専門識者（住民や当事者も含む）が，それぞれの技術と知識を提供しあい，相互に作用しつつ，共通の目標の達成を患者・利用者とともに目指す協働した活動」と定義している。

いずれにおいても，「連携」はそれ自体が目的や目標ではなく，複数の人や組織が協力・協働し，本来ある目的・目標を達成するための手段もしくはプロセスであると言える。そして，そこには関わる人・組織の相互作用が求められていると言えよう。

2 規範的統合

「規範的統合」とは厚生労働省が2015年に公表した「介護予防・日常生活支援総合事業のガイドライン」[4]によると，「市町村が進める地域包括ケアシステムの構築に関する基本方針が，同一の目的の達成のために，地域内の専門職や関係者に共有されることを表すもの」であり，「価値観，文化，視点の共有」と位置づけられている。

地域包括ケア研究会の報告書[5]では，「規範

的統合」を「保険者や自治体の進める地域包括ケアシステムの構築に関する基本方針が，同一の目的の達成のために，地域内の専門職や関係者に共有される状態」と定義づけている．

すなわち，地域包括ケア推進に関わる規範的統合とは「基本方針の明確化とその共有」と要約できる．

先述のように，「連携」を「本来ある目的・目標を達成するための手段もしくはプロセス」と位置づけると，地域包括ケアの推進に資する連携には，まずその地域の地域包括ケア推進に関わる基本方針を関係者で共有していることが必須と言えよう．「規範的統合」は，地域包括ケア推進に資する連携を議論する上での基盤と言える．

3 顔の見える関係

「連携」に関わる議論では，「顔の見える関係」という言葉が取り上げられることが多い．しかし，この「顔の見える関係」について，関係者同士で共通認識がされているとは限らない．

「顔の見える関係」とは，決して「顔見知りになる」ことではない．「顔見知り」とは「顔見知り程度」という言葉あるように，どちらかと言えば表面的な関係性を表すにとどまる．

森田ら[6]は，地域緩和ケアに関わる立場から，「顔の見える関係」の概念と地域連携への影響を質問紙調査とインタビュー調査を組み合わせて整理している．

その結果，「顔の見える関係」とは「単に『名前と顔が分かる』という関係の他に，『考え方や価値観，人となりが分かる』，『信頼感をもって一緒に仕事ができる』という関係があることが示唆される」と結論づけている．

そして，「顔の見える関係がある」こととは良い地域連携を構築する要素の1つであり，「安心して連絡しやすくなる，役割を果たせるキーパーソンがわかる，相手に合わせて自分の対応を変える，同じことを繰り返したり信頼を得ることで効率が良くなる，責任を持った対応をすることを通じて連携を円滑にする」ことであるとまとめている（**図1**）[6]．

本議論は，地域包括ケアの推進にも大変有用であると言える．そして，これもまた先に述べた規範的統合と同様に，その地域の関係者同士で「顔の見える関係」ということの共通認識を図ることが，「連携」を構築する背景として重要であろう．

4 医療と介護の連携

平成27年度の介護保険改定で，各市町村が主体となり平成30年4月までに「在宅医療・介護連携推進事業」を実施することとなった．

医療と介護の連携については，入院していた患者が退院し地域生活に移行するための病院（医療）と地域生活を支える関係者（介護）との連携，すなわち対象者の病期を跨いだ連携と，地域生活を支える関係者同士の中の医療と介護の連携に大別される．前者を「縦の連携」，後者を「横の連携」ということが多い．

では，今なぜ医療と介護の連携が求められるのか考えたい．

a．労働人口の減少

平成27年版厚生労働白書[7]によると，「1967（昭和42）年には1億人を突破，2008（平成20）年には1億2,808万人とピークに達した．しかし，その後は減少局面に入っており，今後は一転して人口減少社会へ突入し，我が国の人口は急勾配の下り坂を降りていくことが見込まれている」と推測されている．ここで注目すべきは労働力の減少である．

同白書によると，「2013（平成25）年に厚生労働省の雇用政策研究会がとりまとめた報告書で示された数値によると，もし，経済成長と労働参加が適切に進まない場合は2030（平成42）年の就業者数は，2030年に5449万人と，2012

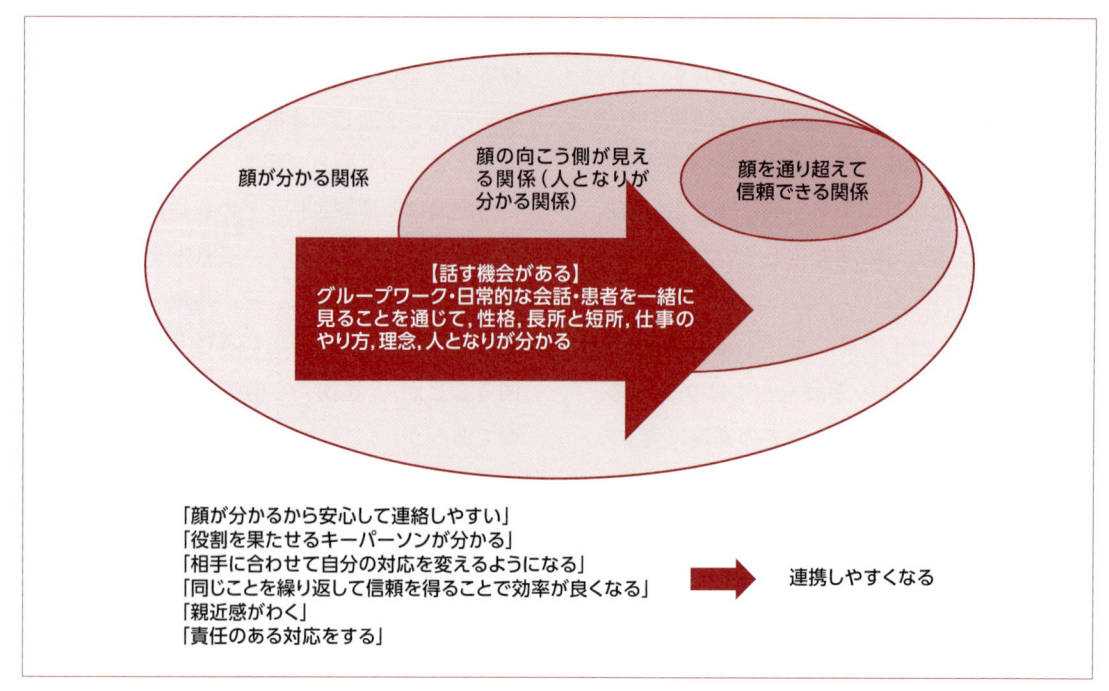

図1：顔の見える関係と連携の概念的枠組み
「森田達也,野末よし子,井村千鶴：地域緩和ケアにおける「顔の見える関係」とは何か？ Palliative Care Res 7(1)：328, 2012」より引用

年の6270万人と比較して821万人減少するとされている．一方，経済成長が実現し，全員参加型社会の実現により，女性，若者，高齢者，障害者などの労働市場への参加が適切に進む場合であっても，2030年の就業者数6103万人は，2012年と比べて167万人の減少が見込まれている」[7]と予測されている．さらに「平成26年度に各都道府県において行った介護人材にかかる需給推計結果では，2025（平成37）年には約253万人の介護人材が必要との見通しが示されている．一方，生産年齢人口が減少局面に入っている中，現状の施策を継続した場合，2025年には約37.7万人の介護人材が不足する」との見通しが示されている[7]．

ここでは介護人材不足に言及しているが，医療分野の労働人口も同様なことが推測されるであろう．

b. 高齢者人口の増加

介護人材が不足する背景には，生産年齢人口の減少に加え，介護を必要とする人の増加がある．

2025年には，1947年（昭和22年）から1949年（昭和24年）生まれの団塊の世代が75歳以上（後期高齢者）になる．特に，大都市部ではその人口増加が著しいと予測されている．

さらに，超高齢者といわれる85歳以上の人口の推移にも注目したい．筆者が暮らしている千葉県では，国立社会保障人口問題研究所が公表している人口推計データから算出すると，全人口に対する85歳以上の割合が2010年には2％程度であったが，2040年には全人口の9.6％になることが推計される．これは後期高齢者の半数に迫る値である（**図2**）[8]．また，この2040年は，団塊の世代に次いで人口を占める割合が多い団塊ジュニアの中核である1971～74年生まれの人が65歳を超えるとされる時期でもある．

c. 求められる効率

より年齢が高い高齢者では，体調不良時には医療が必要になるだけではなく，日常生活に何

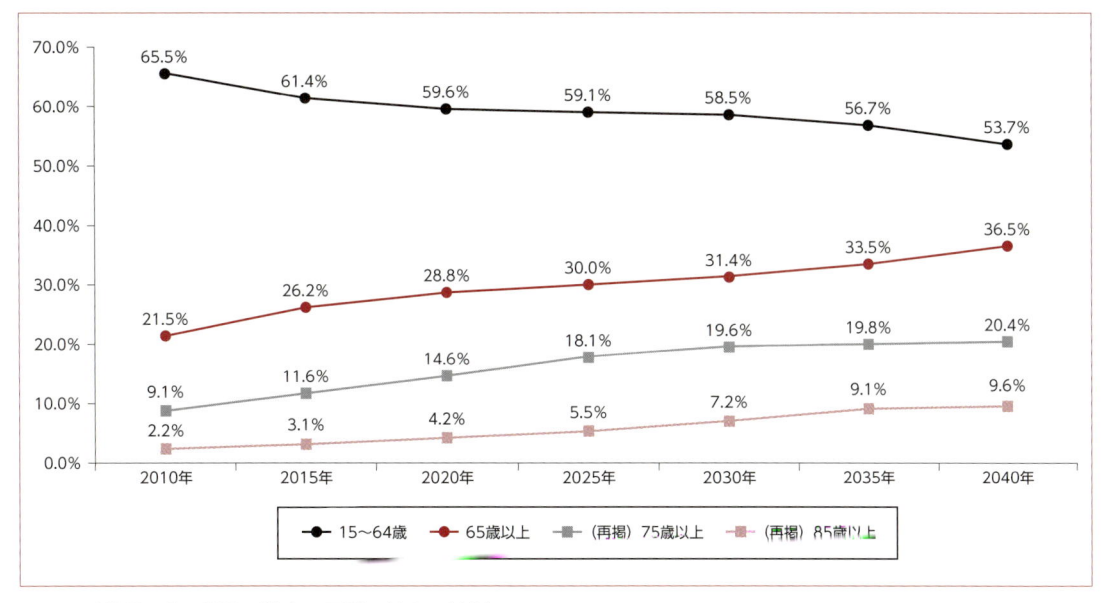

図2：千葉県の人口推計（総人口予測に対する割合）
「国立社会保障・人口問題研究所：報告書『日本の地域別将来推計人口（平成25年3月推計）』Ⅱ．都道府県別にみた推計結果の概要 [internet], http://www.ipss.go.jp/pp-shicyoson/j/shicyoson13/6houkoku/houkoku_3.pdf [accessed 2016-01-07], 2013」より筆者作成

らかの介助が必要になる可能性が高くなる．すなわち，医療機関（医療保険）と介護サービス（介護保険）を併用することになる．

現在のわが国では，医療保険，介護保険，障害者に関する制度等を利用して，一人ひとりの生活者を支えている．後期高齢者が増加しこれらの需要が高まるということ，複数の制度に跨るサービスの活用が必要となることは想像に難くない．

支える人が減少し，それを必要とする人が増えることから，1人の支援者のみで支えられる対象者数には限りが生じる．また，制度をまたぐ場合は，どうしても複数の支援者・機関の関わりが必須となる．

制度を超えた人・機関の「連携」により，効率的かつ質の高い医療や介護の提供を行わなければ，今後の日本社会は乗り切れないことが容易に想像できよう．

5 よりよい連携のために

冒頭に述べた日本リハビリテーション連携科学学会でのプロジェクト研究[1]では，連携の促進要因を次のように整理している．

「連携を促進するためには，関わる人や組織が連携の有効性を理解し，その上で良好なコミュニケーションに基づく情報の共有や，共通の目的・目標の設定を行なう必要がある．そのためにも各専門職の質の向上や相互理解の促進，さらに活動をする上での組織の安定性や柔軟性，そして相互の開かれた協力関係が求められる．また，各々の支援状況の確認ができる場や仕組みがあることが重要であり，そのことがニーズに応じた支援と利用者の満足度の向上につながる」．以下，このことについて解説したい．

a．連携の有効性の理解

これまで述べてきたように，関わる人が医療と介護を効率的に提供するために連携が有効な手段であると理解していること．そして，到達すべき目的や目標を共通理解していることが前提である．先に述べた規範的統合が連携促進には必須と言える．

b. 双方向性

「良好なコミュニケーション」には双方向性が求められる．一方的な情報伝達や強要ではなく，相互に作用し，互いが高まることが必要と言える．医療から介護へ一方的な情報提供のみで終わってしまうのでは，連携の促進にはつながらない．この双方向性は，多様な機関・職種の相互理解や，互いに協力をしていく体制づくりにとっても重要である．

c. 専門職としての質の担保

例えば，個別の課題解決に資する地域ケア会議の場合，面識がない患者・利用者について，書面上の情報に基づいてその人の生活を構築するための議論を行うことが多い．そのために，理学療法や作業療法の視点から紙面情報と生活を結びつける力と，それを他職種に理解をしてもらうための「伝える能力」が必要である．先に述べた「双方向性」に資するためには，単なる理学療法や作業療法に関する知識技術の向上だけではなく，その職能ゆえに把握できること，そして考えられることを「伝えられる」，「説明できる」質を担保できなければならない．

d. 支援状況の確認ができる場や仕組み

多領域の多職種が関わり，制度をまたいだ支援が行われている場合，従事者の連携が円滑であることは，それが滞っているより利用者にとって有益である．しかし，そのことが必ずしも利用者の生活の質の向上に直結するとは限らないこともまた事実である．

そのためにも，支援の目的，そこに至るまでの経過，支援内容も含め，「連携」している人と機関が振り返れる共通の場や仕組みが有用であろう．そのために，個別課題解決に関わる地域ケア会議も1つの機会と考えることもできる．

すべての人に安心して住み続けてもらうためには，医療・介護に携わる人たちが連携という手段を用い，効率的・効果的にそれぞれの知識・技術を提供できる体制づくりが必要であろう．そのためには専門職のみの連携ではなく，そこに暮らしている人たちと連携を構築できるか，前提としての規範的統合を図ることが重要と言える．

確認事項

① 「連携」の考え方を整理しよう．そのうえで，自分が関わっていた「連携」は，目的・目標の共有や課題解決に資する「連携」であったか振り返ろう．

② よりよい「連携」のために，職場や地域でどのような取り組みが必要か考えよう．

文献

1) 田中康之，太田令子，山本多賀子，他：保健・医療・福祉の現場に携わっている人の「連携」のとらえかたの検証．リハ連携科 11（2）：175-181，2010
2) 山中京子：医療・保健・福祉領域における「連携」概念の検討と再構成．社會問題研究 53（1）：1-22，2003
3) 埼玉県立大学（編）：第1章 IPW／IPEの理念とその姿，IPWを学ぶ─利用者中心の保健医療福祉連携，p13，中央法規，東京，2009
4) 厚生労働省：介護予防・日常生活支援総合事業のガイドラインについて［internet］，http://www.mhlw.go.jp/file/06-Seisakujouhou-12300000-Roukenkyoku/0000088520.pdf［accessed 2016-01-07］，p74，2015
5) 田中 滋，他・地域包括ケア研究会：平成25年度 老人保健事業推進費等補助金 老人保健健康増進等事業＜地域包括ケア研究会＞地域包括ケアシステムを構築するための制度論等に関する調査研究事業報告書［internet］，http://www.mhlw.go.jp/file/06-Seisakujouhou-12400000-Hokenkyoku/0000073806.pdf［accessed 2016-01-07］，p4，三菱UFJリサーチ＆コンサルティング，2014
6) 森田達也，野末よし子，井村千鶴：地域緩和ケアにおける「顔の見える関係」とは何か？ Palliative Care Res 7（1）：323-333，2012
7) 厚生労働省：平成27年版厚生労働白書─人口減少社会を考える─［internet］，http://www.mhlw.go.jp/wp/hakusyo/kousei/15/［accessed 2016-01-07］，pp4-16，2015
8) 国立社会保障・人口問題研究所：報告書『日本の地域別将来推計人口（平成25年3月推計）』Ⅱ．都道府県別にみた推計結果の概要［internet］，http://www.ipss.go.jp/pp-shicyoson/j/shicyoson13/6houkoku/houkoku_3.pdf［accessed 2016-01-07］，2013

まとめ

地域包括ケアを推進し，そこに暮らしている

第5章 2 専門職連携
～対象者の立場から捉える～

小塚典子

ここがポイント！

地域で生活をしている人や，自宅・職場復帰した後の生活（地域生活）の実際を考え，環境整備についての支援，経時的に生じる改善点や課題に対しての相談・アドバイスを行えるなど，専門職として先（予後）を見通した対応ができる視点を持つ．

覚えておきたいKeyword
地域ケア会議，地域包括ケアシステム，地域資源

はじめに

リハビリテーション専門職（以下，リハ専門職）が医療の場等で関わる対象者のゴールは，退院や自宅復帰には留まらない．その後の地域生活の中で，その人なりの自立した生活を営むことができることを見通した関わりが必要である．

病院（医療保険サービス），介護施設（介護保険サービス）等で患者や利用者に関わる業務と地域という環境での日々の生活において，状況に応じた自立を促すための支援業務や専門職として地域で多職種と連携を図る意義について考える．

MEMO 地域で連携を図る多職種（主に高齢者対象）
- ケアマネジャー（介護支援専門員）
- 地域包括支援センター職員
- 保健師
- 相談員
- 行政職員
- 病院・施設職員等

【この項での「連携」の枠組み】

1つの目標に向かって，様々な職種が互いの役割を理解し認め合うことを基本として，すべきことの共通理解を図りながら目標達成のために取り組む姿と捉える．

1 地域で生活していくということ

本項では，対象者の住むところを「地域」と表現し，そこでの生活を「地域生活」と定義する．

健康なときには感じることがない地域生活の様々な不安や不便さに直面したときに支援を担う役割として様々な職種がある．

地域生活に関わる行政職や一専門職だけでは解決できないことを，多職種が連携することにより「不安を安心」に，「できそう・できないをできる・している」に，「不便を便利」に変化させることが共通の目標となり，その人の状況に適した地域生活を支え，同時に家族への支援を行うことができる．

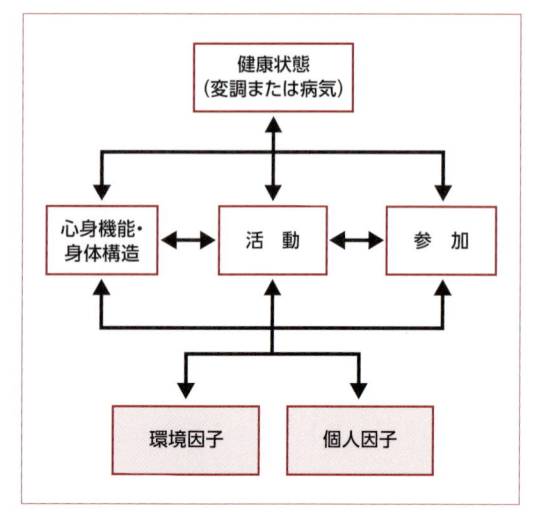

図1：ICF の構成要素間の相互作用
「厚生労働省 社会・援護局障害保健福祉部企画課：「国際生活機能分類－国際障害分類改訂版－」（日本語版）の厚生労働省ホームページ掲載について [internet]，http://www.mhlw.go.jp/houdou/2002/08/h0805-1.html [accessed 2015-12-24], 2002」より引用

2　対象者支援について考える

a. 地域生活に何らかの支援を必要とする人々の状況把握とは

1) 年齢：高齢者・成人・青年・就学児・未就学児等，年齢により連携する職種や機関が異なる．
2) 家族背景・家庭環境（住まい）
3) 心身の状態・既往歴
4) 今までの生活状況等，様々な情報を把握し，総合的に物事を捉えることができることを目指す．

b. 支援をどのように考えていくのか

リハ専門職は心身の機能を評価し，ICF の概念（**図1**）[1] に基づき，地域生活や家庭生活においてその人や家族が望む生活を送ることができるように支援していく．

c. 必要な情報は何か？

支援を必要としている対象者，家族の地域生活の希望は何かを把握し，対象者の主体的な目標を設定することが重要である．支援者は物事を多面的に捉えることを念頭に置き，連携して対象者・家族にとって最適な状況となるよう，目標を達成する必要がある．

・個人因子：心身機能・既往歴・パーソナリティー
・環境因子：家庭環境・社会環境など対象者を取り巻く環境

等，「できそう・できない」を「できる・している」に変えるための情報を収集する．

リハ専門職は対象者の心身機能の評価については不足している情報を求める視点を持っているが，地域生活の支援を行うための生活支援サービスや社会参加の場などの地域資源の情報不足があることについて，認識しておく必要性がある．

d. 情報収集

「できそう」が「できない」原因はどこにあるのか，「できそう」を「できる」にするための生活支援や様々な公的サービスを利用することにより，対象者や家族が望む生活や自立した生活を手に入れることができることがある．

生活支援サービスや社会参加の場についての介護保険サービスや障害福祉サービス，自治体の福祉サービスやその他必要な情報は，ケアマネジャー等福祉専門職員や行政職員から情報提供を受けることができる．

多職種が各々の専門性を発揮し，情報共有・共通理解を図りながら，連携して取り組むことが重要である．

MEMO　過信しない

専門的な情報を，その専門職が一番知っているわけではないことがある．そのため，より多くの情報と知識を持っている人，また，人脈のある人を知っていることが，より良い支援に至ることがあることを知っておくことも大きなポイントである．

3 多職種連携

a. 他職種への支援

　福祉領域を専門としているケアマネジャーが多いため，医療用語や疾病・障害背景，治療内容を十分に把握することが難しい場合がある．

　医療での受診内容や身体状況の把握が難しい場合は，予後や今後の治療方針の見通しが不十分になり，支援方法や段階的な取り組みを構築する作業が困難になる．

　疾患や障害の予後，治療法について見識のあるリハ専門職が関わることで，身体状況を踏まえた支援方法を具体化し，住宅改修やサービスを利用して環境因子を整備するなど，生活基盤を安定させることができる．

> **MEMO　予後予測**
> 関節疾患等での手術時期の見通しや，手術後の身体機能の変化によるADLの変化などの見通しは，生活に即した支援を考える際には重要な視点となる．

b. 連携の際の注意点

　専門職間の多職種連携では，それぞれの専門的観点から知識，考えを提供し，対象者にとって最適な環境を整えることが共通の目的である．連携についてメリット・デメリットの双方から考えてみる．

(例) 認知症高齢者の場合
関係職種：ケアマネジャー，保健師，行政職員等

1) うまくいく場合

　心身機能に大きな問題がなく，起居動作や排泄動作に必要な機能が低下している場合，認知機能の低下が原因となっていることがある．動作能力改善や動作方法を変更するなどのアドバイスを有効にするためには，ケアマネジャーや保健師・相談員等，実際に認知症の人の生活支援をしている職種から，認知症の臨床像や実際の生活状況について正しい知識を得ることは重要である．

　そのうえでキーパーソンからの対象者元来のパーソナリティーや生活様式等の様々な情報を基に，現在の生活状況や個々の状態に即した方法でアドバイスすることが有効となりうる．

　また，個人因子だけでは解決できない場合，使えるサービスや地域資源（配食サービスやヘルパー派遣，見守り等）を，地域担当の保健師や地域包括支援センター職員，行政職員などの他職種から情報提供を受けることで，対象者の生活の安定を図るという共通の目的を達成することが可能となる．

2) うまくいかない場合

　対象者の目標達成のポイントや各職種の役割が絞れていない，それぞれが単発で動く，など一体的な取り組みができていない場合には，改善に時間がかかることや問題が解決されないことがある．

　支援者が専門性を主張し，他職種の見解を認めない，受け入れないなど視野の狭い取り組みは，対象者の希望が反映されず，支援者が描く目標達成から逸脱しやすい．

　専門職一人ひとりが「何」を「何のために」するべきかを考え，互いの観点を尊重し，関わる全ての人が理解できる言葉で協議することが多職種連携には必要である．

　病院や施設等に在籍するリハ専門職は，地域の状況把握が難しいため，地域や状況や地域資源を把握している職種との連携は重要である．

　連携により地域を知ることで，対象者の望む生活の質やその先の社会参加など，地域で自分らしい生活を送るための選択肢を広げることができ，またリハ専門職自身の見識を広めるものであることを知っておく必要がある．

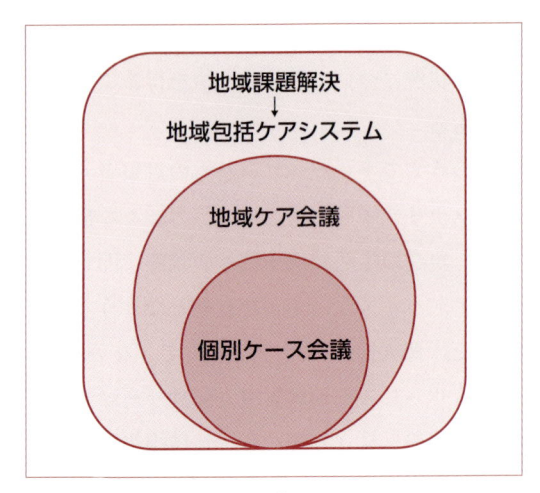

図2：多職種連携からの広がり

関係職種：工務店，ケアマネジャー
【手すり取りつけポイント】
・本人にとって最適な取りつけ位置（身長や身体状況を踏まえた高さや長さの調整）
・動作時に不安定になる場所
・手すりの種類（材質・太さ・縦型・横型等）
・本人に利益となり，家族にとって邪魔にならないことへの配慮

家庭での移動能力の低下に対して，手すり等を設置することで問題を解決する際に，十分な検討をしていないことで効果を得られない原因になることがある．

日常生活において，家族などが気づきやすい廊下等の歩行能力低下は，手すりの取りつけの必要性がわかりやすいが，その他に気付いていない問題が見受けられることがある．

介護保険制度・福祉サービスの住宅改修費の上限額を考慮した取りつけ内容の確認，取りつけ位置等については多面的な移動能力，日常生活動作を確認することが必要である．

移動のための手すりの他に玄関，浴室，階段などの段差については問題ないか，トイレへの動線，玄関から門外までの動作は安定しているのか等，移動・起居動作全体を把握する．そのうえで握力などの上肢機能を考慮した手すりの必要な場所，材質，形状，本数，取りつけ位置を検討する．

手すり取りつけ後の位置の修正は困難であることから，対象者の体格，身体機能，移動能力を十分に確認する必要がある．

福祉専門職や工務店のみの関わりでは多面的な確認が困難なことが多く，最大限の効果が得られにくい．

手すり等の十分な効果を得るためには，リハ専門職等が多面的に確認するなどの役割を担い，連携を図ることで効果的な支援ができる。

また，リハ専門職の関与のみでは介護保険制度・福祉サービス等を十分に把握できず，利用

4 多職種連携からの広がり

様々な職種が連携し，より多くのケース検討を行うことにより，職種間の知識の共有や多職種の専門的な観点を学ぶことができるため，それぞれのスキルが向上することでより良い連携，支援のしくみづくりができる．

このようなしくみは地域生活を送るための支援となるため，住みやすい・安心できる地域づくりにつながると思われる．また，個々のケースの問題点や課題を分析し対応策の検討を重ねることで，類似の困難な問題や課題が把握でき，個の問題をより広い範囲での地域の問題とし，地域レベルの問題・課題解決への取り組みを行う役割を担う地域ケア会議へと発展させていくことができる．

多職種での個への関わりが住民全体のメリット，地域全体の問題・課題解決につながり，地域包括ケアシステムの構築に寄与できるものと考える（図2）．

5 連携なしのデメリット

ここでは連携がされない場合を考えてみる．
（例）歩行の安定性が低下したことにより，住まいの廊下に手すりを取りつけることとなった場合

2. 専門職連携

可能な公助を得ることができないことがあるため，福祉専門職が関わる必要がある．

これらのことから，多面的な視点で取り組むことの必要性を各専門職が理解し，連携を図ることが望ましい．

6 会議などでの対象者支援

これからの高齢社会において個別ケース会議等で退院後の対象者の状況について，担当者からの相談を受けることが増加傾向になると考えられる．実際に関わったことのない対象者に対して支援する際には，必要な情報を収集すること，断片的な情報をつなぎ合わせて，本人の全体像や家族等の周囲の支援者，生活状況を把握することが必要である．状況把握をした後は，その理解が正しくなされているのかを会議の中で対象者担当者に確認する等の段階を経て，支援方法を導き出す作業をしていく．

実際に関わっている対象者でも，みえること，聞いたことだけでは読み取ることができない状態や，隠れている問題点を見出す作業を行うことが必要である．また関わっていない対象者についても同様に情報をつなぎ合わせながら，対象者や家族，ケアマネジャーの求めるニーズが最適か，本人・家族等にとってより良い対応・支援方法はないか，多面的に捉えることが重要であると考える．

> **確認事項**
> ①多職種連携によって，対象者の支援だけでなく，周囲の人々や地域全体の支援へとひろげるための視点を確認しよう
> ②多職種連携において，専門職として，さらに一人の人間として対象者や様々な人たちと関わる際に留意すべきポイントを整理しよう
> ③リハ専門職として，対象者の予後の視点をもった関わりが何故重要であるのかを確認しよう

文献

1) 厚生労働省 社会・援護局障害保健福祉部企画課：「国際生活機能分類－国際障害分類改訂版－」（日本語版）の厚生労働省ホームページ掲載について［internet］．http://www.mhlw.go.jp/houdou/2002/08/h0805-1.html ［accessed 2015-12-24］，2002

COLUMN

行政に所属するリハビリテーション専門職と保健師との関係

安本勝博

　行政に勤務するリハビリテーション専門職（以下，リハ専門職）は超少数派である．そして，診療報酬や介護報酬でその身分を保証されているわけではない．つまり，行政ではリハ専門職の必置義務はなく，やらなければならない業務も存在しない．その中で，自らの職能を行政内外で理解してもらえるよう，孤軍奮闘しているリハ専門職が多いのも事実である．筆者自身が行政に入庁したのは20年前のことであるが，同じ領域で働くリハ専門職の先輩はほとんどおらず，自ら敷いたレールを自ら走り，そして，振り返りまた前を向いて走り出す，そんな20年間であったと思い返すことがある．

保健師の職能を理解しよう

　行政に勤務するリハ専門職の多くは，保健師とともに業務を行っている．筆者が勤務する健康増進課にも，18名の保健師が勤務している．保健師は，住民の年代に関係なく住民の健康を支援する専門職であり，個別支援，集団支援，地域支援，組織支援，政策立案において健康づくりの視点から関わっている．

　超少数派である行政のリハ専門職が良い仕事をしたいと願うのであれば，保健師との協働は必須事項である．そして，保健師の職能を理解し，保健師の置かれている現状に関心を寄せる必要がある．

　現在，保健師は所属する領域が母子・障害・高齢者などの領域ごとに分かれていることが多く，人口規模が大きくなればなるほどその傾向が強い（業務分担）．また，それぞれの保健師が担当地区を持っており，担当地区の健康づくりも担っていることが多い（地区分担）．これらの業務分担と地区分担がバランスよく行われることが理想ではあるが，どちらが効率的かという議論が行われることもある．

保健師を取り巻く現状の課題

　保健師を取り巻く現状の課題として筆者が感じるのは，「ハイリスク支援の緊張感の高まり」と「ポピュレーション支援を住民とともに行うことが困難になりつつあること」である．虐待事例等への緊急かつ迅速な対応と，適切な結果が常に求められる業務が増え，未然に防ぐこと，適切な対応方法など，筆者の入庁当時と比べるとその業務量は増加の一途をたどっている．そのような事象を起こしてはならないという緊張感は，いつもこちらに伝わってくる．これらのハイリスク支援の業務量が増加するということは，一方で，ポピュレーション支援の減少につながりやすい．

保健師の業務とは健康に向かう支援の専門職であり，健康な住民がさらに健康となるよう，ポピュレーション支援はその専門性の中核をなす．しかしながら，前述のとおり，ポピュレーション支援に充てられる時間には制約があるのが実際である．

> **MEMO　ポピュレーション支援**
> 　支援の対象を一部に限定せず，集団全体を支援の対象とし，全体としてリスクを下げていこうという支援

　今，行政に勤務するリハ専門職ができるのは，保健師の現状について理解を示し，協働できることは何か，リハ専門職の職能で補完できることはないかを，こちらから歩み寄って保健師とともに考えることだと思っている．
　前述のとおり，行政のリハ専門職には決まった業務は存在しない．これはデメリットでもあるがメリットでもある．職能が発揮できる場には，超少数派であるからこそ，どこにでも参加できるチャンスがあるからである．保健師とともに健康について，そして，ポピュレーション支援について考えるセンスをリハ専門職は持っていると思うのだが，皆さんはどのようにお考えだろうか．

第5章
3 連携の評価
～医療・福祉施設から捉える～

吉田俊之

ここがポイント！

患者・利用者のニーズが多様になった超高齢社会において，多職種間の充実した連携は欠かせない．同時に，患者・利用者をきちんと必要なサービスや場につなげる多施設（機能）間の連携構築も急がれている．この章では，連携が求められる背景を説明し，経済学の理論を援用しつつ連携のメリットを説明する．

覚えておきたいKeyword

リスクの複合化，ネットワーク外部性，報酬制度における連携評価，ソーシャル・キャピタル

1 連携が必要とされる背景

地域包括ケアの政策的な推進は，共助における医療や介護の専門職の相互連携を強力に促進する原動力となっている．さらに，地域づくりを上位理念としていることから，専門職は町会・自治会あるいは商店会など地域との連携も求められる．世田谷区では，医師や薬剤師，ケアマネジャーが共助の領域を超え，互助の分野で地域住民や行政職員を巻き込み，顔の見える関係づくりに取り組む先進的な連携事例もみられる[1]．このように，地域包括ケアの推進に伴って，専門職の連携範囲はさらなる広がりをみせ始めているが，本節ではリハビリテーション専門職（以下，リハ専門職）が主に活動する共助領域に着目し，多職種間や多施設（機能）間の連携が急速に求められ始めた背景を整理したい．

a. 現代の高齢者の3リスク

1）複雑になる医療のリスク

本邦における平均寿命が飛躍的に延伸した背景には，医療技術の進歩と高度化によるところが最も大きい．また，わが国は医療を価値財と定め，公平性を優先した保険制度という配分の仕組みを選択し，医療にアクセスしやすいサービス提供体制を整えてきた．医療制度のあり方も同様に平均寿命の延伸に貢献してきた．その他，公衆衛生の改善や健康意識の高まりなど，貢献要因はいくつも考えられるが，いずれにしても国家として個人の医療リスクの増大を抑制しようと不断に努めたことが，今日の長寿化を実現しているという理解に異論はないだろう．

一方で，平均寿命の延伸は，医療リスクの構造の変化も伴っている．高齢化によって慢性疾患に罹患する高齢者が増え，長生きすることで複数の疾患を同時に抱えるリスクも高まっている．このように，個人の医療リスクは複合的で複雑な病状を呈するようになった．

2）介護状態が延長しやすいリスクとサービスの細分化

(a) 介護状態が延長しやすいリスク

我々は長生きの延長線上に介護リスクを認識するようになっている．最近では，高齢者同士あるいは親子同士が，「私はいつから介護を必要とするようになるのかしら？」と話題にする機会も決して珍しくない．これまでは，還暦を迎えるとなんとなく体が弱り横に伏しがちにな

り，家族も周囲も特に気に留めなかった．病気を患えば安静が求められた．重度者はもちろん専門機関が対応していたが，一般的に「年齢を重ねると手がかかるようになる」と誰もが無批判に「介護状態」を受け入れていた．ただ，その期間は現在よりも短かったので，大きな社会問題にならなかった時代である．ところが，近年，多くの高齢者は，介護が必要な状態で長い月日を過ごすかもしれないと危機感を持ち始めている．高齢化によって，介護状態の長期化というリスクが高まったと言える．

(b) サービスの細分化

介護は医療と財・サービスの性質が異なる．医療では，救命と治療の価値が何よりも勝る．治療計画に個人の価値観はほぼ反映されない．そして，科学的なエビデンスに基づいた「最適とされる治療」というひとつの治療法に収束しやすい性質を持つ．さらに，情報の非対称性が極めて強い財なので，意思決定の多くは医師に委ねられる．一方，介護という財・サービスは，本人の住まい方や日常の過ごし方といったパーソナルな価値観が尊重されるため，サービスの組み合わせは多様である．つまり，「最適な介護」は個人ごとに異なるのである．したがって，個別性の強い介護はサービスが細分化しやすい．

3) 新しい長寿というリスク

高齢化は，加齢に伴う心身機能の低下，すなわち，虚弱化と認知機能低下という新たなリスクを生じやすくした．長寿リスクと表現できるかもしれない．厚生労働省によると，平成22年における男性の健康寿命は70.42年，女性73.62年である．平成13年と比べると男性は1.02年，女性は0.97年延伸している[2]．一方，平均寿命の伸びは男性1.48年，女性1.37年であって，健康寿命の伸びを上回っている．すなわち，この10年で「日常生活に制限のある期間」が伸びているわけである．平成25年から34年にかけ男女ともに平均寿命は伸びると予測されていることから，「日常生活に制限のある期間」も同様に延伸すると懸念されている．このように，本邦の男女は人類史上最長の平均寿命を獲得した一方で，晩年のおよそ10年間は専門職の介護を必要としないまでも，虚弱等により「日常生活が制限される」新たな長寿リスクにさらされ始めている．特に，認知症は平成37年度にはおよそ5人に1人は認知症か認知症予備群と見込まれている[3]．長生きの副作用ともいえる新しい長寿リスクにどのように向き合うべきか，これからの大きな課題である．

4) 複雑化・複合化するリスクに対応する多職種連携

現代人は医療技術の進歩や高度な医療保険制度によって長生きという効用を獲得したが，疾患の慢性化や症状の複雑化，要介護化，そして，認知機能低下を含んだ虚弱化といった長寿リスクが新たに加わり，高齢者が抱えるリスクは多様化している．医療のみの対応という単独で独立したアプローチでは，多様化したリスクを低減するには限界がある．その政策的な解決手段の1つが地域包括ケアシステムである．多様なリスクやニーズに柔軟に対応でき，しかも個別性のあるパッケージ的なサービスを質高く提供する体制が欠かせない．このような背景があって，「共助」を担う医療と介護の専門職には，多職種間・多施設（機能）間の「連携」が期待されている．

b. 連携強化を重視した制度改革

これまで，高齢者が抱えるリスクの変化に着目し，地域包括ケアの重要性と連携の必要性を説明した．しかし，専門職に連携を迫る要因は高齢者のニーズばかりではない．提供体制の変更もリハ専門職の連携の仕方に大いに影響する．ここでは，連携の視点からリハビリテーション医療提供体制の変遷を概観する．

1) 病期に応じた医療機能分化の先駆け：リハビリ医療提供体制

およそ2000年代頃まで，多くの地域では基幹病院を中心とし，急性期から療養期まで一体的に医療を提供する医療機関完結型の体制が主流であった．リハビリテーション医療で言えば，例えば，脳卒中患者は急性期病院に入院した後，同じ病院において回復期と維持期を過ごした．1病院（あるいは法人グループ）の入院期間が6ヵ月を超えることも少なくなかった．そのため，医療専門職の連携と言えば同一法人に所属する職員同士が日常的にコミュニケーションをとり，長期的に観察してきた患者の治療に当たるのが常であっただろう．しかし，大きな転機となった2000年の診療報酬改定では，回復期リハビリテーションという枠組みが新たに創設され，急性期病院と回復期病院の役割が明確となった．リハビリテーションにおける病床機能の分化は，まさに病期に応じた医療機能分化の先駆けと位置づけることができよう．また，2006年の診療報酬改定では疾患別リハビリテーションが導入された．疾患別の専門性を，より重視したリハビリテーション医療提供体制が求められるようになった．リハ専門職は疾患間の連携も同時に求められた．

一方，2000年には介護保険制度が創設され，QOLと生活機能を重視した生活モデルベースの価値観が重視され始めた．これまで医学モデルによる価値観に基づいて意思決定してきたリハ専門職には，生活期のリハビリテーションという新しい概念を理解する必要が生まれ，医療以外の職種から連携を期待される場面が大いに増えていった．

2) 報酬制度にみる連携の評価

医療機関や介護施設・事業所における経営上の意思決定は，その社会保障政策の動向を踏まえてなされる．そのため，医療計画や介護報酬の動向や報酬の配分・構成の変化をいち早く把握し，その新しい変化に適切に対応する経営判断が極めて重要になる．特に，昨今の報酬改定は改定年度ごとに大きな変化がみて取れる．純粋な医療技術評価に加え，「共有する」，「つなぐ」という異なる主体間の関係性を評価する一連の改定がそれに当たる．連携に対する加算が数多く新設されている傾向は，新しい報酬体系の兆しと言えよう．ここでは，リハビリテーションの改定項目を中心に，多職種連携や多機能間の連携が報酬上でどのように評価されているかみてみたい．

(a) 診療報酬にみる連携の評価

近年の診療報酬改定をみると，わずかな全体改定率の中で，連携に関する項目は評価されている．2010年度の診療報酬改定では，例えば，地域連携診療計画退院計画加算（100点）や介護支援連携指導料（300点）が新設された．特に，後者は医療と介護の連携そのものを評価しており，理学療法士・作業療法士・看護師・社会福祉士等が入院中の患者の同意を得て，居宅介護支援事業所等の介護支援専門員と退院後に可能な介護サービス等について共同して指導した場合に算定できるようになった．また，2012年度改定では医療機関間の連携が重視されている．例えば，緊急時・夜間の往診料の引き上げや在宅ターミナルケア加算の評価体系の見直し等である．特に，機能を強化した在宅療養支援診療所等に関する診療は大きく加算されている．そして，2014年度改定においては，例えば外来医療の機能分化と連携が促進され，主治医機能が手厚く評価されている．新設された地域包括診療料（1,503点）をみると，いくつかある算定要件の中に，24時間開局の薬局との連携や要介護認定に係る主治医意見書の作成経験などが加えられている．

疾患別リハビリテーションを算定しない患者に対しても，リハ専門職が関与できる加算が新設された．リハ専門職が対象とする範囲の拡大

は，退院時の連携を円滑にする重要な取り組みとして評価されているので，これも連携評価の一環と言えるであろう．

(b) 介護報酬にみる連携の評価

2012年度の介護報酬改定における，連携に関する改定項目では，機関同士の介護老人保健施設の地域連携診療計画情報提供加算（300単位）が挙げられ，医療機関との連携に対し手厚く評価されている．一方，職種間の連携では，指定訪問リハビリテーションを行うリハ専門職が訪問介護と連携して生活機能をアセスメントする評価（100単位），看護・介護職員連携強化加算（250単位）の新設があり，介護職員の痰の吸引等の実施に関連した評価がなされている．

2015年改定では，特に多機能間連携が重視された．利用者が在宅での生活を無理なく継続できるような積極的な連携体制の整備に対して，定期巡回・随時対応型訪問介護看護，小規模多機能型居宅介護，そして，複合型サービスに新設された総合マネジメント体制強化加算（1,000単位）はその最たる例である．また，職種間の連携では，リハビリテーションマネジメント加算（IIの場合，150単位）の要件に含まれるリハビリテーション会議が挙げられる．事業所および職種を超えてコミュニケーションを図るプロセスを評価する画期的な加算と言える．

2 多職種・多施設（機能）間連携の評価

医療業界において，連携の定義がどのようになされているか，先行論文等を参照する．そして，経済学におけるネットワーク外部性の理論的枠組みを援用し，連携する意味合いをみてみたい．

a. 多職種連携の評価尺度

医療や介護領域における連携の重要性は誰もが認識するところであるが，その連携効果を定量的に把握し評価する指標の開発は少なく，連携による価値を定量的に評価する取り組みは始まったばかりである．例えば，近年，森田ら[4]はがん緩和ケアに関する地域の医療福祉従事者間の連携を測る尺度を開発した．その概念は，「在宅で過ごすがん患者に関わる医療福祉従事者からみた連携の良さ」としている．この尺度は，がん患者を取り巻く連携の効用について，サービス提供側の価値観から測定することを企図している．また，阿部と森田[5]は森田論文[4]で開発した尺度を応用し，連携概念の範囲を拡大した新しい連携評価の指標を提案している．つまり，職種や疾患の幅と療養する場所の範囲も拡大し，より広範な地域連携機能の評価を可能とする尺度である．阿部論文[5]では，連携の測定概念を「地域における医療介護福祉事業者間の連携の良さ」と定義し，多職種間および地域の施設間における連携状況をサービス提供者の視点から評価する試みで大変興味深い．

b. 多職種・多施設（機能）間連携の経済評価

1) 協働による経済評価

多職種連携の定性的な効果は様々に紹介されているが，経済的指標で評価した報告はまだ少ない．第一に，連携から得る効用や効果の定義を定めにくい点が挙げられる．また，連携行為に伴う直接費用や間接費用あるいは機会費用等を網羅的に把握することが困難なことも大きな障壁である．その中でも，経済的な効果が先行して示されているテーマは残薬解消である．在宅において，飲み忘れや服薬拒否によって「余った薬」を見つけた経験のある読者も少なくないだろう．きちんとした服薬は患者・利用者にとって重要だが，リハ専門職にとっても服薬状況は重要な関心事である．リハ・プログラム執行の円滑性に影響するからだ．このように，服薬コンプライアンスは重要課題であるため，在宅における多職種連携では残薬解消が1つの共通目標になる．残薬解消効果について恩

田ら[6]は，薬剤師が在宅の患者を訪問し残薬整理を行った患者のうち，65％で残薬ゼロを達成できていると報告した．また，経済的な節減効果は81.1％に上るという．そして，この残薬解消の効果を促す方策の1つとして，医療・福祉職種間での連携強化を挙げている．経済効果は直接示していないものの，小野[7]は医療関係者と公的機関が連携した事業を通し，高血圧や糖尿病の減薬あるいは離脱効果を報告した．糖尿病等の取り組みにおいても，多職種連携による潜在的な経済効果を推測させてくれる．

2)「つなぐ」ことによる経済評価

残薬解消等は，いわば協働による効果の一例だが，多職種連携による経済性の意義については，別に患者・利用者を適切なサービスにつなげる経済効果も考えられる．リハビリテーションに関して言えば，すでに介護予防事業の経済的な正の効果に関する報告がいくつかある．例えば，介護予防事業に参加した在宅高齢者では月1人あたりの平均医療費が減少し，参加しなかった者はむしろ増加すると報告されている[8]．

多職種連携する中で，患者・利用者，あるいは虚弱高齢者を積極的に予防の場につなげる発想がリハ専門職に期待される．また，これから地域支援事業も加速度的に整備される．リハ専門職には，臨床的にも経済的にも有用な事業をいち早く把握し，重要な連携先と位置づけ，そのような場や機会につなげる働きが今後ますます求められる．

c. ネットワークとしての多職種連携

ここからは，多職種連携の場をネットワークとみなし，専門職が連携に参加する行動にはどういう効用があるのか，ネットワークや外部性というキーワードを基に多職種連携の意義に接近したい．

1) ネットワーク外部性[9]

経済学では，市場取引の結果が当事者以外の第三者に影響を与えることを「外部性（externality）がある」という．そして，ネットワークを通じて得られる外部性をネットワーク外部性という．このネットワーク外部性はMorgensternが発展させ，市場の需要は市場に参加する個人全体の需要の単純和とはならない可能性を指摘した．個人の需要をそのまま足し合わせても，市場全体の需要量とは一致しないという解釈である．Leibensteinは，この需要の非加法性を効用の観点から「外部効果」として発展させた．外部効果は大きく3つに分けられる．個人の効用が上昇する場合を「バンドワゴン効果」，効用が低下する場合を「スノブ効果」，そして，価格が高いほど自分の効用が増加する「ヴェブレン効果」である．このうち，バンドワゴン効果は多職種連携でも経験的によく認めやすい効果であろう．

2) 地域ケア会議とネットワーク外部性

地域包括ケア推進の重要な機能であり，また，地域全体の多職種ネットワークの場である

> **MEMO　ネットワークにおける「バンドワゴン効果」とは？**
>
> バンドワゴン効果とは，需要が拡大していく現象が音楽を奏でる楽隊車の周りに人が集まるにつれ，それを見た者も集まり始める現象に因む．ネットワークにおける典型例としては，電話通信ネットワークが知られる．ある個人Aが一人だけ電話契約に加入していても便益はない．他者Bが加入することで，AはBと通話できる便益が初めて生まれる．さらに，新たに別の者Cが加入すれば，AはCと通話できるようになる．そして，加入者の増加がまた加入者を呼ぶ．このように，電話加入者の増加という現象が需要の増加に影響を与えている．他にも，若者のファッションの流行はバンドワゴン効果の代表とされる．

地域ケア会議を考えてみよう．前提条件として，あるZ市の地域ケア会議では，自立支援型のプラン作りを目的に多職種が集まり，架空の個別ケースを議論するものとする．この会議の後には，参加者同士でコミュニケーションできる時間が設けられている．Z市内で従事する医療・介護関係者であれば，誰でも参加してよい．さて，ここであなたが参加した場合，あなたはある効用を期待し会議に参加するわけだが，いろいろな職種や領域の人が後から集まるほどコミュニケーションできる対象が増え，参加の満足感は当初の想定を上回りやすい．また，参加するかを検討している時に参加率が高いと知れば，自分も参加する動機になる．このように，自身の参加行為に関わらず，地域の専門職が続々と参加していく現象が自身の効用に影響を与えたり，参加率の上昇が参加動機に影響を与えたりする可能性がある．このような作用が認められれば，地域ケア会議にもある種のネットワーク外部性が働いていると考えることができる．

d．多職種間・多施設間で連携するメリット

これまでは，地域ケア会議を大胆に簡素化したモデルを参考にネットワーク外部性という概念を援用して，専門職が連携に参加する行動原理を捉えてきた．しかし，具体的にその効用にはどういうものが考えられるだろうか．そこで，ここでは異なる2つの分析単位からその効用を考えたい．1つは，個人レベル，すなわち，リハ専門職個人である．もう1つは，組織単位，すなわち医療機関や介護施設・事業所の視座で捉える．とりわけ，地域包括ケアの文脈が重視されるので，院内や施設内の多職種連携にとどまらず広い視野で考えてみたい．

1）個人レベルの連携

個人レベルにおける多職種連携のプロセスは，①患者・利用者の意向を踏まえた適切な共通目標（上位目標）を認識し，②上位目標の達成を目指すこと，そして，③上位目標を達成するために職種ごとの（下位）目標とプログラムをマネジメントすることと言える．とりわけ，③専門職のプログラムをいかに修正しつつ上位目標を達成するかが肝要であり，専門職種側に質の向上というメリットをもたらす．以下に，多職種連携のメリットとして次の3つを挙げてみたい．

(a) 効率的なサービス・プログラムの修正

リハ専門職が多職種と連携する主要なメリットは，利用者が掲げる目標に対してリハ専門職が利用者ごとに組み立てるサービス・プログラムの効率的な修正が挙げられよう．患者・利用者ニーズが多様である以上，各サービス・プログラムを相対的に調整しなくてはならない部分が生じる．その場合，他の職種からの助言や，各職種からみた目標達成の進捗状況に照らした修正方法が最も効率的である．一方で，リハ専門職が重視する価値観を他の職種と共有し，彼らのサービス・プログラムに影響を与えることもある．場合によっては，他の職種のプログラムの一部にリハ専門職の目標達成を促す取り組みを組み入れるといった相乗効果も期待できる．このように，連携のメリットは上位目標にフィットするようにプログラム等を修正する機会を増やし，より質の高いプログラム作成に貢献する作用を期待できる点にある．

なお，この利点に対する理解が不十分であると，地域ケア会議等において議論の進行を無視して，リハ専門職にのみ有効な価値観に基づき議論を先導する，あるいは，他の職種の視点に関心を示さない「その話はリハ専門職の範囲ではないと決めつける」ことが起こり得る．むしろ，チーム全体に不利益を与えかねない．多職種連携の重要な注意点として，下位プログラムを上位目標に合わせて修正するという規範認識と，柔軟に修正できるスキルの重要性を特に強調しておきたい．

(b) 標準化プロセスを通した相互理解

　多くの職種は診療ガイドライン等を持ち合わせ，それぞれの専門性に応じた概念や用語が標準化されている．しかしながら，多職種間で共有する用語を一般化したガイドラインは見当たらない．したがって，どうしても専門職種間で意思疎通がうまくいかない場合が生じるが，それを克服しようとコミュニケーションの密度を増すことによって新たに共通用語が形成されたり，共有経験が蓄積されたりする．ここで生まれる用語は，学術的な用語とは限らない．むしろ，ある利用者にのみ通用する文脈が前提となるであろうし，汎用性のない特別な用語かもしれない．しかし，この一連の標準化のプロセスが連携の利点を強化していく．この標準化のプロセスは必ずしも円滑に進むわけではないが，コミュニケーションを深めることで各職種が重視する価値観の違いを踏まえた包括的なアプローチを可能にし，他の職種を相互により深く理解し合うきっかけとなる．

(c) ソーシャル・キャピタルの蓄積

　ソーシャル・キャピタルとは，代表的な提唱者であるPutnam[10]の定義によると「調整された諸活動を活発にすることによって社会の効率性を改善できる，信頼，規範，ネットワークといった社会組織の特徴」とされる．主に，経済学や社会学で論議される比較的新しい概念である．大雑把に言えば，人と人とのつながりの中に含まれる信頼や絆を意味している．多職種連携に当てはめてみると，ある特定の患者・利用者を中心に連携が繰り返されることでメンバー間あるいはチーム全体の中に信頼と共通の価値観が蓄積されていく．このプロセスは院内においても同様であるので，多くの読者は経験的に理解できるのではないだろうか．ソーシャル・キャピタルの効用は，主に全要素生産性の向上とされる[11]＊．簡単に言えば，効用の1つは取引コストの削減である．例えば，医療情報が信頼している相手から提供される場合，関与の薄い者から与えられる場合より情報を精査する時間は短くて済む．また，連携相手の価値観を予め知っていれば，信頼を構築するために必要な工程数を減らし，連携チームとしての意思決定を素早くすることにもつながるだろう．つまり，時間コストを削減する効用が期待される．このように，連携行為の繰り返しはその連携チームの中で信頼というソーシャル・キャピタルを蓄積することにつながり，長期的にみると業務をより円滑に進めやすくしてくれる．

＊稲葉[11]によると，全要素生産性とソーシャル・キャピタルの関連はあるものの，プラスに働くとする研究もあれば，マイナスに作用するとする報告もあるという．さらなる実証研究が望まれる．

2) 組織間レベルの連携

　平成23年患者調査をみると，65歳以上の病院から退院した推計退院患者のうち，転帰が治癒に当たる割合は5％にすぎない．多くは軽快レベルにとどまり，完全治癒せず退院しているとわかる[12]．この比率は減少傾向にある．入院加療のみでは疾患が完治しにくくなっている．つまり，各専門機関は患者が安心して退院できる体制を重要視し，次の資源等にしっかりとつなぐ機能を強化する必要に迫られている．病院経営では，この退院戦略がますます重要になっている．介護老人保健施設でも，在宅復帰率がさらに重視されるようになった．また，通所リハビリテーションでは地域の社会資源につなげる機能が新たに評価された．このように，地域包括ケアの推進は経営上の課題として連携のあり方が大きな位置を占めるようになった．単に職種間の連携のみならず，組織間レベルにおける機能連携を充実させ，適切な出口戦略を構築する必要が高まっている．

(a) 出口戦略と連携

　病院も入所施設も，収益性に着目すると出口戦略が重要である．医業収益を例にとれば，平均在院日数や病床稼働率と相関することがわ

かっている．病床稼働率は全般的に低下傾向にあるため，平均在院日数の維持（短縮）がより肝要となる．しかし，退院後の不安を抱えたままの患者はどうしても在院期間が伸びがちになる．無理に退院を迫るわけにもいかない．そのため，より確実な退院時連携を目指さなくてはならない．加えて，高齢化によって入院を繰り返す再入院高齢者は増加していくだろう．その際，患者は医療の質の他に安心して退院できる取り組みであったかどうかを評価するだろうし，その評価は，次の入院時においての病院選考に影響すると容易に想像がつく．したがって，組織レベルの視座においては出口戦略が重要となり，地域の実情を踏まえて多施設（機能）間連携をどの程度充実させるべきか，考えなくてはならない．入所施設や在宅のサービス事業者の視点では，利用者の退所戦略，卒業戦略となろう．別の言い方をすれば，医療機関や介護施設・事業所は他機関や地域資源との連携に関する職員教育と連携オペレーションの構築にどの程度投資すべきか，という経営上の重要な意思決定を迫られていると言えよう．

ところで，リハビリテーション医療について言えば，疾患別リハビリテーションを算定する多くの患者は入院基本料等にかかる平均在院日数の計算対象から除外されるので，経営課題である出口戦略に関心の薄いリハ専門職も多いかもしれない．しかし，今後も特定除外であり続ける根拠はないので，所属機関の出口戦略に関心をさらに向けることが望まれる．

3 鍵となるこれからの制度改革と連携

a. 地域医療構想と病床機能報告制度

多職種連携および多施設（機能）間連携に大いに影響する新しい改革は，地域医療構想と病床機能報告制度である．前者は地域の医療需要を推計するツールであり，後者は医療機関側が求める供給量（と病床機能の選択）を集約する制度である．今後，都道府県を単位として，この需要推計と供給推計の調整を図るプロセスを経ることになる．そして，リハ専門職の業務のあり方は，所属医療機関がどの病床を選択するかによって大きく変わる．高度急性期の病院と地域包括ケア病床を持つ病院とでは，地域で果たす医療機能は異なる．このような制度改革を踏まえた上で，リハ専門職は所属機関が地域の中でどういった医療機能を果たしているのか十分に理解し，その選択において自身がどういう連携スキルを身につけるべきか見極めることが今後の大きな課題である．

b. 新しい総合事業の発展

もう一方の共助のエンジンである介護では，平成27年度改定において「活動と参加」を重視した改革が断行され，医療・介護専門職を可能な限り中・重度者に手厚く配分する方針が見えた改定であった．医療と同様に介護においても，利用者の卒業（出口）戦略が重要となる．特に，介護予防と日常生活支援の機能充実を推進する昨今の方針からすれば，介護においては医療にも増して地域資源や基礎自治体との連携は欠かせない．介護保険はリハビリテーション機能を重視している．多職種連携，多施設（機能）間連携の橋渡し役として，リハ専門職への期待は極めて大きい．

c. 正のネットワーク外部性が発生する連携体制の整備

医療資源や介護資源あるいは財源が限られる制約条件下において，地域全体として効率的でかつ質の高い連携体制を構築するため，個人や法人のみが努力しても速やかな課題解決には難しい．市区町村レベルにおいて，前述のネットワーク外部性を発揮する連携体制を整備する支援が望まれる．地域医療連携体制の視点でも，ネットワーク外部性を蓄積する基盤整備が指摘されているが[13]，医療領域に限らず，共助領域全体あるいは共助と互助領域にまたがる広範

囲な領域において，正の外部効果を活用できる連携基盤が求められている．

> **確認事項**
> ① 多職種連携が必要となった背景を説明できますか？
> ② ネットワーク外部性を理解しよう
> ③ 多職種・多施設（機能）連携のメリットは何でしょうか？
> ④ なぜ連携のあり方は，先進事例を真似るだけでは機能しないのでしょうか？

文献

1) 砧地域ご近所フォーラム 2014 実行委員会：高齢者を優しく見守る地域のわ報告集，砧地域ご近所フォーラム実行委員会，平成 26 年 8 月
2) 永井良三，辻一郎，他 厚生科学審議会地域保健健康増進栄養部会・次期国民健康づくり運動プラン策定専門委員会：健康寿命の延伸と健康格差の縮小，健康日本 21（第 2 次）の推進に関する参考資料［internet］，http://www.mhlw.go.jp/bunya/kenkou/dl/kenkounippon21_02.pdf ［accessed 2015-11-09］，pp25-26，平成 24 年 7 月
3) 厚生労働省：「認知症施策推進総合戦略～認知症高齢者等にやさしい地域づくりに向けて～（新オレンジプラン）」（概要）資料 1 ［internet］，http://www.mhlw.go.jp/file/04-Houdouhappyou-12304500-Roukenkyoku-Ninchishougyakutaiboushitaisakusuishinshitsu/01_1.pdf ［accessed 2015-11-03］
4) 森田達也，井村千鶴：「緩和ケアに関する地域連携評価尺度」の開発．Palliat Care Res 8(1)：116-126，2013
5) 阿部泰之，森田達也：「医療介護福祉の地域連携尺度」の開発．Palliat Care Res 9(1)：114-120，2014
6) 恩田光子，今井博久，春日美香，他：薬剤師の在宅医療サービスによる残薬解消効果．医薬品情報 17(1)：21-33，2015
7) 小野正人：公的病院と行政が連携した健康増進システム（メディコトリム）とその成果．糖尿診療マスター 9（1）：85-89，2011
8) 吉田裕人，藤原佳典，天野秀紀，他：介護予防事業の経済的側面からの評価 介護予防事業参加群と非参加群の医療・介護費用の推計分析．日本公衆誌（54）3：156-167，2007
9) 依田高典：ネットワーク外部性の古典モデル．ネットワーク・エコノミクス，pp92-95，日本評論社，東京，2001
10) Putnam RD：社会資本と制度の成功 社会資本，信頼，回転信用組合．哲学する民主主義，河田潤一（訳），pp206-207，NTT 出版，東京，2001
11) 稲葉陽二：ソーシャル・キャピタルの定義 ソーシャル・キャピタルが生産性を向上させる．ソーシャル・キャピタル，pp15-16，生産性出版，東京，2007
12) 厚生労働省 保健統計室：平成 23 年（2011）患者調査の概況［internet］，http://www.e-stat.go.jp/SG1/estat/List.do?lid=000001103073 表番号 37 ［accessed 2015-11-12］，政府統計の総合窓口（e-Stat）
13) Sugahara T：Economic background and issues of regional medical coordination policy in Japan. J Natl Public Health 62（1）：36-45，2013

第5章 4 産官学連携が生み出す「介護予防」の取り組みと可能性

清水順市

ここがポイント！

介護予防を推進するには，地域住民，その地域に根づいている産業，そして，行政がスクラムを組むことが条件になる．さらに，強化・発展するためには「学」が加わることで大きく変化する．ここでは，「産官学」の連携について説明する．

覚えておきたいKeyword
産官学連携，地域づくり，健康づくり

1 製造業の衰退と地方都市の沈滞化

世界経済は2000年初頭からの不況，さらには2008年のリーマンショックの影響を受け，大きく変貌をした．日本国内の産業もその煽りを受け，多くの大企業は生産・製造工場を日本国内から低賃金労働者を獲得できる中国・東南アジア諸国へ移設した．その結果，国内では離職者が増加し，地方経済の沈滞化が進んだ．さらに，鉄道の駅等を中心に発展してきた地方都市では，自動車社会の発展と高速道路の延伸，周辺道路網の整備により郊外型大規模商業施設が生まれた．この現象により，歴史のある商店街からは客足が遠のき，閉店に迫られた結果，いわゆるシャッター街が出現した．また，中小企業が集中する産業集積地においても，生産拠点の海外への流出や若者世代の都市への流出による後継者の不在などが重なり，規模の縮小や廃業に追い込まれている．このような状況の中で，「地域を活性化しよう」という活動や方策が各地で行われてきている．

2 地域活性化へ向けた産官連携から産官学連携への取り組み

東京都大田区では，日本の機械機器の製造生産を支えてきた町工場が約5,000社存在している．そして，その規模は従業員4人以下が4割，9人以下の中小企業が全体の8割，機械金属製造業が約8割を占め，少量多品種に特化した試作，開発型企業が多数創業している．一方，経営者や従業員の高齢化（50歳から60歳代の経営者が6割を占める）が進み，このような状況に危惧した区行政は，産官が協同で対応策の検討を始めた．その後，都内の大学が参画し産官学の開発チームが生まれ[1]，その結果，新規商品が開発された．

また，教育機関が中心となって地域づくりを実施している例もある．大学コンソーシアム石川は，石川県内のすべての高等教育機関間の教育交流を行い，地域の学術・文化・産業の発展を目的に1999年に設立された．教員養成から地域の活性化に取り組むなど，幅広い領域で研究・研修を行っている．筆者もこのシステムに参加し，能登半島最大の能登島において，耕作放棄農地を利用した花卉野菜栽培を通して市街地住民と地元住民との交流の福祉園芸の取り組みを試みた[2]．

野菜の植え方や収穫できた作物の調理方法などについて，地元住民と地域以外の人たちとの

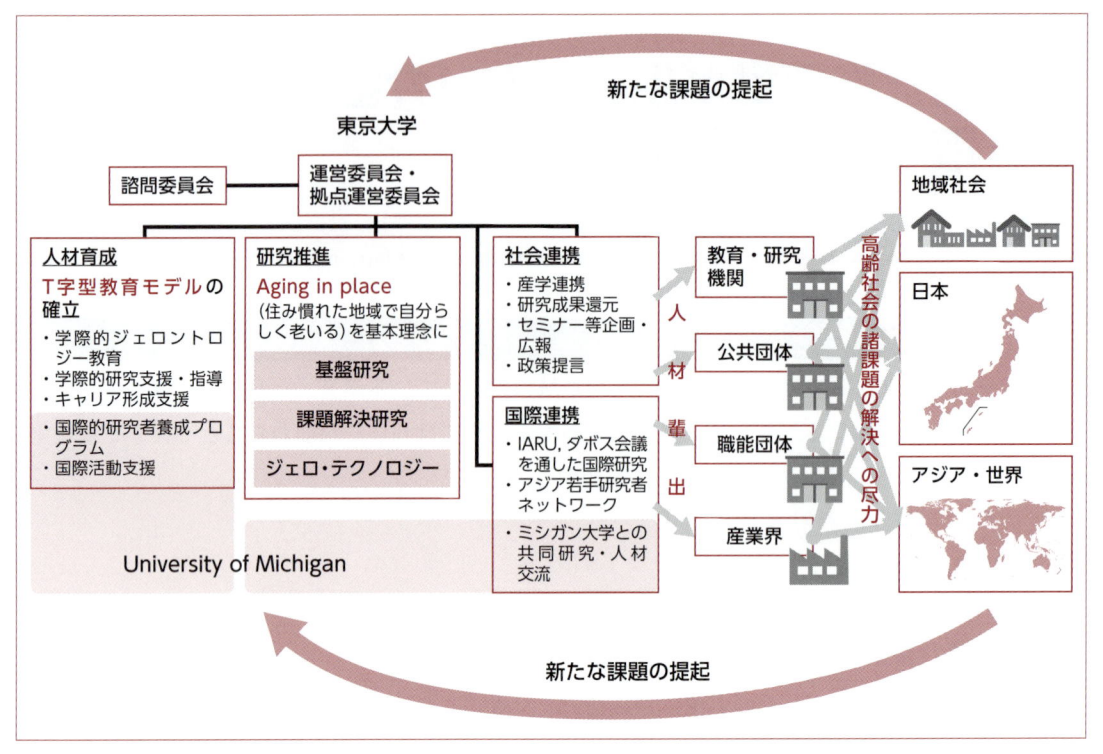

図1：今求められる日本・アジア・世界のジェロントロジー教育研究拠点
「辻 哲夫：超高齢社会における医療介護政策の展開について―柏プロジェクトの試み―[internet], http://www.z-koushikai.or.jp/download/110802danronkai.pdf [accessed 2015-12-15], p1, 第64回浩志談論会, 浩志会, 2011」より引用

意見交換が生まれ，そこに関わった行政職員も地域活性化の緒を発見することができた．

大学の使命には，教育・研究・地域（地元）貢献の3つが挙げられる．国内の大学は，地域密着型事業の展開や地域貢献事業などに積極的に取り組んでいる．その結果，地元産業やメーカーと大学との共同研究成果は，新製品の開発や製品化に結びつけられることが多くなってきている．杏林大学は地域包括支援センターや地元住民との交流を実践し，地域の特産品である「杏ジャムづくり」を，一時季であるが学内施設を利用して長年継続して行っている[3]．常陸太田市は，2003年から体験学習やフィールドワークを重視する清泉女子大学文学部地球市民学科の学生を対象に，夏休み期間中に体験学習，農作業，ホームステイを行ってきた[4]．

3 健康づくりに関する産官学連携の取り組み

地域保健活動において，研究者が関わった健康調査は多くの報告があるが，民間企業や大学が具体的に健康づくりに携わった例は少ない[5,6]．2025年問題を含めて，少子高齢化により労働人口の減少が大きな問題となる．地方は過疎化と同時に超高齢化が進んでいる．2018年からは，国・県が行ってきた高齢者対策の事業を，それぞれの市町村が実施していかなければならない．高齢者の問題は地域が包括的に取り組まなければならない課題である．

千葉県柏市は2009年に「柏プロジェクト」を立ち上げ，市と東京大学，UR都市機構の3者により医療・介護連携の推進を目指し，さらには高齢者の住宅問題や就労システムまで関わる「柏市モデル」（**図1**）を構築した[7,8]．さら

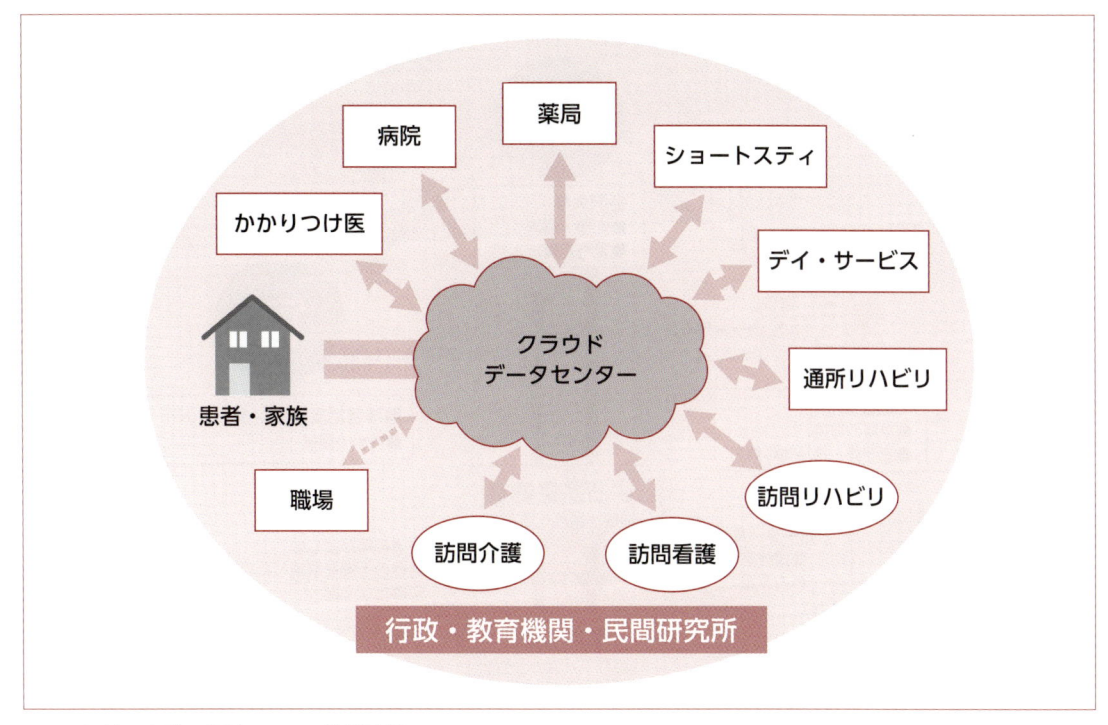

図2：保健・介護・福祉における地域連携

に，医療においては医師会の協力の下に「主治医・副主治医制度」を導入し，在宅医療・訪問医療の新しい仕組みを作った．このプロジェクトは住処まで対応できるもので，多職種連携の在り方を示すことができた例である（**図2**）．

4 金沢大学健康増進科学センターの取り組み

金沢大学は，2009年から文部科学省の支援を得て健康増進科学センターを設立した．その一事業として，地域貢献が可能な「よろず保健室」を立ち上げた（**図3**）．保健室を構成している職種は内科医，保健師，看護師，作業療法士であった．準備段階として，金沢市高齢者福祉課，町内会，公民館，自治会等へ挨拶と事業目的の説明を行った．保健室の場所は，地元不動産会社の支援により提供された．金沢市としても初めての試みであるため，運営の方法は大学側に一任された．保健室の広報は，町内会を通してパンフレットの配布を町内役員会で行った．当初の参加者は，大学がある地域を管轄している「地域包括支援センター」から紹介してもらった．保健室での活動内容は健康相談，体力測定，体操教室等を掲げた．その後，健康講座，保健室サポーター養成講座等を開講した．住民の要望であった「体操教室」は人気があり，不定期開催であったが，2年目からは週1回の定期開催になった．このような保健活動は一時的なものでなく，継続性を有することによりその成果が出てくるものである．

まとめ

行政は地域を活性化するために各種の試みを進めている．産業界では新規事業が地域に雇用をつくり出し，育った新規事業を目指して地域外から人材が集まり，その地域が活性化する．さらに，集まってきた人材が地域の大学や公的研究機関の教員や研究者と研究開発のアイデアや成果について議論することで，また，新しい独創的な事業アイデア・シーズが生まれる[9]

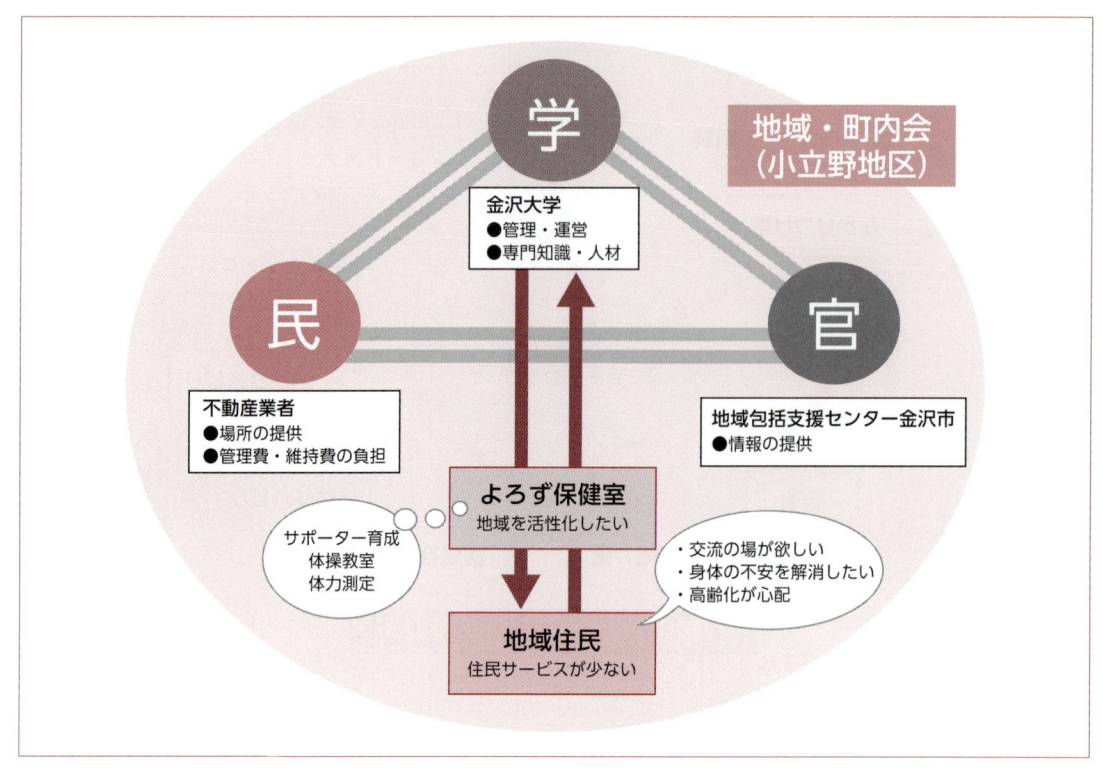

図3：金沢大学の取り組み

と言われる．

　保健領域においては，乳幼児の死亡率を下げるために母子保健活動が積極的に推進された結果，乳児の死亡率を激減させることができた．2025年問題を軸に，各自治体は地域包括ケアを推進するために多くの施策を企画している．企画作成に当たって行き詰まった場合は，大学を利用することが勧められる．多くの大学には，外部からの要請に応じられる交渉窓口が用意されている．また，大学も外部からの要請を待っていることが多い．産官学連携が地域の活性化および人材の有効利用につなげることが可能である．

確認事項
①ものづくりにおける産官学連携と地域保健領域の産官学連携の違い
②地域包括ケアにおける産官学のそれぞれの役割

文献

1) 奥山　睦：大田区スタイル～産官学連携×ITでものづくりの復活！，pp24,63,134-149，アスキー，東京，2006
2) 清水順市：園芸交流活動が地域住民に与える効果［internet］，http://www.ucon-i.jp/newsite/jigyou/chiikikadai/chiikikadai_pdf/24/2012kadai12.pdf［accessed 2016-03-15］，平成24年度 地域課題研究ゼミナール支援事業 成果報告集，pp41-44，大学コンソーシアム石川，2012
3) 杏林大学：杏ジャム作りで学生・教職員が地元の方々と交流［internet］，http://www.kyorin-u.ac.jp/cn/html/kyorin/00003/201207052/［accessed 2015-12-15］
4) 矢崎栄司：日々感激！20代女子大卒業生5人が移住．僕ら地域おこし協力隊，pp10-12，学芸出版社，京都，2012
5) 山下理恵子，中村登志子，洲崎好香，他：急激な高齢化が進むK町における高齢者ふれあいサロン事業の評価．日健医誌21（2）：69-77，2012
6) 豊田　保：参加者の視点からみた高齢者「ふれあい・いきいきサロン」の意義．新潟医福誌8（2）：16-20，2008
7) 辻　哲夫：超高齢社会の到来と地域包括ケアー柏プロジェクトを通して一．保健の科学56（8）：508-510，2014
8) 辻　哲夫：超高齢社会における医療介護政策の展開について一柏プロジェクトの試みー［internet］，http://www.z-koushikai.or.jp/download/110802danronkai.pdf［accessed 2015-12-15］，第64回浩志談論会，浩志会，2011
9) 丸山正明：脳の画像処理を模倣するLSIを目標に．産学官連携　大学がつくり出す近未来，pp104-105，日経BP社，東京，2009

PART 2
地域包括ケアシステムを
より理解するために

第6章

理学療法士・作業療法士の役割・機能

第6章
1 役割・機能の類型

田中康之

ここがポイント！

地域包括ケアを推進するためには，理学療法士や作業療法士であっても Therapist として患者・利用者に直接関わるだけでなく，助言者・調整者としての機能・役割が求められる．

本章では，その機能・役割の必要性を理解し，さらに自らの働き方を整理するための考え方を学ぶ．

覚えておきたいKeyword
助言，調整，マネジメント

1 問題提起

a. 地域保健

「地域保健」という言葉を知っているだろうか．「地域保健」は地域保健法，そして健康増進法，母子保健法，食品衛生法等の様々な法律に基づき，施策が展開されている．

地域保健活動の背景には，「その地域全体を診る」ということが求められる．健診事業でも，市民一人ひとりの健康を担保するという目的は当然だが，地域全体に対する予防事業としての評価が求められる．例えば，その自治体の国民健康保険による医療費の推移等である．

「地域保健」には，「地域」全体を俯瞰した取り組みが求められると言える．

b. 地域理学療法・地域作業療法

地域保健に比べ，地域理学療法や地域作業療法ではどうか．入院患者や入所者ではなく，地域で暮らしている人に対して訪問や通所，もしくは外来通院で理学療法や作業療法を行うことが「地域理学療法」，「地域作業療法」と思われていないだろうか．

そこに「地域」全体を視野に入れた取り組みはあるだろうか．評価も「個人」の身体機能や ADL, IADL の変化にとどまっていないだろうか．

今後，地域包括ケアの推進に深く関与していくのであれば，「Therapist」として直接患者・利用者に関わるのみではなく，保健師のように地域全体を視野に入れる人材を輩出する等，地域に取り組む考え方を根本的に変える必要があるのではないだろうか．

2 触らない理学療法士・作業療法士

a. 求められる助言・指導

地域包括ケア研究会の報告書（平成22年3月）[1]には，地域包括ケアシステムの構築に向けた当面の改革の報告（提言）の中に，「リハビリテーションについては，PT・OT等の専門職が直接サービスを提供するだけでなく，利用者の生活機能に係る状態をアセスメントし，生活機能向上に資するリハビリテーション計画及び評価するマネジメントを提供する新しいサービス類型を導入したり，ヘルパーに在宅における機能訓練方法を指導したりすることによって自立支援型の訪問介護の徹底・普及を図る」と記載されている．

その後の平成24年度の介護報酬改定では，

訪問介護事業所のサービス提供者とともに理学療法士や作業療法士が利用者宅を訪問し，サービス提供責任者が訪問介護計画を作成する上で必要な指導及び助言を行った場合に，訪問リハ事業所が算定する「訪問介護と訪問リハの連携に対する加算」が新設された．

ここで理学療法士や作業療法士に求められていたことは，リハビリテーション計画や評価に関するマネジメントと，訪問介護サービス提供責任者への「指導・助言」である．

b．地域リハビリテーション活動支援事業

平成27年度の介護保険改定で，介護予防・日常生活支援総合事業が新設された．この介護予防・日常生活支援総合事業の中の一般介護予防として，介護予防を機能強化する観点から「地域リハビリテーション活動支援事業」が新設された．

厚生労働省によると，この事業は「地域における介護予防の取組を機能強化するために，通所，訪問，地域ケア会議，サービス担当者会議，住民運営の通いの場等へのリハビリテーション専門職等の関与を促進する」と説明されている[2]．

そして，事業の内容としては「介護予防の取組を機能強化するため，通所，訪問，地域ケア会議，住民主体の通いの場等へのリハビリテーション専門職（以下，リハ専門職）等による助言等を実施」と説明されている．

ここでも，キーワードは理学療法士や作業療法士等のリハ専門職による「助言」である．

3 地域ケア会議で求められていること

先に述べた地域リハビリテーション活動支援事業の中でも，地域ケア会議へのリハ専門職の活用が望まれているが，地域ケア会議には様々な段階がある．

厚生労働省の例示[3]によると，地域ケア会議は個別課題の解決を目的とした段階から政策形成機能を有する段階まで，5つに大別されている．

地域ケア会議では，それが個別課題の解決を目指す会議であっても，介護保険におけるサービス担当者会議や，病院や施設等で行われている個々の処遇を検討するケースカンファレンスとは異なる．

サービス担当者会議は，介護支援専門員を中心にサービス担当者が集まり，個々のケースのサービス提供の在り方等を検討する．しかし個別課題の解決に関わる地域ケア会議では，自分が担当しているケースのサービス提供の在り方を議論するわけではない．一度も会ったことがないケースについて，紙面から読み取れることを中心に，実際にケースを担当している介護支援専門員やサービス提供者，そして，その会議を傍聴している関係者に助言をすることが求められる．

地域ケア会議で理学療法士や作業療法士に求められることは，介護支援専門員に対する自立支援に資するケアマネジメントの支援や地域のネットワークの構築，そして，個別ケースの検討の積み重ねから地域の課題を抽出し解決方策を議論するための「助言」である．すなわち，地域ケア会議では個々の治療方法の話ではなく，その職能を活かし地域を俯瞰した解決策等を助言できる能力が求められる．

4 理学療法士・作業療法士の活動概念図

a．理学療法士・作業療法士の活動概念図とは

これまで述べてきたように，地域包括ケアの推進に向けて求められる理学療法士や作業療法士の役割・機能は，Therapistとして患者・利用者に個別対応をすることにとどまらない．

ここでは，平成21年度地域保健総合推進事業[4]で作成された「行政理学療法士・作業療法士の活動概念図（**図1**）」を基に，理学療法士や作業療法士の活動の整理をしたい．

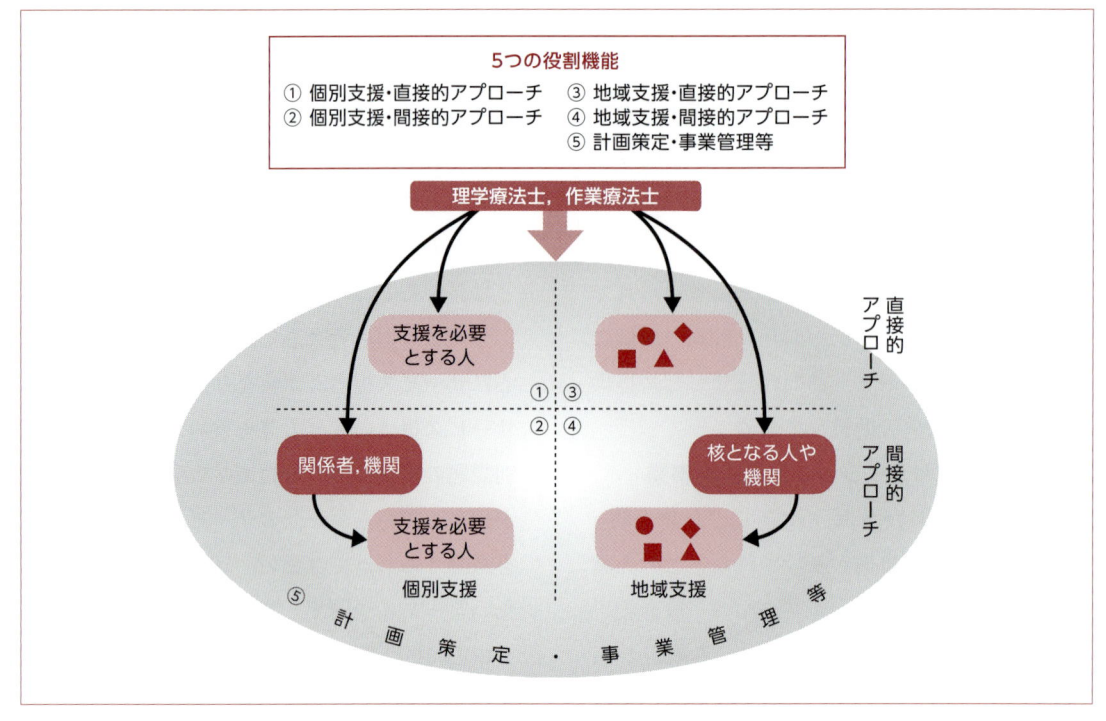

図1：行政理学療法士，作業療法士の活動概念図

「岩瀬義昭，金谷さとみ，田中康之，他：平成21年度地域保健総合推進事業「行政の理学療法士，作業療法士が関与する効果的な事業展開に関する研究」―地域保健への理学療法士，作業療法士の関わり―，p124，日本公衆衛生協会，日本理学療法士協会，日本作業療法士協会，2010」より引用

この概念図は，日本理学療法士協会と日本作業療法士協会が日本公衆衛生協会からの助成を受け実施している研究事業で，当時研究班に所属していた筆者を含む16名で作成した．

当初の目的は，行政職として勤務する理学療法士や作業療法士の役割・機能を整理することであった．しかし，地域包括ケア推進に関わるすべての理学療法士や作業療法士に理解をしてもらいたい考え方である．是非，本概念図を用いて自らの役割・機能を整理してもらいたい．

b. 理学療法士・作業療法士の活動概念図の内容

この概念図では，理学療法士や作業療法士の役割・機能を5つに分類している．

①個別（集団）支援・直接的アプローチ，②個別（集団）支援・間接的アプローチ，③地域支援・直接的アプローチ，④地域支援・間接的アプローチ，⑤計画策定・事業管理等．

以下，これらについて整理する．

①個別（集団）支援・直接的アプローチ

理学療法士や作業療法士の多くが携わっているTherapistとしての患者や利用者に対する業務や，本人・家族への相談対応，個々の介護家族へ介助方法の指導等である．

「集団指導」でも「集団」は手段であり，個々の患者・利用者に対するアプローチを目的とする場合もこれに含まれる．

②個別（集団）支援・間接的アプローチ

患者・利用者等の個々の支援者や支援チームに対する助言等を行い，間接的に「個」を支えるアプローチである．

例えば，自分が担当していない患者・利用者の介護支援専門員から相談を受けて助言をすることや，訪問介護サービス提供責任者に移乗介助方法の相談を受け，該当する利用者に関わっている訪問介護員に指導をすること等がこれに当たる．

③地域支援・直接的アプローチ

共有したニーズを持つ「組織」や「会」等へ直接介入し，その地域での活動を支援をするアプローチ．この「組織」や「会」は，NPOや自治会等の明確に組織化された集団だけではなく，近所同士の助け合い等も対象とする．

例えば，介護予防に関する教室で理学療法士や作業療法士が自ら講師となり，参加者や地域の人々に直接的に働きかけることなどが該当する．俗にいう介護予防教室で，自らが体操のお兄さん・お姉さんとなり直接的に指導をすることがこれに当たる．

地域の人のネットワークづくりを行う際でも，自らが中心となり動く状況などがこれに該当する．

④地域支援・間接的アプローチ

③の「核」となるグループや人への関わりを通し住民が主体的に地域づくりを発展させていくよう，間接的にサポートをするアプローチ．

介護予防に資する住民の通いの場の立ち上げや運営を例としたい．このような場の立ち上げや運営を専門職主導で行うと，やがてマンパワー・継続性・財政面等様々な問題が生じてしまう．専門職が主導することで住民の自主的な活動という側面をそぎ，結果としてサービスの担い手と受け手という構図をつくり，何らかの理由（例えば，他の地域の通いの場の立ち上げ等）で専門職が撤退してしまうと，その通いの場が消滅してしまうことは想像に難くない．

このような通いの場を立ち上げるためには，専門職は黒子となり，その地域の「核」となり得る住民をサポートする立ち位置からその地域づくりに関わることが求められる．

⑤計画策定・事業管理等

本章の冒頭でも述べたが，地域全体を俯瞰し，理学療法士や作業療法士の視点からその地域の課題を抽出し，地域全体にアプローチをするためには，地域全体を見据えた計画策定・事業管理，そして評価が求められる．

地域ケア会議においても，個別課題解決のレベルから地域課題の抽出，そして，政策形成までの様々な段階があるが，後者になるほど地域を俯瞰した発言能力が求められる．

実際には，この部分が「地域」には大きな影響を与える．そのためには，①〜④への関わりや自治体にある様々な調査結果，総合計画や介護保険事業計画等を理解し，地域に働きかけるプロデュース的手法が必要となる．

c. 概念図の利用方法

概念図を利用することで，現在の自らの業務がどのような位置づけにあるのかを整理する．例として，個別の家庭訪問から考えられるアプローチを図示する（**図2**）．

「訪問」という業務から発して考えても，様々な取り組みに展開することができるはずである．そもそも，一人の生活を支える・再構築することは，理学療法士や作業療法士の訪問のみで可能なはずはない．他の職種への働きかけや訪問終了後の受け皿としての地域等での居場所づくり，また，受け入れてもらえる通所サービスや施設等の開拓，そして，それらのための調査活動等様々な取り組みが必要なはずである．これらを一人ですべて行うことは難しいかもしれないが，少なくとも自分は今何を担っているのか，そして，何を担おうとしているのか，さらには，どのような役割を担う人材が不足しているのかを概念図を用いて整理してほしい．

本概念図を，訪問するだけで終わっていないか，地域に直接働きかける，いわゆる体操のお兄さんお姉さんとなるだけで終わっていないか，を振り返るツールとしてほしい．

まとめ

地域包括ケアの推進に寄与するに当たっては，当然のことながら理学療法士や作業療法士の本来業務であるTherapistとしての関わりが

```
┌─────────────────────────────────────────────────────────┐
│ 支援を必要とする人の自宅を訪問する．そこでTherapistとし │
│ て介入する（①個別支援・直接的アプローチ）               │
└─────────────────────────────────────────────────────────┘
                            ↓
┌─────────────────────────────────────────────────────────┐
│ 「その人」の生活を支えるには，介護支援専門員や訪問介護   │
│ サービス等に職能を活かしたサポートが必要であった         │
│ （②個別支援・間接的アプローチ）                         │
└─────────────────────────────────────────────────────────┘
                            ↓
┌─────────────────────────────────────────────────────────┐
│ その地域では，「その人」を支えるための資源がどの程度ある │
│ のか？ 不足しているのなら，どうすれば作れるのか？ 調査 │
│ や他職種への働きかけを行う（⑤計画策定，事業管理等）     │
└─────────────────────────────────────────────────────────┘
                            ↓
┌─────────────────────────────────────────────────────────┐
│ 調査の結果，「その人」が地域の中での居場所がきわめて少な │
│ いことがわかり，自治会へ出向き専門職として講座等を企画し │
│ ，直接介入する（③地域支援・直接的アプローチ）           │
└─────────────────────────────────────────────────────────┘
                            ↓
┌─────────────────────────────────────────────────────────┐
│ 自治会の核となる人が，「通いの場」を立ち上げることとなり │
│ ，専門職として黒子として，その活動をサポートする         │
│ （④地域支援・間接的アプローチ）                         │
└─────────────────────────────────────────────────────────┘
                            ↓
┌─────────────────────────────────────────────────────────┐
│ 通いの場はうまく運営されているのか，「その人」をはじめ同 │
│ じような人たちは，地域で安心して暮らせているのかを評価し │
│ ，新たな働きかけを検討する（⑤計画策定，事業管理等）     │
└─────────────────────────────────────────────────────────┘
```

図2：活動概念図を利用した日常の取り組みの整理

基本ではある．しかし，それにとどまることなく，これまで述べてきたように，地域の中での助言者であり，その地域の調整者であること，そして，地域をマネジメントする力が求められていると言えよう．

そのためにも，現在携わっている業務がどのような位置づけにあるものなのかを本概念図を使って整理し，補完すべきところを補完するようにしてもらいたい．

確認事項

① 地域における理学療法士・作業療法士の機能・役割を整理しよう
② 治療・練習だけ行うのが理学療法士・作業療法士の役割ではないことを認識し，その専門性を活用するための多様な方法を検討しよう

文献

1) 田中 滋，前田雅英，他 地域包括ケア研究会：平成21年度 老人保健健康増進等事業「地域包括ケア研究会 報告書」平成22年3月 [internet], https://www.kantei.go.jp/jp/singi/kinkyukoyou/suisinteam/TF/kaigo_dai1/siryou8.pdf [accessed 2015-12-28], p40, 三菱UFJリサーチ＆コンサルティング，厚生労働省，2010

2) 厚生労働省 老健局振興課：介護予防・日常生活支援総合事業の推進に向けて 平成27年5月 [internet], http://www.mhlw.go.jp/file/06-Seisakujouhou-12300000-Roukenkyoku/0000088323.pptx [accessed 2015-12-28], p14, 2015

3) 髙良麻子，他 地域ケア会議運営マニュアル作成委員会：平成24年度老人保健事業推進費等補助金 老人保健健康増進等事業 地域ケア会議運営マニュアル 平成25年3月 [internet], http://www.nenrin.or.jp/regional/pdf/manual/kaigimanual00.pdf [accessed 2015-12-28], pp11-74, 長寿社会開発センター，2013

4) 岩瀬義昭，金谷さとみ，田中康之，他：平成21年度地域保健総合推進事業「行政の理学療法士，作業療法士が関与する効果的な事業展開に関する研究」―地域保健への理学療法士，作業療法士の関わり―，日本公衆衛生協会，日本理学療法士協会，日本作業療法士協会，2010

第6章 2 理学療法士の活動の実際

小塚典子

1 自治体名

千葉県印西市（図1）[1]

2 自治体の概要

a. 人口
95,185人（2016年4月1日現在）
高齢者（65歳以上）19,562人

b. 高齢化率
・20.6%（2016年4月1日現在）

第6期印西市高齢者福祉計画及び介護保険事業計画によると，2025年には28.6%になるとされている．1人の高齢者に対する現役世代（15歳～64歳）の割合は2010年の4.3人に対し，2025年には2.1人と半数になる．本市でも高齢者を支える担い手の不足が重要課題である．

c. 日常生活圏域数
4圏域（第6期印西市高齢者福祉計画及び介護保険事業計画中に5圏域に移行予定）

d. 地域包括支援センター数
3箇所（第6期印西市高齢者福祉計画及び介護保険事業計画中に各圏域に設置予定）

e. 市内医療機関
医科 40箇所　　歯科 37箇所

f. 産業
土地利用は，田畑が約4割，山林が約2割，宅地が約1割．自然環境が多く残されており，宅地は，JR成田線沿線の既成市街地や千葉ニュータウンを中心に市街化が進んでいる．

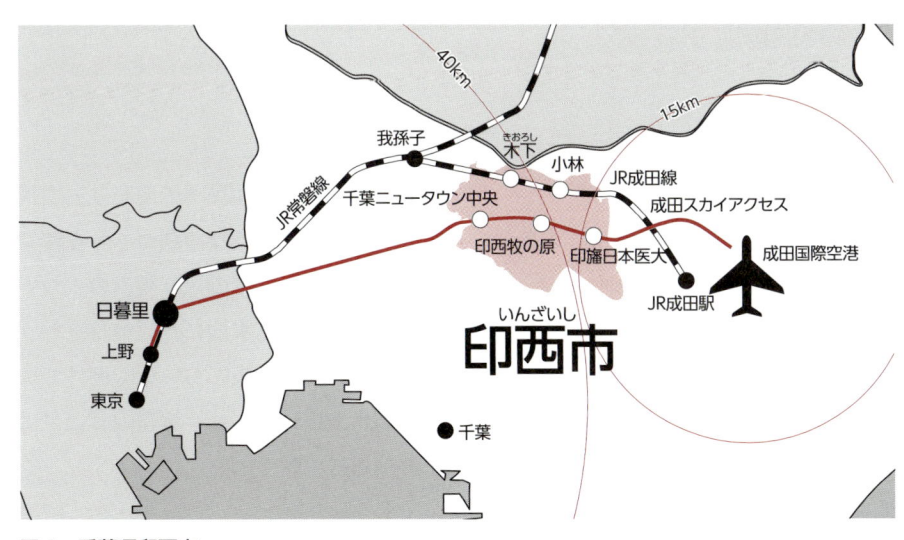

図1：千葉県印西市
「印西市ホームページ：市の概況［internet］，
http://www.city.inzai.lg.jp/0000001165.html ［accessed 2016-03-08］，印西市役所」より引用

表1：理学療法士が従事している業務

行政事務	・計画策定（介護保険計画・高齢者福祉計画） ・事業計画（介護予防・日常生活支援総合事業） ・予算立案（介護予防） ・伝票処理（介護予防事業） ・起案事務（介護予防事業・高齢者在宅福祉サービス） ・議会質問対応 ・窓口業務，電話対応など住民への直接対応等
保健・福祉サービス	a．高齢者部門：高齢者施策，高齢者福祉計画の立案・計画等
	(a)高齢者在宅福祉サービスの提供 　　見守りを兼ねた配食サービス，おむつ給付，福祉サービス，福祉カー貸与，緊急通報システム等 (b)介護予防事業（介護保険法・地域支援事業に基づいて実施） 　　・立案・計画，事業周知（チラシ作成・町内回覧），利用者募集，事業利用者状況把握，実施管理，予算立案，契約業務，請求書・伝票処理，事業利用者負担金納付書発行等 (c)介護予防普及啓発講演会の実施における準備 　　・会場設定，講師依頼や周知活動等 (d)住民主体による健康づくり・介護予防活動への後方支援 　　・通いの場の立ち上げ支援 　　・高齢社会に向けた地域づくりの啓発 　　・住民が地域活動を実施できるようにするためのマニュアル作成 　　・筋力運動実施の指導 　　・活動支援体制の構築（サポーター養成講座等） (e)地域ケア会議への参加，市民向け出前講座の実施
	b．小児部門（未就学児）：子ども発達センター業務（児童福祉法・障害児通所支援に基づいて実施）
	(a)心身の発達に支援を要するケースの相談・指導 (b)保護者・家族，療育スタッフ，幼稚園，保育園等への支援
	c．障害者部門：障害児・者の相談対応（市独自福祉サービス）
	就学以降〜成人フォロー ＊行政は「縦割業務」となりがちだが，行政専門職は新生児から高齢者の各ライフステージにおいて，シームレスに支援することができる業務体制を構築する必要があるものと考えている．

3　従事している業務

行政での業務は基本的に法律や自治体の各種事業計画に基づいて企画・運営されていく．

筆者は理学療法士として行政に所属し，現在は高齢者施策担当課に在籍しているが，一人職種であることから，子育て支援，障害者担当課業務についても協力している．

行政での専門職配置人数，所属等は各々自治体で異なるが，地域での生活に何らかの支援を要する人への関わりは年齢に限定されることなく必要である．住民への関わり・支援をシームレスに行えるような体制づくりを構築することは，専門職としての取り組みの1つである．

行政職員は基本的に行政実務を行うことが求められる．専門職においても例外ではなく，行政事務を担っている．業務内容は主に以下のものがある（**表1**）．

MEMO 介護予防事業[2]

介護予防は，高齢者が可能な限り自立した日常生活を送り続けられるような，地域づくりの視点が重要である．

・介護保険法第4条（国民の努力及び義務）

「国民は，自ら要介護状態となることを予防するため，加齢に伴って生ずる心身の変化を自覚して常に健康の保持増進に努めるとともに，要介護状態となった場合においても，進んでリハビリテーションその他の適切な保健医療サービス及び福祉サービスを利用することにより，その有する能力の維持向上に努めるものとする」

・介護保険法第115条45（地域支援事業）

「可能な限り，地域において自立した日常生活を営むことができるよう支援するために，地域支援事業を行うものとする」

MEMO 障害児通所支援[3]

児童発達支援は，身近な地域の障害児支援の専門施設（事業）として，通所利用の障害児への支援だけでなく，地域の障害児・その家族を対象とした支援や，保育所等の施設に通う障害児に対し施設を訪問して支援するなど，地域支援に対応．

4 概念図を使った業務整理

【活動概念図を利用した日常の取り組みの整理】

前項（p186の**図1**）の内容整理に基づいて，実際の支援内容について提示する．

a. 高齢者への対応（図2）

・高齢者福祉サービスの利用を希望する高齢者の自宅を訪問し，本人・家族と面談することで，現在の生活状況を継続していくためにリハビリテーション専門職（以下，リハ専門職）としての支援方法を検討・方向づけを行った（①個別支援・直接的アプローチ）．

・本人の生活を支えるには，家事援助サービスの利用が必要であるのでヘルパー派遣を行った．また，本人の心身の状況を家族が理解する必要があることから，家族に病態と心身機能への影響について説明することで理解を深めてもらい，本人への対応方法をアドバイスした（②個別支援・間接的アプローチ）．

・本人の介護予防・健康づくりのためには，外出の機会を作ることで体力の向上を図ることが望ましいが，公共施設への介護予防教室に通うことは困難であったため，歩いて通える場を作ることが必要であった．市内の各地区の高齢者の状況を調査した結果，同様な課題を抱える地域が多かった．そこで，地域包括支援センターの職員に働きかけ，地域での住民主体の介護予防事業の実施を目指した事業の立案・計画を進めた．併せて他自治体の取り組みを視察するなどの調査も実施した（⑤計画策定，事業管理等）．

・専門職として「通いの場」の立ち上げに向けた出前講座を実施し，地区住民への周知活動・地区診断・他職種や関連部署への協力を仰ぐ等を行い，住民主体の誰もが参加できる通いの場の立ち上げのしくみづくりを行った（③地域支援・直接的アプローチ）．

・民生委員，自治会役員などの自発的な通いの場の立ち上げに対して，専門職として安全な運動の実施や様々な身体状況に則した動きのアドバイスを行うなど，黒子として活動支援に関わった．また，壮年期〈65歳以下の人

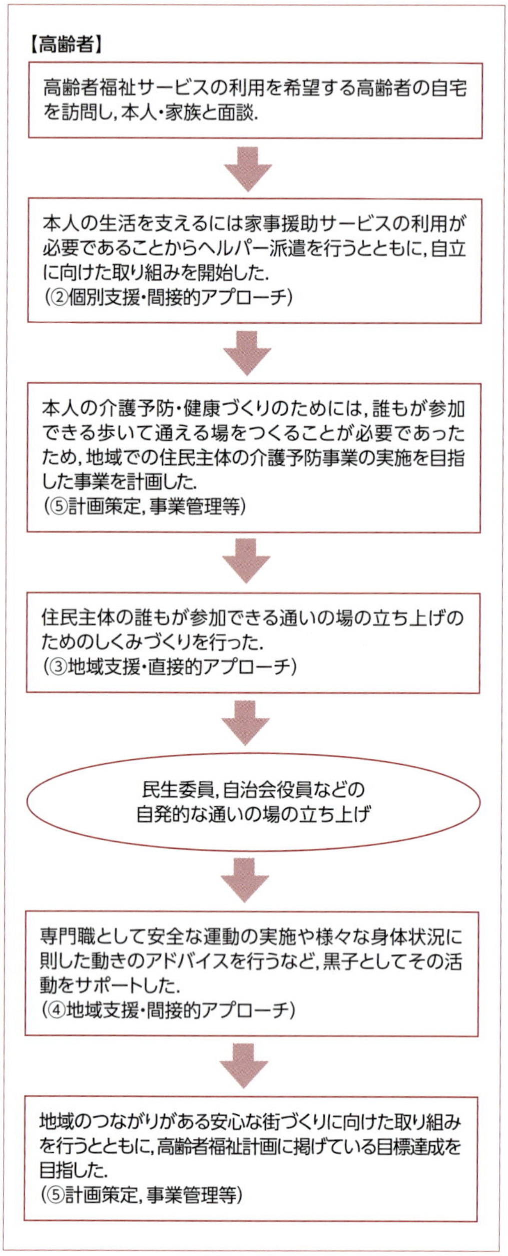

図2:高齢者への対応

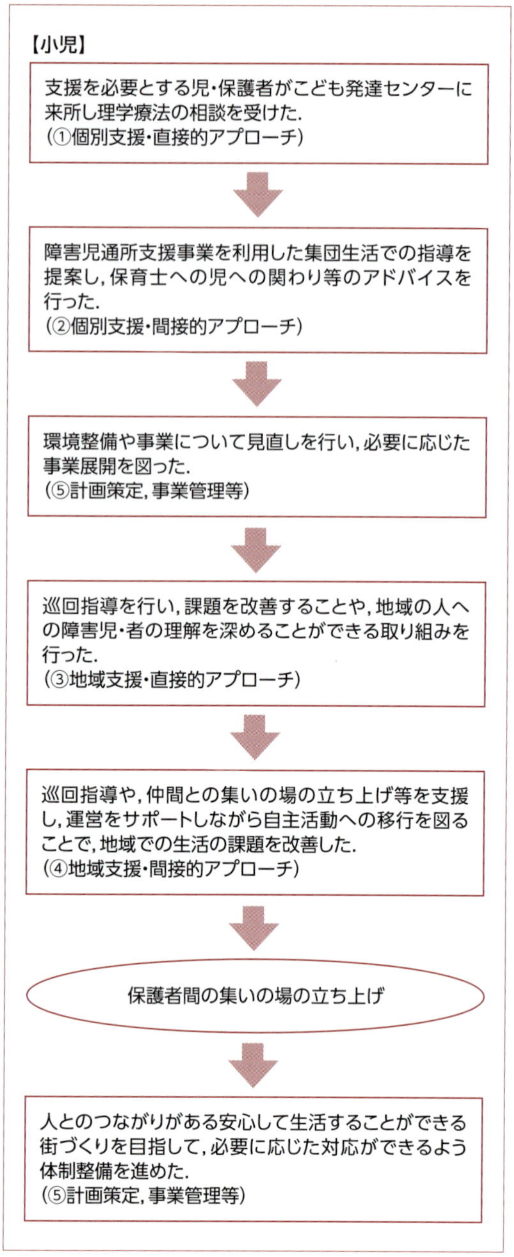

【高齢者】

高齢者福祉サービスの利用を希望する高齢者の自宅を訪問し,本人・家族と面談.

↓

本人の生活を支えるには家事援助サービスの利用が必要であることからヘルパー派遣を行うとともに,自立に向けた取り組みを開始した.
(②個別支援・間接的アプローチ)

↓

本人の介護予防・健康づくりのためには,誰もが参加できる歩いて通える場をつくることが必要であったため,地域での住民主体の介護予防事業の実施を目指した事業を計画した.
(⑤計画策定,事業管理等)

↓

住民主体の誰もが参加できる通いの場の立ち上げのためのしくみづくりを行った.
(③地域支援・直接的アプローチ)

↓

（民生委員,自治会役員などの自発的な通いの場の立ち上げ）

↓

専門職として安全な運動の実施や様々な身体状況に則した動きのアドバイスを行うなど,黒子としてその活動をサポートした.
(④地域支援・間接的アプローチ)

↓

地域のつながりがある安心な街づくりに向けた取り組みを行うとともに,高齢者福祉計画に掲げている目標達成を目指した.
(⑤計画策定,事業管理等)

図3:小児への対応

【小児】

支援を必要とする児・保護者がこども発達センターに来所し理学療法の相談を受けた.
(①個別支援・直接的アプローチ)

↓

障害児通所支援事業を利用した集団生活での指導を提案し,保育士への児への関わり等のアドバイスを行った.
(②個別支援・間接的アプローチ)

↓

環境整備や事業について見直しを行い,必要に応じた事業展開を図った.
(⑤計画策定,事業管理等)

↓

巡回指導を行い,課題を改善することや,地域の人への障害児・者の理解を深めることができる取り組みを行った.
(③地域支援・直接的アプローチ)

↓

巡回指導や,仲間との集いの場の立ち上げ等を支援し,運営をサポートしながら自主活動への移行を図ることで,地域での生活の課題を改善した.
(④地域支援・間接的アプローチ)

↓

（保護者間の集いの場の立ち上げ）

↓

人とのつながりがある安心して生活することができる街づくりを目指して,必要に応じた対応ができるよう体制整備を進めた.
(⑤計画策定,事業管理等)

も対象とした〉も含めた介護予防についての普及啓発講演会を実施するなど,活動の参加者増大や介護予防に取り組むための啓発を行い,その活動をサポートした(④地域支援・間接的アプローチ).

・住民活動が継続実施できるための支援を行いながら,身体状況や年代が異なっても誰もが歩いていける居場所,地域とのつながりがあ

る安心な街づくりに向けた取り組みを行った(⑤計画策定,事業管理等).

b. 小児への対応(図3)

・先天的な障害があり,支援を必要とする児・保護者が相談のためこども発達センターに来所し,リハ専門職として児の成長の見通しや関わり方等,児や保護者への支援を行った

（①個別支援・直接的アプローチ）．

- 児の成長，保護者の子育てや生活を支えるためには，多職種（保健師・保育士・言語聴覚士等）の職能を活かしたサポートや連携が必要であった．そのため障害児通所支援事業を利用した集団生活での指導を提案し，保育士に対して児への関わり等のアドバイスを行った（②個別支援・間接的アプローチ）．
- 児が成長するために必要な環境（居住地域の保育園等）が整備されているかを精査し，ハード面での整備を要するもの，ソフト面での理解や受け入れ態勢について情報収集を行った．その上で必要に応じて他職種と連携して，環境整備や事業について見直しを行い，事業展開を図った．児や保護者が共感を得ることができる仲間との集いの場づくりについて検討した（⑤計画策定，事業管理等）．
- 居住地域の保育園の保育士は障害児への関わり経験がないため，心身機能の理解や対応方法等に対してアドバイスを行った．さらに，巡回指導により課題を改善することや地域の人への障害児・者への理解を深めることができる取り組みを行った．障害児を育てている先輩ママや同年代ママとの交流機会の場を設定するなどの支援を行った（③地域支援・直接的アプローチ）．
- 巡回指導や集いの場の立ち上げ等を支援し，運営をサポートしながら自主活動への移行を図ることにより，地域の生活課題を改善した（④地域支援・間接的アプローチ）．
- 地域での生活や活動の状況を見守りながら，地域の人に対して障害児・者への理解の促進，心身に障害がある人や支援が必要な人が，安心して生活することができる街づくりを目指して，必要に応じた対応ができるように体制整備を検討していった（⑤計画策定，事業管理等）．

まとめ

　これまでのリハ専門職の業務は臨床の場等で「個」に対する理学療法を実施する狭義のものであった．

　しかし現在は理学療法士等のリハ専門職が関わる，何らかの支援が必要である対象者の生活を整えるためには，前項の活動概念図の役割機能を用いた広汎な業務を担うことが求められている．

　臨床や地域での「個」の課題を，理学療法に終始して完結することにとどまらず，「個」からの課題を生活の場である地域全体の課題と捉え，環境改善に結びつけるための助言・施策・事業化への提案・実現に向けた取り組みへと展開できるスキルを学ぶことが重要である．

　また，多職種連携が求められ地域ケア会議などで，介護職が医療職との距離を感じている部分について医療と介護のつなぎ役としての役割を担い，多職種連携に寄与できる専門職として地域づくりに関わる取り組みを行うなど，幅広い視野を持つことがこれからの専門職に求められている．

文献

1) 印西市ホームページ：市の概況［internet］，http://www.city.inzai.lg.jp/0000001165.html［accessed 2016-03-08］，印西市役所
2) 鈴木隆雄，他 介護予防マニュアル改訂委員会：平成23年度老人保健事業推進費等補助金（老人保健健康増進等事業分）介護予防事業の指針策定に係る調査研究事業 介護予防マニュアル改訂版．［internet］, http://www.mhlw.go.jp/topics/2009/05/dl/tp0501-1_1.pdf［accessed 2016-01-26］, p1, 三菱総合研究所, 厚生労働省, 2012
3) 厚生労働省 社会・援護局 障害保健福祉部 障害福祉課：児童福祉法の一部改正の概要について．［internet］, http://www.mhlw.go.jp/bunya/shougaihoken/jiritsushien/dl/setdumeikai_0113_04.pdf［accessed 2016-01-26］, p6, 2012

第6章
3 作業療法士の活動の実際

戸松好恵

1 自治体名
大阪府堺市

2 自治体の概要
堺市は大阪平野のやや南を西流する大和川の左岸下流域に位置し，第3次産業を中心とした政令指定都市である．市内には平成27年3月31日現在で病院が44ヵ所，一般診療所730ヵ所，歯科診療所479ヵ所，病床数は12,446床，医療従事者数は12,727人（H24.12末）である[1]．

平成27年9月末現在の65歳以上高齢者人口は222,710人で高齢化率は26.3%，将来推計では平成32年27.7%，平成37年27.5%である．市内には公団初の賃貸住宅団地や高度経済成長期に整備された泉北ニュータウンなどがあり，社会環境の変化とともに人口の減少や少子・高齢化が進んでいる（**図1**）．

3 従事している業務
a. 作業療法士の配置状況と組織体制
堺市の作業療法士は常勤2名である．現在の配置状況は，健康医療推進課（主に成人保健）

基本情報（平成27年9月末現在）
※要介護認定率は，平成26年9月末現在

地域包括支援センター	基幹型	7か所
センター設置数　委託	地域型	21か所
総人口		846,388人
65歳以上高齢者人口		222,710人
高齢化率		26.3%
75歳以上高齢者人口		97,684人
第6期1号保険料(基準額)		6,255円
要介護認定率(1号保険者)		21.4%
要介護認定者のうち，要支援者		35.4%

歴史：世界最大級の墳墓である仁徳天皇陵古墳

与謝野晶子

公団初の金岡団地

堺泉北臨海工業地帯

平成18年に全国で15番目の政令市に移行

高度成長期に発展した泉北ニュータウン

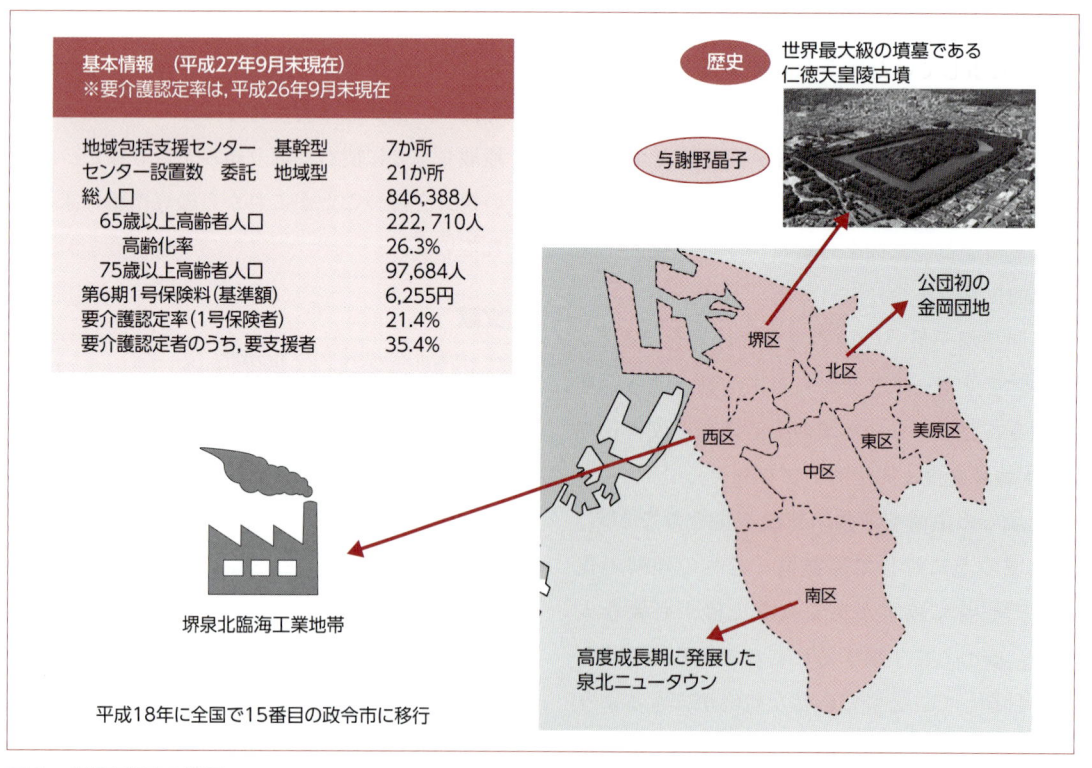

図1：大阪府堺市の概要
「堺市ホームページ http://www.city.sakai.lg.jp/index.html ［accessed 2016-04-04］，堺市ホームページ：百舌鳥古墳群の特徴 http://www.city.sakai.lg.jp/kanko/rekishi/sei/mozukofungun/tokucho.html ［accessed 2016-04-04］」より引用

に1名，身体障害者更生相談所に1名で，これまで人事交流はない．

健康医療推進課の組織体制は医療政策担当・企画調整係・健診係・健康増進係であり，職員数は課長以下常勤職員22名，非常勤職員9名であり，専門職として採用され配置されている職員は保健師3名，歯科医師1名，理学療法士1名，作業療法士1名，管理栄養士3名，歯科衛生士3名である．

b．作業療法士の主な業務内容

成人保健部門で，主に作業療法士が担っている業務は以下のものである．

①健康増進法に基づく市町村計画「健康さかい21（第2次）」の推進と進捗管理
②成人保健に関する企画調整・健康教育・健康相談
③難病患者のQOL向上をめざした療養相談

このほか，現在は高齢施策部門に業務移管したが，介護保険法地域支援事業に基づく特定高齢者を対象とした認知症予防教室や普及啓発事業にも従事していた．

それぞれの業務は，作業療法士としての専門性に加え，行政職としての各事業の実施や事務手続きの遂行が求められている．

今回は，これまでに作業療法士として従事した業務のいくつかについて，活動概念図で整理する．

4　概念図を使った業務整理

a．地域支援・間接アプローチによるボランティア活動支援

本市では，成人保健業務の中心は，地区分担制で活動している保健師が担っている．保健師は，保健センターや地域住民の様々な集いの場に出向き，健康教育や健康相談を実施している．作業療法士には，必要に応じて出務の依頼がある．その1つに，地域のボランティアリーダー等を対象とした交流会があった．この交流

```
┌─────────────────────────────┐
│ 地域のボランティアリーダー等を対象とした交流会 │
│ で，活動内容の紹介や介助方法，高齢期に留意してお │
│ きたいことなどをテーマに，健康教育を実施していた． │
│ （④地域支援・間接的アプローチ）                │
└─────────────────────────────┘
              ↓
┌─────────────────────────────┐
│ 地域ボランティアの活動である銭太鼓実施時の脳波 │
│ 測定や活動を分析し，意味づけを行った．（④地域支援・│
│ 間接的アプローチ）                          │
└─────────────────────────────┘
              ↓
┌─────────────────────────────┐
│ 地域のボランティアが，他の地域に出かけ，銭太鼓の作 │
│ 製や実技指導につながった．現在も多くの地域で活動 │
│ が継続されている．                           │
└─────────────────────────────┘
```

図2：活動概念図を利用した日常の取り組みの整理①

会は，地域のボランティアが毎月の活動内容の幅を拡げるために，保健師が企画したもので，参加者はそれぞれの地域での活動を紹介しあい，人的な交流などを行っていた．作業療法士は，レクリエーションなどの活動紹介や介助方法，高齢期に留意しておきたいことなどをテーマとした健康教育を定期的に行っていた．

ある時，地域のボランティアグループから月1～2回開催している銭太鼓（出雲地方に古くから伝わる民族芸能楽器の一種で，銭の触れ合う音を利用しリズム楽器として踊りの伴奏に使用したもの）の活動の紹介があった．作業療法士は銭太鼓の活動を評価・分析し，健康づくりに資する意味づけを行った．その後，自らの活動が健康づくりに資することを知った地域のボランティアは，銭太鼓の作り方や実技指導を行った．もともと交流会では人的な交流も行っていたこともあり，様々な地域住民の集いの場に出かける活動を始めた．その2年後には多くの老人会に銭太鼓を楽しむグループが誕生し，健康づくりの一環としての活動が現在も続いている（**図2**）．

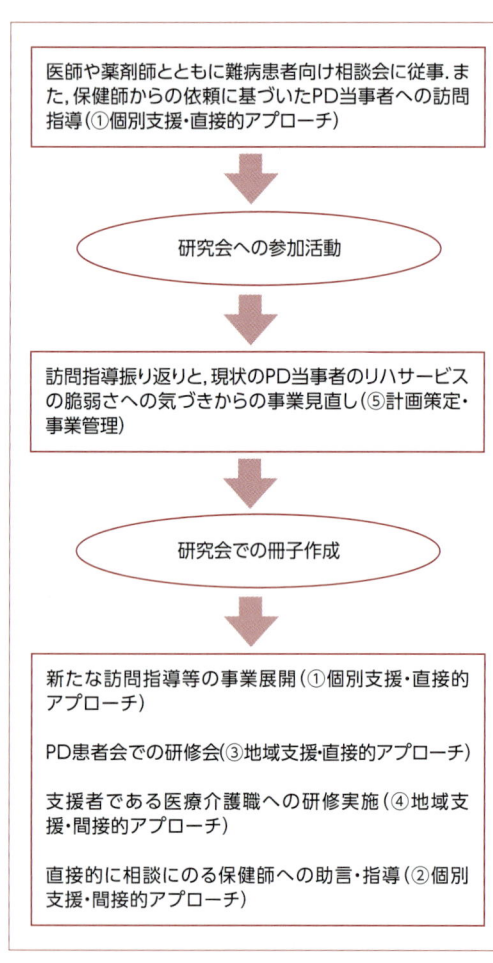

[図3のフローチャート]
- 医師や薬剤師とともに難病患者向け相談会に従事．また，保健師からの依頼に基づいたPD当事者への訪問指導（①個別支援・直接的アプローチ）
- 研究会への参加活動
- 訪問指導振り返りと，現状のPD当事者のリハサービスの脆弱さへの気づきからの事業見直し（⑤計画策定・事業管理）
- 研究会での冊子作成
- 新たな訪問指導等の事業展開（①個別支援・直接的アプローチ）
  PD患者会での研修会（③地域支援・直接的アプローチ）
  支援者である医療介護職への研修実施（④地域支援・間接的アプローチ）
  直接的に相談にのる保健師への助言・指導（②個別支援・間接的アプローチ）

図3：活動概念図を利用した日常の取り組みの整理②

＜作業療法士の役割＞

　保健センターには，市民の健康づくりを支援する役割がある．作業療法士が，市民の活動を分析し，意味づけを行うなど専門的見地から市民の健康づくりを支援することで，住民同士の健康づくりに資する活動を地域に広げていくことも可能である．

b. 個別支援・直接的アプローチによる難病患者の療養相談

　難病患者の療養相談窓口の1つである保健センターは，地域で安心して生活できるように患者や家族のQOL向上をめざし相談支援を行ってきた．平成8年には，作業療法士は医師・薬剤師などとともに，年1回開催する難病患者向けの相談会に参加していた．また，保健師からの依頼に基づき難病患者の自宅等を訪問し，日常生活動作（以下，ADL）を中心に作業療法士として保健指導を行った．主な対象疾患は，脊髄小脳変性症やパーキンソン病（以下，PD），筋萎縮性側索硬化症などの神経難病であった．保健指導ではADLの工夫，福祉用具の紹介，環境調整，自主トレーニング指導などを行ってきた．職場には作業療法士は筆者1人しかいなかったこともあり，より良い支援を実現するために大阪府作業療法士会学術部のパーキンソンシンドローム研究会（以下，研究会）に参加し，知識・技術を高めた．

　研究会ではより多くのPD患者に作業療法士の視点を届けるため，ADLの工夫についてPD患者から聞き取り調査を行った．その結果を冊子「パーキンソン病の日常生活動作の工夫　パーキンソン病の方々と作業療法士からの提案」（大阪府作業療法士会 http://osaka-ot.jp/）としてまとめている．現在はその冊子を利用して，PD患者や家族，医療・介護職員を対象に研修会を開催している（**図3**）．

＜作業療法士の役割＞

　作業療法士は，症状の進行に伴いADLが困難になった事例に関わる保健師への助言や本人および家族への保健指導を行っている．症状が軽微な事例に対しては，社会参加につながるように地域の住民サークルへの参加など具体的な活動を紹介している．活動の場を紹介する時には参加時の留意点を本人と保健師に伝え，継続的な支援につなげている．

　この活動における作業療法士の役割は，難病患者のより良い生活支援の実施とその支援体制の構築と言える．よりよい生活支援のためには，疾病の理解はもとより特定疾患を取り巻く制度の理解が必要である．さらに，その支援内容が，本人・家族の生活実態に即した内容であることが必要であり，患者本人が自ら自己の生活を考えられるように伝える技術も習得してい

く必要がある．また，支援体制の構築には，人材育成と情報共有が必要であろう．

この活動における作業療法士の役割には以下のことがあると考えている．
● 難病患者のよりよい療養生活への支援
　・疾病と特定疾患を取り巻く制度の理解
　・助言や保健指導は「生活の実態に即した内容である」こと
　・患者自身が生活の工夫について考えるように伝えていくこと
● 支援体制の整備
　・支援者育成
　・支援内容を整理しまとめていくこと

c. 地域支援・間接的アプローチによる認知症予防教室

平成18年度の介護保険法の改正に伴い，市町村は地域の高齢者のうち，要支援・要介護になるおそれの高い人を対象とした認知症を予防する通所型の教室を実施することとなった．

当市の65歳以上の高齢者は平成18年3月末時点で155,794人[2]であり，その4人に1人となる38,948人が認知症もしくは認知症予備群と推計された．その後も対象者数の増加が予測されることから，市職員による個別支援・直接的アプローチでは限界があると考え，民間委託により事業を実施した．

この教室では，「いつも同じことをきくと言われることがある」，「今日は何月何日かわからない時がある」など，もの忘れを自覚する65歳以上の市民を対象とした．教室の開催場所は，市内の文化会館などであった．教室のプログラム内容は，その当時，認知機能の改善が報告されていたプログラムの中から，脳活性化ゲームを主体としたものを選択した．教室の運営状況，参加者の教室参加への支援，個別評価結果などに基づき事業評価をした．

教室参加者は教室終了後，脳機能検査で改善傾向を認めた．また，パート就労を始めたり，地域の老人会などの教室へ参加したり，拒否していた介護保険サービスの利用を始めるなど，日々の生活に改善を認める者が多数現れた．地域包括支援センターの担当者は，事業所が実施する教室のプログラムにより認知症の進行を食い止めるなどの効果を実感した．

平成21年の介護保険制度改正後は，新たな事業担当者に引き継ぎを行った．当時の事業者は実施内容を踏まえた地域密着型認知症予防事業所を開設し，現在も介護保険サービスが提供されている．

教室の実施にあたり，作業療法士は教室のプログラム内容の決定に最も時間を費やした．通所期間中の認知機能の改善のみではなく，その後の生活状況の変化につなげるために参加者が教室終了後も地域のより身近な場で他者との交流の場が持てること，失敗に執着させない内容であること，何よりも笑顔で楽しめることなどに重点を置き事業内容を検討した．そして，「地域」では専門職が提供する内容では継続が難しいと考え，基本的には専門職がいなくても実施できるものにした．

実際に教室が始まってから，作業療法士は教室の質の担保をすることに重きを置いて関わりを持った．事業者と定期的に意見交換を行い，参加した教室では参加者ごとの対応方法やプログラム内容の確認も行った．また，必要に応じて参加者の地域活動の場に同行し，民生委員などの支援者や関係機関との連絡調整を行い，教室終了後の参加者の生活がよりよい方向に進むことをめざした．

d. 地域支援・直接的アプローチによる認知症普及啓発事業

上記の認知症予防教室の2年間の参加者は実人数で50名であった．地域には多くの対象者がいると推計していたが，参加者は増えなかった．そこで，要支援・要介護になる可能性の高い高齢者がいる老人会や自治会などの地域活動

```
┌─────────────────────────────────┐
│ 介護保険法地域支援事業に基づき,認知症予防教室 │
│ を企画,運営(①個別支援・間接的アプローチ)   │
└─────────────────────────────────┘
              ↓
┌─────────────────────────────────┐
│ 教室参加者は脳機能が改善,支援者も効果を実感 │
│ (①個別支援・直接的アプローチ)          │
└─────────────────────────────────┘
              ↓
┌─────────────────────────────────┐
│ 事業者と定期的に意見交換を行い,時々教室にも参 │
│ 加し,参加者ごとの対応方法やプログラム内容の確 │
│ 認も行った(⑤計画策定,事業管理  等)      │
└─────────────────────────────────┘
              ↓
┌─────────────────────────────────┐
│ 参加者が増えないのはなぜか.地域活動の場で健康 │
│ 教育を実施し,教室を周知.認知症の正しい理解を促す │
│ ため認知症サポーター養成講座を開催(③地域支援・直接 │
│ 的アプローチ)                      │
└─────────────────────────────────┘
              ↓
┌─────────────────────────────────┐
│ 支援者向けの健康教育の実施,地域包括支援セン │
│ ターでの対応困難事例ケース会議に参加,介護上の │
│ アドバイスを実施(④地域支援・間接的アプローチ) │
└─────────────────────────────────┘
```

図4：活動概念図を利用した日常の取り組みの整理③

の場へ出かけ,認知症に関する話と教室のプログラムである脳活性化ゲームを提供し教室の周知を図った.教室のプログラムを実施した時には参加希望の声もあったが,実際には認知症予防教室へ参加することには抵抗感を示す市民が多かった.しかし,もの忘れがあるという事実を認めず,不安を抱えている本人や家族も数多く認められた.そこで,住民に対して認知症について正しい理解を得るための普及啓発が必要と考えた.認知症は脳の病気であることを伝えるために,認知症普及啓発事業として認知症サポーター養成講座を開催した.介護職や地域ボランティアなど支援者に対しても,認知症は脳の病気であることを伝えた.時には地域包括支援センターに寄せられる対応困難事例のケース会議にオブザーバーとして参加し,介護上のアドバイスを作業療法士の視点から行った.医師向けには,認知症の早期発見・早期診断・早期

治療を目的とした研修を開催し,認知症医療連携体制の整備を行った(**図4**).

その後,認知症サポーター養成講座は認知症キャラバン・メイトにより開催され,認知症サポーターが養成されている.認知症医療についても,認知症疾患医療センターを中心に体系的に施策展開している.

> **MEMO** 認知症サポーターキャラバンとキャラバン・メイト[3,4]
>
> 厚生労働省では「認知症を知り地域をつくるキャンペーン」の一環として,「認知症サポーターキャラバン」事業を実施しています.「認知症サポーターキャラバン」は,「認知症サポーター」を全国で養成し,認知症になっても安心して暮らせるまちづくりに取り組んでいます.
>
> 認知症サポーターは,認知症について正しく理解し,認知症の人や家族を温かく見守り,支援する応援者です.そして,キャラバン・メイトは,認知症サポーターを養成する講座の講師です.

e. 行政で必要と考えられる作業療法士の機能・役割

行政に所属する作業療法士の業務について紹介した.

行政においては,法律や国の通知に基づき事業を計画し実施することが求められる.作業療法士は,専門的見地から対象者個人の状況を把握し,生活機能改善のために必要なことが何かを明確にしなければならない.その上で,地域全体を見通し具体的な事業計画を立案している.事業実施後は事業者との意見交換などにより質を担保するほか,支援者・関係者に波及させるなど環境を変えていくことも必要である.

また,担当する業務だけではなく広く関係施

策を知り，連動させて事業計画を立案することも大切な役割であると考える（**表1**）．

まとめ

就職した当初から，老人保健法に基づく機能訓練事業や健康教育，訪問指導など，個別支援・直接的アプローチを行ってきた．このような個別支援・直接的アプローチは，他職種が作業療法士の専門性を理解してくれることにつながると考える．

個別支援・間接的アプローチによる地域包括支援センターなどとの連絡調整は，デイサービス事業所で対応に苦慮している事例の相談や事例検討会への参加につながり，専門的な視点からの助言を行うことになった．また，ケアマネジャーからは，PD患者の療養上のADLの対応方法について，電話等で相談を受けることにつながった．

このような個別支援・直接的アプローチの積み重ねが，個別支援・間接的アプローチに至ると考える．

地域支援・直接的アプローチとして主体的に活動する住民に対して，活動内容に意味づけを行うなど専門的見地から支援することは，より多くの市民サービスの提供や活動の拡がりにつながったと考える．地域の支援者や事業者への技術支援として地域支援・間接的アプローチは，広く地域に作業療法士の視点を届けることにつながると考える．

担当業務については個別支援等の直接的アプローチなどから現状を把握し，法律等を読み込み，国や他市に関する情報収集を行い，調査やデータの分析などを行っている．そして，作業療法士の専門的見地から担当業務の計画策定と質の管理など事業管理を行い，その結果が，より多くの市民へ波及できるように心がけている．特に，配置人数が少ないため適切な情報を収集・アセスメントし，そして，誰がどこにどのようにアプローチするかについての判断能力が求められる．

最後に，行政に所属する作業療法士の業務範囲は広く，多職種と連携を取るために情報共有が重要である．

表1：行政で必要と考えられる作業療法士の機能・役割

①専門的見地からの事業立案と実施，管理，そして事業評価 ・予算要求，委託契約，各種の支払いなどの事務手続き ・対象者の把握と必要な支援の明確化 ・事業評価と支援者の育成・支援 ・個別・集団に対する環境調整
②関連部署・機関との連携における調整 ・関連部署・事業との連動

文献

1) 近畿厚生局：保険医療機関・保険薬局の管内指定状況等について［internet］，https://kouseikyoku.mhlw.go.jp/kinki/gyomu/gyomu/hoken_kikan/shitei_jokyo.html［accessed 2016-02-22］
2) 堺市：全市・区域別年齢別人口［internet］，http://www.city.sakai.lg.jp/shisei/tokei/nenreibetsu/zensikunenrei.html［accessed 2016-02-22］
3) 厚生労働省：認知症サポーターキャラバン［internet］，http://www.mhlw.go.jp/stf/seisakunitsuite/bunya/0000089508.html［accessed 2016-04-25］
4) 全国キャラバン・メイト連絡協議会：認知症サポーターキャラバンとは？［internet］，http://www.caravanmate.com/aboutus/［accessed 2016-04-25］，認知症サポーターキャラバン

COLUMN

生活行為向上マネジメント(Management Tool for Daily Life Performance：MTDLP)

谷川真澄

MTDLPとは：機能，活動，参加を包括的に捉える，生活行為向上の視点

　一般社団法人日本作業療法士協会（以下，OT協会）は，2008年（平成20年度）から6年間老人保険健康増進等事業として採択され実施された研究によって，対象者主体で意味のある生活行為の向上を目指すために「生活行為向上マネジメント（Management Tool for Daily Life Performance：MTDLP）」を開発した．MTDLPは，作業療法の思考過程をICFベースにフレームワーク化したもので，対象者，家族，多職種に見やすくわかりやすい何枚かのシートによりパッケージ化されている．マネジメントの要素もあり，より実現可能な方向づけができる．作業療法士（以下，OT）は，対象者1人に対してMTDLPを活用するだけでなく，介護予防教室や地域住民への教育，行政や多職種への機能から活動参加にわたる包括的視点を，MTDLPの考え方や実践事例を通して教育できる．このツールのフル活用，部分活用，概念の活用が可能である．

　その後，介護保険下の通所リハビリテーション事業での身体機能へのアプローチ偏重の実態から，活動と参加へのアプローチ促進のためMTDLPを参考に，2015年から「生活行為向上リハビリテーション実施加算」が制度化された．

　以下，MTDLPのプロセスを解説する（**図1**）．

1．聞き取り

　「生活行為聞き取りシート」によって，初めに本人や家族から目標の聞き取りを行う．対象者のやってみたいこと，困っている問題，改善したいことを聞き取り，生活行為の目標を明らかにする．この聞き取りを行う前に，対象者の職歴や家族構成，家庭での役割，かつての趣味，楽しみ等，対象者がどのような生活を送っていたのかの情報を収集し，確認しておくと，その人がしたいと思う生活をイメージしやすい．うまく対象者や家族の意向が聞き出せない場合は，「興味・関心チェックシート」を活用し，より具体的な生活行為についての意識化と整理を図り，興味・関心を聞き取る．

2．アセスメント

　「生活行為向上マネジメントシート」の上段，生活行為アセスメント欄を使い，本人が思う生活行為の聞き取りができた段階で「生活行為アセスメント」を行う．対象者があげた生活行為を，ICF「心身機能・身体構造」，「活動・参加」，「環境」で分類してアセスメントする．対象者の客観的評価から，対象者がしたいと思っている生活行為を妨げている要因（阻害因子）を考え，記す．次いで，その要因を軽減する，または補強している現状の能力（強み），予後予測についても分類し記す．さらに，本人のしたい生活行為がどのようにすればうまくできるようになるのかの見立てを行う．最初に聞き取った生活行為が，この段階で本人ができる具体的な方法としてOTから提案される．生活行為の具体的な工程分析も同時に行う．対象者や家族，支援者とこの目標を確認，共有し，合意形成を図る．合意した目標に関して，実行度と満足度を1～10点で対象者が自己評価する．

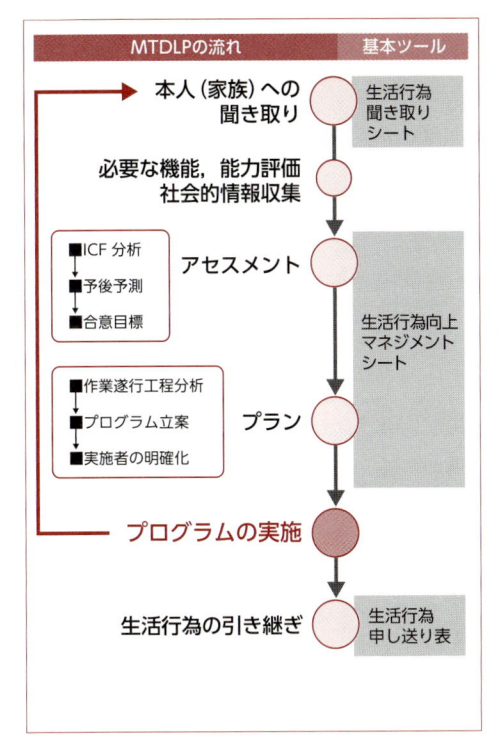

図1：生活行為向上マネジメントの流れ

表1：生活行為向上マネジメントシート

「日本作業療法士協会：生活行為向上マネジメント [internet]，http://www.jaot.or.jp/science/MTDLP.html [accessed 2016-05-12]」より引用

3．プラン立案

「生活行為向上マネジメントシート」の下段，生活行為向上プランでは，前述のアセスメントに基づいて具体的な支援計画を立てる．作業工程分析からどの工程がなぜできないかに対して，心身機能に対するアプローチとしての「基本的プログラム」，具体的生活行為のシミュレーションを伴い活動と参加へのアプローチとしての「応用的プログラム」，対象者が望むその実践の場となる環境で，対象者やその環境そのものに働きかけるための「社会適応的プログラム」に分けて計画する．基本的プログラムに偏らないこと，個人因子や作業歴を踏まえること，作業の継続性を重要としている．各プログラムは，本人が取り組む内容，支援者が実施することに分け記載する．「誰が」，「いつ」，「どこで」，「何を」，「どのように」支援するのかを具体的に考え，記入することで目標達成へのコミットが高まる実践につながる．

4．申し送り

さらに，MTDLPでは対象者が医療機関から退院した後や，地域でのサービス事業間でも，在宅で生活行為の向上に向けて継続した支援が受けられるよう「生活行為申し送り表」がある．対象者がどのような生活行為の取り組みをしてきたか，移行先でどのような生活行為の課題に取り組む必要があるのか等の情報が申し送られる．

参考文献

1) 谷川真澄：介護予防・日常生活支援総合事業と作業療法．OTジャーナル 49（10）：1000-1007, 2015

Index 索引

和文索引

あ
アセスメント　200
新しいシステム　6

い
委託　197
1次予防　27
医療と介護の連携　38
医療費　104
医療療養病棟　40
インフォーマルサービス　55, 83, 86

う
うつ病　48
運動イメージ　75
運動ニューロン病　79

え
嚥下障害　79
エンパワーメント　103

お
応用的プログラム　201
鬼石（おにし）モデル　100

か
介護の役割　10
介護の歴史　133
介護保険制度　137
介護予防　26, 131
介護予防・日常生活支援総合事業　18, 51, 56, 185
介護予防ケアマネジメント（第1号介護予防支援事業）　13
介護老人保健施設　40
概念図　191
回復期リハビリテーション病棟　40, 73, 77
顔の見える関係　159
仮設住宅　111
家族が介護　133
活動概念図　185
カナダ作業遂行測定（Canadian Occupational Performance Measure：COPM）　41

き
聞き取りシート　200
規範的統合　158
基本的プログラム　201
キャリアアップ指標　45
球脊髄性筋萎縮症　79
共助　7
行政　198
行政と連携　105
行政の戦略とビジョン　125
行政の理学療法士　56
協働　142
興味・関心チェックシート　200
筋萎縮性側索硬化症（amyotrophic lateral sclerosis：ALS）　78
近隣とのつきあい　49

く
区リハビリテーション連絡協議会　69

け
計画策定・事業管理等　187
経済的生活困窮者　81
軽度認知障害（Mild Cognitive Impairment：MCI）　42
健康　26
健康づくり　180, 195
権利擁護業務　15

こ
合意形成　200
後期高齢者が急増　2
高次脳機能障害　75
公助　130
豪雪地帯　60
効率よく医療・介護サービスを提供　6

高齢者世帯の増加　124
ゴールドプラン　135
呼吸障害　79
国際障害分類　150
国際生活機能分類　150
国民皆保険制度　133
心構え　12
固縮　74
互助　7, 123, 130
互助機能　57
個別（集団）支援・間接的アプローチ　186
個別（集団）支援・直接的アプローチ　186
個別地域ケア会議　22
コミュニケーション障害　79
コミュニティ　119
困難事例　48

さ

サービス担当者会議　185
在宅医療・介護連携推進事業　16, 159
在宅介護力の低下　4
在宅生活の限界点　6
在宅福祉三本柱　136
在宅福祉推進十か年事業　135
在宅復帰率　9
在留外国人　139
作業ニーズ　154
作業療法　200
サロン活動　111
産官学連携　179
3次予防　27
残存機能　41

し

支援体制　99
事業管理　199
市区町村社会福祉協議会　127
自主グループ　95
自助　7, 123, 130
姿勢反射障害　74
持続可能な社会保障制度　8
指定介護予防支援　18
児童委員　127
指導士会　106
指導士によるボランティア活動　105
社会資源，人材のネットワーク　121
社会適応プログラム　201

社会保障制度改革国民会議　8
住民　123, 196
住民参加型　105
住民主体　87
住民主体の健康づくり　95
住民主導　103
住民の方々を巻き込んだ活動　111
住民の通いの場　187
住民の生活の質　12
住民の理解　125
住民ボランティアの養成　107
住民自らが主体的に動けるように　108
障害受容　154
障害を持つ者の社会参加　153
情報共有　53
助言　185
自立支援　51
自立支援に向けたより良いサービス展開　54
自立支援の視点　86
自律神経症状　75
シルバーリハビリ体操　105
シルバーリハビリ体操指導士　105
シルバーリハビリ体操指導士養成事業　105
事例を取り巻く関係性　54
新ゴールドプラン　137
振戦　74
新総合事業　38
心理症状（Behavioral and Psychological Symptoms of Dementia：BPSD）　42
心理的問題患者　154

す

住み替え　58

せ

生活圏域　6, 125
生活行為（IADL）　38
生活行為向上プラン　201
生活行為向上マネジメント　154, 200
生活行為向上マネジメント（Management Tool for Daily Life Performance：MTDLP）　41
生活行為向上マネジメントシート　200
生活行為の改善の可能性　52
生活行為申し送り表　201
生活支援体制整備事業　16
生活不活発病　111
生活保護受給者　82

生活を見る視点　142
精神科の医師に相談　50
精神障害者保険福祉手帳　82
制度間，支援者間の調整役　86
脊髄性筋萎縮症　79
専門職連携　163
専門性の明確化　122

そ
総合相談支援業務　14
喪失体験　154
ソーシャル・キャピタル　176

た
代償手段　41
多職種と連携　111
多職種連携　131, 142, 165
多職種連携会議　139
縦の連携　159
団塊ジュニア　160
団塊の世代　160

ち
地域医療介護総合確保推進法　8
地域課題　82
地域ケア会議　20
地域作業療法　184
地域支援・間接的アプローチ　186
地域支援・直接的アプローチ　186
地域づくり　88, 121, 179
地域で取り組む必要がある課題　124
地域における長期ケア　153
地域の課題　84
地域の特性を踏まえた視点　140
地域包括ケア会議　185
地域包括ケア研究会　184
地域包括ケアシステム　2
地域包括ケア病棟　40
地域包括支援センター　13
地域保健　184
地域保健活動とリハビリテーションの協働　151
地域保健法　151
地域理学療法　184
地域リハビリテーション　116
地域リハビリテーション活動支援事業　18, 45, 185
地域リハビリテーション広域支援センター　137
地域リハビリテーション支援体制整備推進事業　137

地域リハビリテーション地域支援センター　42
チームアプローチ　51
中山間地域　55
町内会　127

つ
通所介護（デイサービス）　74, 78
通所リハビリテーション（デイケア）　75

て
定額報酬算定制度　40

と
トータルヘルスケア　148
特定疾患　74, 196
閉じこもり　140
特区事業　131

な
難病　196

に
2次予防　27
2地域居住　60
日常生活自立度（寝たきり）判定基準　136
日本作業療法士協会　200
認知症　139, 197
認知症高齢者　57
認知症サポーター養成講座　198
認知症初期集中支援チーム　18, 42
認知症総合支援事業　18
認知症対策推進総合戦略（新オレンジプラン）　42
認知症地域支援推進員　18
認知症予防教室　197

ね
寝たきり老人ゼロ作戦　136
ネットワーク外部性　173

の
ノーマライゼーション　153

は
パーキンソン病（Parkinson's disease：PD）　74
廃用症候群　75
働き手の不足　122

働く世代が激減　2
バンドワゴン効果　174

ひ
東日本大震災の支援活動　110
避難行動要支援者　128
避難所　110

ふ
フィジカルヘルス　145
俯瞰　185
服薬管理　57
服薬の管理　49
ふれあい生き生きサロン　55
分析　199

へ
平均在院日数の短縮　9
ヘルスプロモーション　26, 145, 150

ほ
包括的・継続的ケアマネジメント支援業務　16
暴言・暴力　49
訪問介護（ヘルパー）　78
訪問看護と連携したサービスの提供　153
訪問リハビリテーション　131
ポピュレーション支援　168
ボランティア活動　110
ボランティア活動への支援　108
本人，家族の心構え　7

み
看取りの場所　4
見守りの目　83
民生委員　127

む
無動　74

め
メンタルヘルス　147

や
役割のシェア　122

よ
要介護認定者が増加　4
腰椎圧迫骨折　74
抑うつ　75
横の連携　159
予後予測　41

り
リスク　170
リハビリテーションの自主グループ　82
利用者中心　142
療養病院　73, 77

れ
連携　158, 161, 162
連携の評価　172

ろ
老人福祉法　134
老人訪問看護制度　136
老人保健事業　133
老人保健法　135

欧文索引

c
CBID　117
CBR　117

i
IADL　154
IADLのトレーニング　85
ICF　141, 150, 200
ICF（国際生活機能分類）　42
ICFの特性　153
ICIDH　150
Interprofessional Work（IPW）　158

m
MTDLP　200

n
NPO　129

検印省略

地域包括ケアにおけるPT・OTの役割
個別地域ケア会議・介護予防事業から学ぶ

定価（本体 4,800円 + 税）

2016年6月11日　第1版　第1刷発行

編集者	田中　康之・清水　順市
発行者	浅井　麻紀
発行所	株式会社 文光堂
	〒113-0033　東京都文京区本郷7-2-7
	TEL （03）3813 - 5478（営業）
	（03）3813 - 5411（編集）

Ⓒ田中康之・清水順市, 2016　　　印刷・製本：藤原印刷

乱丁, 落丁の際はお取り替えいたします.

ISBN978-4-8306-4544-0　　　　　Printed in Japan

・本書の複製権, 翻訳権・翻案権, 上映権, 譲渡権, 公衆送信権（送信可能化権を含む）, 二次的著作物の利用に関する原著作者の権利は, 株式会社文光堂が保有します.

・本書を無断で複製する行為（コピー, スキャン, デジタルデータ化など）は, 私的使用のための複製など著作権法上の限られた例外を除き禁じられています. 大学, 病院, 企業などにおいて, 業務上使用する目的で上記の行為を行うことは, 使用範囲が内部に限られるものであっても私的使用には該当せず, 違法です. また私的使用に該当する場合であっても, 代行業者等の第三者に依頼して上記の行為を行うことは違法となります.

・JCOPY〈出版者著作権管理機構 委託出版物〉
本書を複製される場合は, そのつど事前に出版者著作権管理機構（電話03-3513-6969, FAX 03-3513-6979, e-mail：info@jcopy.or.jp）の許諾を得てください.